本書入選“十二五”國家重點圖書出版規劃項目

本書獲 2016 年貴州省出版傳媒事業發展專項資金資助

# 青史（三）

廓諾·迅魯伯 著
郭和卿 譯

現代世界佛學文庫

貴州大學出版社
Guizhou University Press

圖書在版編目（ＣＩＰ）數據

青史．三 / 廓諾・迅魯伯著 ； 郭和卿譯． -- 貴陽 ：
貴州大學出版社， 2017.10
（現代世界佛學文庫）
ISBN 978-7-5691-0045-7

Ⅰ．①青… Ⅱ．①廓… ②郭… Ⅲ．①喇嘛宗－佛教
史－西藏 Ⅳ．①B946.6

中國版本圖書館 CIP 數字核字 (2017) 第 221920 號

# 青史（三）

著　　者：廓諾・迅魯伯
譯　　者：郭和卿

出 版 人：閔　軍
責任編輯：滕　芸
校　　對：阮　峻
裝幀設計：陳　藝

出版發行：貴州大學出版社有限責任公司
地址：貴陽市花溪區貴州大學北校區出版大樓
郵編：550025　電話：0851-88291180
印　　刷：深圳市和諧印刷有限公司
成品尺寸：145 毫米 ×210 毫米
印　　張：8.5
字　　數：200 千
版　　次：2017 年 10 月　第 1 版
印　　次：2017 年 10 月　第 1 次印刷
書　　號：ISBN 978-7-5691-0045-7
定　　價：60.00 元

# 《現代世界佛學文庫》學術委員會

# 出版前言

《現代世界佛學文庫》屬於國家新聞出版總署立項的"十二五"國家重點圖書出版規劃項目。第一期工程已經得到貴州省新聞出版局的出版基金資助。這個《文庫》的總編纂指導者是國内著名佛教學專家。參與編纂工作的有老中青三代學人。中青年學者們都是改革開放以後的三十多年中成長起來的佛教學才俊。老一輩的學者有中國人民大學的方立天教授、北京大學的樓宇烈教授、中國社會科學院的名譽學部委員黄心川教授和楊曾文教授等。承擔《文庫》出版任務的是我們貴州大學出版社。本出版計畫分爲三期工程進行，計畫搜羅或再版國際佛教學研究界的最重要作品，所涉及的主要是中國（含臺灣地區）、日本和歐美的佛教學研究界在過去二百年中的標杆性作品。

本《文庫》爲開放性的出版項目，其最終出版的規模大小，取決於所涉及作品的版權的解決，更取決於貴州大學出版社的經濟實力，也取決於參與本《文庫》從推薦書目到編纂出版的合作者的努力。本社之所以不自量力，承擔了這麽一個耗資大、耗時長而費力甚艱的文化工程，所企望者，是爲國内的佛教學研究界提供一批便於利用的經典之作，爲中國的文化建設與文化繁榮盡一個出版者的綿薄之力，當然，也還有巡禮過去二百年來世界佛教學研究中輝煌成果的用意。我們相信，佛教是人類有史以來最偉大的精神財富之一。佛教學研究是全人類共同的宗教學術探索的精神活動，它也是東西方人文學者的精神創造力的結晶。

佛教原本是東方思想寶庫當中最重要的一份財富。兩千多年前，佛教在印度誕生。從那裏向四面八方傳播，在南方形成了巴利語佛教；經西北方的中亞向遠東傳播，形成了漢語系的佛教。佛教思想在漢、韓、日的民族文化當中生根發芽，開出了朵朵奇葩；佛教也在“世界屋脊”的西藏高原尋到了自己的家園，孕育出神奇瑰麗的藏語系佛教文化。對於西藏佛教的關注，從二十世紀中期以後，已經成爲世界宗教文化研究的熱點。這三大語系的佛教，又稱爲南傳佛教、北傳佛教和藏傳佛教。其中南傳佛教，因爲其教理教義上距佛陀本人生活佈道的時期最近，往往被認爲深得原始佛教的真義，是初期佛教部派時期的上座長老們的傳統，故也稱上座部佛教。北傳佛教的經典語言是中古以來的漢語，故也稱漢傳佛教。漢語系的經典，從公元之初以降，及至近代，一直使用漢文書寫流傳於世。佛陀的言教，雖然譯自當時的梵語或中亞地方語言，但一經寫爲漢文佛典，也在古代的朝鮮半島和日本列島通行無阻。藏傳佛教的經典形成於十世紀以後，書寫系統和宗教内涵都深受印度思想文化的浸淫。

從空間位置上看，誕生於古代印度的佛教，雖然向四方傳播，但其最顯著的成果則衹在東土和南方顯現。在世界史上的公元之初，佛教并未涉足北方的西伯利亞草原，當時那裏生活的遊牧人群，還無緣沐浴印度的思想光輝；而在同時期的歐洲，因爲先已有燦爛的希臘羅馬文明，更有新近誕生的基督教，以及在中近東已經存在上千年的猶太宗教，佛教大約衹能止步於彼。儘管如此，在西元後的最初數百年間，佛教也已進入西方人的視野。在馬其頓希帝國的亞歷山大皇帝眼中，佛教衹是東方斑斕而陸離的諸多宗教文化之一。

以歐洲爲代指的西方世界對佛教的真正興趣始於近現代。西方人對佛教的留意，開始於他們在東方的殖民經管。西方學術界對佛教的研究，説來也衹有約二百來年的歷史。歐洲經過了工業革命并形成了現代資本主義經濟以後，歐洲文化也挾商業主義和殖民主義之勢向東方侵入。歐洲的宗教、歐洲的思想文化和歐洲的價值觀念，在數百年當中横掃東方世界，對那裏固有的社會形態和文化形態産生了前所未有的衝擊，引起了巨大的變化。西方世界對於亞洲佛教的興趣、關注和研究，正是在資本主義世界經濟模式自西而東的大趨勢中産生的文化副産品。

本《文庫》的作品遴選，衹是基於中國佛教文化的立場，出於中國佛學的視角。其所關注的是佛教學研究的基本内容，即佛教的經典與教理、宗派與學派、佛教的制度、佛教的實踐，以及它們同佛教所寄身的社會和依存的文化傳統間的内在聯繫。《文庫》力圖包容含攝的，除了近現代中國優秀學者的著作，更多屬意於歐美的和東瀛日本的佛學著作。本《文庫》的涵蓋時間，僅及過去的二百多年，自然不能代表佛教在二千五百年來的全部的思想創造與文化積纍。但因其側重的是近現代西方的佛教學研究成果，而驅動這一學術探索活動的，是西方啓蒙運動以來的理性主義傳統，科學與理性是西方佛學研究的基本精神，因此，所有的佛學研究成果便具有了與東方世界古來傳統迥然有異的現代精神含義。他山之石，可以攻玉，這是我們編纂這部《現代世界佛學文庫》的本意。

對我們中國而言，佛學研究，古已有之。廣義的佛教學或佛學研究，起步於二千年前佛教傳入中國之時。但從那以後，傳統的佛學研究是服務於宗教解脱目標的，與近現代的佛教學研究有很大的意義差别。傳統中國的佛學研究，最初的對象雖然自外而來，但活動則是一個文化體系内部的自我研究與自我發現，而近現代西方的佛學研究，則多半是來自外部的學術干預。借用後殖民時代的説法，近現代的佛教學研究視角則完全自外而來的、"他者的"眼光和態度，這種研究隔著雙重的距離——文化的距離感、時代的距離感。從常情上説，近現代西方的佛教學研究，研究者不可能不帶著先有的"成見"或"前理解（*pre-understanding*）"涉入。按專門研究現代性的社會學家吉登斯的説法，研究者或觀察者在理解時，已經受到"視域"的限制，他們不得不受制於研究對象的文本和自身的文化身份和立場。吉登斯稱其爲"*double context*"（雙重的視域），也就是來自研究對象和研究者自身兩方面的限制，其研究與考察與佛教傳統背景、與學者的知識結構、文化立場與態度都密切相關。

以往傳統當中的佛教學者，無論僧俗，都是佛教的信仰者，其佛學研究的根本目標指向宗教解脱。其學術活動的起點與終點，都祇能是要想達到"解生脱死"，具有强烈的解脱實踐的特點。西方的佛教學研究，以及從事這項工作的學者，其學術研究活動并不必然聯繫於宗教目標，這首先是他們"生於斯長於斯"的基督教文化背景所决定的。二百年來的西方佛教學研究，經歷了"宗教學的一民族學的一人類學的"方法論和目的論過程，大致屬於世俗的學術研究。從宏觀方面看，他們借鑒了西方宗教學、社會學、政治學的方法，而在更加技術性的層面，他們在研究當中，也就坦然地採取了比較語言學的、考古學的、文獻學的手段。就是二十世紀八十年代以後，佛教學研究領域内出現的詮釋學研究方法，也大量借鑒了後現代和後殖民研究的立場、觀點與態度。

就此而言，我們的東鄰日本，其佛教學研究，從明治維新以來，也逐步脱離了以宗教解脱爲目的的治學實踐，循著世俗主義的學術路子前進。在保留和繼承佛學研究當中的優秀學術風格與手段（文字訓詁、文獻考訂、史論結合）等的同時，日本佛教學研究也吸收社會學的、政治學的，甚至社會文化批評的方法。就日本佛教學術界言，其所産生的、令人耳目一新的纍纍碩果，都産生在十九世紀以降，在日本學者接引了來自西方的，尤其英國和德國的宗教學研究方法之後。

有鑒於以上的原因，我們出版的《現代世界佛學文庫》，致力於搜羅過去二百多年來歐洲與北美的，以及日本的近現代佛教學研究作品。這裏的“近現代”，既有時間上的，也是以理性主義爲特質的現代研究方法論意義上的。

佛教學研究是學術性的研究，究其本底而言，與政治目的無關。但從事學術研究的學者，在涉入研究領域時，又不免受到其世界觀與人生觀的價值論立場的影響。因此，學者的發言主張，及其學術結論也不免受到時代政治風氣、學術風氣的影響，在有的情況下，其研究方法也難盡脱政治文化的干預。我們在肯定過去兩個世紀以來的西方文化思潮影響下産生的世界佛學研究成果時，另一面也要小心謹慎，言所當言，止所當止。

本《文庫》總結過去二百多年來的佛學成果，大致劃分出以下三個階段的時間框架：

一、十九世紀晚期——二十世紀中期。這一時期，學者們大都致力於用比較語言學的、古文字學的和文獻學的方法來處理佛教的歷史與經典，力求揭示佛教的“本來面目”，力圖展示佛教内在的

“不變的本質”或者“真相”。正是這一時期，形成了三種佛學研究範型：英國—德國學派的，俄國“列寧格勒學派”的，以及法國—比利時學派的。

二、二十世紀中期——二十世紀八十年代。這一時期的佛學研究，可以看作法—比學派的學術風格的繼續發展，其他的兩家已經式微。此期的佛教學研究，在原有的語言學、文獻學研究的基礎上，更多引入了社會科學的多種方法，諸如政治學的、社會學的、人類學的技術手段被大量植入，而當詮釋學方法引入這一領域後，西方佛學研究更多地呈現了社會關懷和政治批判，不再衹是純學術的“象牙塔”内的學問。

三、二十世紀八十年代以後的佛學研究。繼續發揮前兩個階段的優秀學術特點，而隨著西方世界這一時期逐步展開的對資本主義政治制度和文化精神的反省與批判，隨著普世價值觀和文化多元態度的形成，歐美的和日本的佛教學研究也都開始涉及了帶有“後殖民”與“後現代”色彩的社會、政治與文化的批判活動。

特別值得一提的是“東洋”日本的佛教學。它的展開，大致與上述三個時段同步。明治維新以後的日本佛教學術界，先是借鑒和遵循英德佛學研究的路子，如今則多與北美的佛學研究界聲氣相通。當前日本的佛教學研究，除了配合對日本宗教文化與思維的自省與批判，還有研究的細碎分化傾向，不過這正是社會文化多元發展在佛學研究領域内的反映。

經過兩年的努力，《現代世界佛學文庫》第一輯終於問世。我們希望奉獻於文化界和宗教界的這些經典作品，能够受到社會各界的關心與重視。我們懷著出版人的恭謙與惴惴不安，期待來自社會各界的學術批評和對我們的編纂工作的技術批評。

最後我們非常抱歉地在這裏聲明一句，由於著作權許可的聯繫工作的實際困難，我們這套《文庫》的作品，有的尚未得到原著者或翻譯者的授權。於此，我們懇請諸位大德同我們出版社聯繫，以便我社同權利人辦理相關的授權協議事宜。再次爲我們的冒昧致歉，并表達深摯的感恩之情。

中國佛教文化研究所
貴州大學出版社
二〇一二年十月

# 目　録

# 第九輯　廓乍巴和里姑瑪的史略

普遍傳稱的廓乍巴•索朗絳稱（福幢）：此師係壬寅年（南宋孝宗淳熙九年，1182 年）生人，與薩迦班底達（名袞嘎絳稱）同年。誕生在定日地方，父名卓窩嘉雍，母名東謨傑瑪。書法和讀誦不勞用功而自知。在色彌巴座前受優婆塞（即居士）戒，又在班欽釋迦希座前聽受《修心法》；在絳區喇嘛多傑伯哇（金剛吉祥）座前聽受《十種持明》和《大圓滿直觀教導》等許多教法，又在甲普覺色座前聽受《大圓滿》教法；在江仁和公謨山中閉關精修而生起大手印證悟，又在班欽惹達納惹肯達座前聽受《勝樂灌頂》。此後他在那奇等處安住。繼後請求法王閣作親教師；洽雅杜真作阿闍黎；諸阿闍黎作屏教師而一次全受出家戒和比丘戒，時年二十九歲，命名索朗絳稱（福幢）。此後他到底斯住修，獲得如所有和盡所有真實智慧，特別是親見金剛身的實質。無能勝龍王供獻他以泉水成就，因此後來他修建梁堆區廓乍寺時，在無水的旱地上掘出水井來。而普遍都以廓乍寺名稱他為廓乍巴。此師座前一切修行者和最上善巧智士都前來親近，對教法來說，他無不通曉。他曾從尼泊爾迎請毗布底真扎來定日，在這位班底達座前聽受由夏哇日自在大師所傳來《瑜伽六支教授》，班底達也在廓乍巴座前求傳教法。此師不斷地作出廣大的利益眾生事業後，於辛酉年享壽八十歲而逝世。這位大德仍屬於嘎舉派的範圍內，而我（著者口吻）有所未知，以此另行編撰於此。

廓乍巴的大弟子有：伯漾貢哇、伯漾之兄仁波伽絳稱巴、仁波伽拉巴、仁波伽嘉補、仁波伽壩卓巴、仁波伽卻頂巴、正敦俠生、仁波伽嘎敦巴、仁波伽章索哇、仁波伽敦珠巴、垛敦袞生等許多大弟子，以及覺窩拉、青•朗喀扎（虛空稱）、堪欽德汝巴、庫隆巴、諾信巴、扎絳巴、峨閣巴、普日哇•敦諾伽、朗日哇等許多住持佛教的主宰；又有甲哇譯師、措普譯師、洽譯師、譯師朗喀伯（虛空吉祥）、惹譯師、梁巴譯師等許多譯師；又有格西章巴、格西尼瑪、絳央色瑪、江若迅仁、阿日扎絳、尼瑪扎納、章巴住波、克准絳秋等許多善巧的弟子；又有色巴、洛扎隆巴、嘎絳巴、勒絳巴、柳阿巴、絳稱扎（幢稱）、色瑪哇、普姑惹巴、桑甲哇、梁察巴、拉傑覺巴、波若巴、交白哇、丈敦普瑪哇、公敦巴•索樹巴、喇嘛壩日哇昆仲、生格仲巴、絳辛昂、絨妥巴、柳敦細波、香繃、歐卻協、乍日哇、梁若哇、裕甲哇、曲彌巴、雅卓嘎波、色細、康季窩波、乍鄔巴、烘妥金、達生等許多寺主和上師格西，又有澎裕垛諾巴、薩隆巴、妥乍巴、堆隆巴、雅隆巴等許多前藏的格西。此外還有格西瑪、成就者瑪貢正、喇嘛、細波等人。總的説來，新舊教主、宰官顯宦、貴族僧侶，以及霍爾的大人物和官吏、莊園主等都前來座前親近。其中還有甲居巴又名波若垛德貢（經部怙主）：係乙卯年生人，享壽六十三歲於巳年逝世。以上係廓乍巴等的階段。

次説具德那若巴傳授與瑪爾巴的六法傳承次第：茲當説從那若巴的妃子里姑瑪所傳出六法次第，並由此而獲成熟和解脱的次第。接受此法傳者為大成就者穹波倫覺；此師於寅年誕生在業讓惹芒地方，穹波是其族姓，父名達傑（寅生），母名扎喜吉（吉祥樂）。剛一誕生，即有印度大成就者阿讓嘎前來善為嬰孩授記（示預言）。年屆十歲時即通曉讀誦和印藏文字，並善巧《時輪法類》。年屆十三歲時在阿闍黎雍珠嘉哇座前精研苯波[1]教法後，對他人講説時，能舉出七百部書冊。此後在喇嘛郡勒生格座前聽受《大圓滿心部法類》後，為他講説。因此在那裏也約有弟子七百人。此後他在堆隆學瑪惹座前聽受所有里汝巴的教法。繼後他攜帶許多黃金去到尼泊爾在班底達蘇瑪底座前學習翻譯，並求得枳約的灌頂和續部修法約五十種。由阿都那班遮作助伴與多傑敦巴相見，而受沙彌戒[2]並聽受許多教法。繼在希壩乍薩連納、毗若遮納、喀什彌爾貢巴哇、麥哲哇的弟子信根多傑（田金剛）、彌梁多傑（無等金剛）、仁清多傑（寶金剛）等三金剛，及德毗閣枳枳更梗希、婆羅門惹達納拔等座前聽受許多密宗教法。他來到西藏時發生兩次匪警，他都將匪戰敗。又尋找了在鄉中失去的姨姆，姨姆有三子，有一白色天女為他授記（預言）説：“此三子對你著名的喇嘛香巴將每年供獻青稞一千克（每克約重二十八斤）；並且作你的根本施主”等語。他在那裏，過去的弟子們對他也供獻了不少的財物受用，而且適逢故朗金礦掘出黃金，以此獲得黃金千餘兩。再次去尼泊爾在滂所巴座前求得《勝樂本續》和《四座》後，而去印度，在多傑敦巴座前供獻黃金百兩；又在那爛陀寺那若巴的弟子達欽波、蘇瑪底甘底、惹瑪巴那、納德嘎惹、杠嘎達的至尊母仁清拉謨、古古日巴的弟子大成就者尼瑪領波（日藏）等座前聽受許多教法。又和彌枳哇相見而求得許多密續的傳授，並供黃金七兩而請求道：“由於西藏受用財富薄弱，我請求傳授一增長財富法。”當即傳授他以《六臂如意怙主法》（稱白色六臂財神）。此後他攜帶黃金五百兩而問他人道：“有誰真實值遇過金剛持（指那若巴）?”答：“有那若巴的妃子里姑瑪。可是她住在清淨聖地，身已成為虹身，以此不是誰都能見的。

她是索薩嶺的屍林處空行母會眾的主宰，如有純潔的心是可以見到她的”等語。於是它到了索薩領，一心祈誦“囊謨布達雅”（敬禮佛世尊）。以此得見七多羅樹天空中有一空行母身紫黑色，以骨飾而為莊嚴，手持喀章嘎（密修士用的一種杖）和顱蓋，示現一尊或多尊身相，而且在進行舞蹈。他知這決定是里姑瑪，遂頂禮而繞行，而且請求傳授清淨教授。里姑瑪說：“我是食肉扎根空行母。”他再頂禮照前請求。里姑瑪説道：“你請傳密咒教授必須供黃金。”因此他供上黃金五百兩。里姑瑪接受後將他引入林中。他想真是食肉空行母麼？正懷疑時，眼看空中有許多空行母聚集而化現出曼荼羅，也就在那裏給他傳授了幻身夢修灌頂法。空行母將他帶到三由旬（一由旬約二十六里）外金山口而安置下來，在這裏傳授他以夢中由金剛明妃所説六法一遍；直傳三遍；金剛句髓，幻化道次第等。此外還對他講説了很多續部和修法。里姑瑪授記説：“能知此六法教授等的，衹有我和那哇巴二人，傳七代後當作單傳（即每次衹傳一人）。此諸人我當作加持”等語。此後他在壩比倫覺座前求得《勝樂五尊法》《紅白空行法類》《五次第一座修法》《瑜伽六支》等許多教法。又在若比多傑（遊戲金剛）、阿雅得哇、扎根蘇瑪底等師座前也聽受了許多教法。諸師對他授記説：“具德毗汝巴的弟子即空行母蘇喀舍底，你將和她相見，供上黃金後得傳灌頂。對於你的傳承諸人，我們將現身而作加持”等語，並傳授他各種教授。此外他又在空行母杠嘎達惹和袞都桑謨（普賢母）座前供黃金而求得教授。又在班底達鄧尾多傑（樂金剛）座前求得《閻曼德迦法類》；在若比多傑（遊戲金剛）座前求得《吉祥天母法類》等。此外他又在喇嘛阿達雅班遮等師座前聽受了許多教授後而返西藏。開採許多金礦，到業謨時獲得許多黃金。他再次去印度在金剛座[3]供黃金八十兩。以此上師和人衆都歎為稀有。在那時他又在里姑瑪、蘇喀舍底、多傑敦巴、金剛三昆仲，以及麥哲哇雖不在世，有其妃杠嘎達惹等共有上師一百五十位座前都供獻黃金以為禮，而獲得傳授他許多教授。後來他來到阿里時和底嘎惹（即阿底俠）相見，得尊者傳授他以《密集》等許多教法。有些梵本遭到損耗也由他的梵本而得修復，而且由仁清桑波（寶賢）[4] 和達瑪洛卓（法智）譯出藏文。他繼在朗日塘巴座前受比丘戒 [5]；又在澎裕覺波建羌嘎寺。在那裏有黑山康色的瑜伽士惹呼那姑巴達班遮來到後，給他傳授了五續部灌頂和貢波護法等許多教法。後來他在乙未年去到傑區的察隆，在丙申年去帕日俠扎，在辛丑年去卓謨的堆格；又由於覺波來迎請他而到了香區。在三年中他共修建熊熊等寺廟一百零八所。由於他多次説法，以此諸僧衆對講説雖具廣博，而對修行則是鬆弛。因此這些人的看法是：有時見他示現許多天母之身像；有時又見示現為許多可怖的閻鬘德迦之像，最後都進入修行者身中。其他僧衆由嫉妒之心而引來兵馬時，他用幻變出來的兵馬擊退敵軍。因此都對他生敬而成為他的弟子。對於塘拉和肖區的壩惹納波等能作災厄的諸鬼神，他晝間運用雷擊；晚上以三摩地（定）力鎮伏彼等，都獻出命根咒而立誓守護正法。那時他也示現各種神變和佛尊身像等。最後他對僧衆説："今天是我最後一次説法。"説後逝世。遺體未淨治而奉安於金銀棺中，同熊熊金剛座寺共存。然而康區諸僧衆不聽這樣的安置，而迎走時現起五續部的佛會等許多聖衆都一時到來。先後統計前來聚集的僧伽約八萬人。

此師的主要弟子有：麥鄔敦巴、約波甲謨伽、杜敦仁旺、那堆•袞卻喀，謨覺巴、香貢卻生（法獅子）等人。據説穹波倫覺享壽一百五十歲。這好比藹巴桑傑 [6] 來到定日時，傑赤巴問他説："你能活到多少歲？”他答說：“九萬九千九百九十九歲。”對於大成就者們的具有密意的話，不應視為虛妄。根據後來從這裏傳承出許多大成就者的原因，當視為全是成就的士夫。正喻如見煙而知有火那樣啊！

第四代傳承謨覺巴•仁清准珠（寶精進），如此語録中說：“我生在拉普邦扎熱協鄉，父名協更麥穹，母名播謨白瑪准。年届十七歲時在熊熊寺進入佛法之門（即出家為僧）。”喇嘛香巴傳授他以《喜金剛灌頂》，並且對他說：“小僧人你在少年時代當多聞法。過早專修易受魔祟。我給你書本的順緣吧。”他在法王的莊園處聽一位名叫仲敦的講說，說了許多使人失望的話，而且對他說：“小僧人你應該修啊！”此後在師前求傳教授時，師仍舊如前語答復他。他在上師的弟子那青巴座前聽了一些教授而修，也未生起多大的修悟。再到上師座前去時，上師傳以《貢波護法法類》及《忿怒母教授》。他適逢約波•甲謨伽送禮來到，上師給他以黃金六錢、綾六疋和《莊嚴經論》一部而說道：“你去追隨於甲謨伽之後吧。”那時他年届二十一歲也就隨甲謨加之後來到堆隆。甲謨伽對他說：“你到吉雪來吧。”他遂前往，在途中聽得善知識攜帶有許多經卷，他心灰意懶而捶胸失望，於是到了康巴阿生大師的弟子處，他是一位多聞而獲得通達，具有教授的大德。他住在朗枳喀的座前，適逢在傳灌頂，他請求說：“請慈悲也傳我灌頂。”師問說：“你是誰的弟子？”答：“是香巴的弟子。”師說：“那麼，你豈不是捨馬而騎驢麼？”經再三懇求後，師說可以傳你。開示說：“大格西洽巴、梁正巴•卻耶、吉波楚拔、約淩、喇嘛香和康巴譯師敦期等約六十位師資，他們都是說勝義諦[7]。阿生大師曾說：最初對他所說有些不安，經我認真努力而得安。”在灌頂正行的當天晚上他對上師生起了真實是佛之想。在那裏他求得依彩土和三摩地兩種曼荼羅法；魯伊巴和俱生兩種生起次第；瑜伽六支兩種根本釋圓滿次第；加行釁兩種根本釋；三心要兩種根本釋等。他在上師近前修一些"瓶氣法"（氣功之一種）。上師喜寂靜處，以此叫他秋季前往布貢金。他遂以紅糖作見面禮物，來到師前啟白說我是香巴的弟子。這裏上師也說了些你捨馬而騎驢的話。在這裏傳授他以熱穹傳規的灌頂和教授等，並拿來一些布貢的乳牛皮對他說："給你此皮供，請你仁清准珠降雹吧！"有三版牆的冰雹，而衹降了一版牆厚的冰雹也就死了一些人。因此他認為供皮而降的，他自己積下罪孽了。以此請在上師座前哭訴。師說："為了教法和上師之故而作的。以此對於地道的進程要快很多。如果無論如何你也於心不安的話，那怕作了無間罪，也有能成佛的教授。"說後給他傳了教授。師修習記持夢中親見至尊佛母面時，獲得那惹巴開示說："成為上根者，一年可能見。"師喜而對他說："現在你將貢波和忿怒母二法獻給我吧。"他當即獻給上師。他在梁嘎謨巴的格西袞喀座前求得《五眼修行次第》[8] 和開光法；又在格西乍惹哇座前求得甘丹派 [9] 許多教授；又在阿闍黎約波金那裏住了五年求得《波羅蜜多》和《攝行論》教法；又在梁貢座前求得喀惹三法。此後他回鄉，父已亡故，他將田地賣出來作善事。繼在甲•扎索座前求得《瑜伽六支》和《金剛句髓》等許多教授；又在格西須座前也求得許多教授；又在阿闍黎香師座前求得《毗荼耶具光論》等；又在伯貢洽納座前求得息結派 [10] 許多教授。後來他想到約波金座前，先到上師座前請傳見瑜伽母面和持夢修法時，師斥責道："你是知道波羅蜜多的，而強裝不知，你不必在我這裏住吧。"可是在當天晚上，上師又把他叫到座前，而將灌頂法和一切教授都傳授給他，並為師作了侍寢服役。經過先前五年和此後一年零七個月，將所有深法都傳給他後而吩咐說：“你當住持我的傳承，並一心勤修。”說後上師也就逝世。在冬季他辦完善後諸事後，去頂瑪閉關二年精修，生起了許多證悟。但是香巴上師不在，無可問處，他想到傑•崗波哇座前去問，在前去的途中和帕讓住巴[11]相見，彼此互相請求傳授教授。繼來到崗波在上師仁波伽座前求得《那若六法》等教法，對於大手印的見解也獲得決定的效用。回來時上師也一道送他走了一短程。他在途中復作了許多降伏兇惡鬼神的事。此後他在讓覺安住。他依止溜譯師十二年中，一心勤修。以此普遍傳稱他的美名聲譽，各派的許多弟子油然而來集。在那裏僧眾容納不下，以此修建姑隆寺。對他略生敬信而入道中諸人也有許多生起證悟的，直接得他傳授教授的諸人那就更不待說了。他授記（預示）說：“我的這一傳承由溫敦•傑杠巴來住持，繼此傳承由桑傑淩敦來住持，繼此傳承由桑傑敦巴來住持。由此諸弟子來宏揚此一法傳”等語。又說：“迎請我到極樂世界的使者雖已來到，但這次我不去。”說後又住了三年，最後對弟子們說：“我前往現喜世界[12]，向彼方祈禱可得加持。”說後也就逝世了。

第五代傳承是由讓覺巴大師語教而出生能持師種的大成就者傑杠巴•達瑪生格（法獅子）：此師誕生在堆隆朗巴地方，泊是其族姓。年屆十二歲時念修閻曼德迦法門。十七歲時在叔父泊•湯切欽巴（一切智）座前出家而聽受許多教法。當拉薩有一次法輪會來到時，他作叔父的僕役而前往，作為一個僧人份內的禮品，他攜帶了綾子三疋，及銅粉和酥油等物，到了乍拉魯普的業鄧山，見山上有灰白色小茅蓬。他問：“那裏有誰住在裏面？”答：“有一名叫帕巴傑貢的修大悲觀音成就者住在裏面。”他聽說後生起敬仰便將禮物等供獻了爾後問道：“上師你見過聖觀自在麼？”師說：“是否大悲觀音不一定，陰暗的這裏，祇看見座上有一白亮亮的東西。”他說：“那麼，請傳我以大悲觀音法吧。”上師最初給他傳啟智灌頂，他以兩包酥油作供燈，再以兩包酥油作法筵而求得修法三遍。他又問：“上師你經多少年親見觀音面的？”師說：“秋季去化緣，繼即閉關而修，經八年親見主侍三尊（中間主尊和左右兩侍尊）。從此以後則是時常親見。”於是温敦（即傑杠巴）在傑杠閉關而修，經三年半而親見聖觀自在；隨後又親見過去念誦的閻曼德迦。繼後叔父叫他前去，他遵命來到叔父的座前，叔父說：“你親見觀音和馬頭金剛。不必聽我康巴（叔父是康區人）說的了。然而應以專修為要！你拿這些東西到那堆熱穹巴的弟子咱日貢巴那裏去吧。”說後給了他黄金一錢和綾子六疋。他拿着這些東西向那堆而去，走到一山口處，日光熱烈，突降猛烈的冰雹，依此因緣，在那裏生起了真實性的證悟。繼來到了咱日貢巴那裏時，侍者前來迎接而向他頂禮。他說：“你為什麼對我頂禮？”侍者說：“上師說，今天有一成就者將來到。看來所說的成就者即是你了。”遂將他引至上師座前，他頂禮後供上綾子一方（綾的寬度折為方形稱一方）後，而請求道：“由於没有糌粑口糧，我請求從速完畢法事。”上師說：“應當是將黄金一錢和綾六疋用盡時，求法事也才完畢（這是師已預知其所有）。”對上師他也祇說過這一次假話。經二年時間，上師將熱穹巴傳規的灌頂和教授完全傳授給他。此後他在鄔裕名叫喇嘛本普，擁有阿底俠尊者的全部密咒教授的座前依止了五年完全得傳所有教授。在這裏他聽得讓覺巴的美譽名聲，以此他在香區的山下睡時，夢見有一黑人穿着棉布短褲而來對他說：“明天山上有朋友要來，我裝作像你的僕人那樣，不要接觸到誰都給他。”說後也就走了。醒後同許多朋友前往山上，在姑隆和上師相見，師說：“昨天派一黑人去迎接你，黑人來了麼?”答:“來了。”師說:“那是貢波護法，我將他作為你的僕人。”在這裏上師對他漸次傳給諸教授。他在修悟的過程中，極有大力，與佛尊和成就的瑜伽士相見，是難以計數的。中間有一段時期，上師命他可以向他者啟開法門，他遂給他人傳了一些灌頂。因此障蔽了他的修悟。於是他閉關努力專修，又恢復了進程。當他想一心專修的時候，來了三百馬隊迎接他去繼任泊•澤瑪哇逝世後的寺主職位。他說:“我一心專修，決定不去。”後來上師命令他去傑杠而當了寺主，他也就修建了佛塔。當想修建圍饒寺廟的院牆時，堆集土石後，他不命他人作此工程。他說:“這工程派遣護法來作僕役，但還未到給修建之權的時候。”可是在當天晚上已經發生大眾將院牆拆了一人的高度，他心中生起追悔！對群眾作了解釋和安慰。除泊寺的節供外，他都在閉關中修持，對利他事業他有廣大力量，因有部區和漢地皇帝送來的大批供物，他想送一大批給上師寺中時，僧眾說:“泊•湯切欽巴（一切智）的寺中，派遣他者去是不合理的。”他遂制定送泊寺供物不許一人去的規約。他遣動護法喬裝澎裕的商人而將上師的供物送到能見姑隆的地方後，護法神眾說:“我等難受這黑暗的屍林，前往達納桑枳達的會供輪那裏去吧。”說後也就不見了。如是運用神通策動其他有情的作業中，他真實通曉一切，而且由通曉諸弟子一切粗細心相之門而作偉大的利他眾生事業後，享壽七十三歲而逝世。

第六代傳承桑傑淩敦•卻季協饒（法智）：此師係傑杠巴的得意弟子，誕生在裕區上部，淩是其族姓。他對一切生死輪回早生厭離；對財富受用斷除貪執。總想由這次所得暇滿身而獲得解脫。年十一歲時在貢布喀阿闍黎敦耶座前進入佛門。十七歲時在堪布絳秋生巴座前受沙彌戒[13]。年届二十歲時在堪布索巴座前受比丘戒[14]後，也就在堪布和堪洽二師座前聽受《毗奈耶》和《般若法類》等；又在阿闍黎耶座前聽受《量決定論》等、《中觀》《集學論》《入行論》等；又在上師扎巴絳稱（名稱幢）座前求得《密續部教授》等，及息結派[15]教法，《亥母六法》《喀惹三法門》《那若六法》《索穹巴教授》等。此後他在貢布喀作多聞教法當中，有一法友名東羌波說："聞法也僅是這樣，知識的邊際是無邊的，猶如陽焰[16]。現在當修一種法是特別重要。因此我前往前後藏和康區，尋訪了許多上師，尤其是依止法王枳空巴、傑杠巴、垛波哇和薩迦派[17]諸師，而其中比誰也修德大，對我饒益的上師是傑杠巴，真是一位真佛住世。以此我追隨於他座下，住了少許時間，即有大長進"等語。卻季協饒僅一聞師事略，即油然感動而墮淚，生起了無量敬信而祈願迅速與師相見。此後在秋季所聞之法轉春都還未完，到上師處（傑杠巴）剛一見面師說："去年秋天在一山峰頂上的屋中，黃昏時分熬茶，茶葉下沉茶水未開時，我得到你那猛利的祈願。我想你明天來吧或後天來吧？何故過時還未到達呢？"答："由於有些忙事而未能速即到達。我是來求上師傳授所有教授的。"師說："總的說來，上師香巴的這一法門，是很緊嚴的！但對你所有單傳諸法都全授與你。"說後也就將灌頂和諸教授都傳授給他，他勤奮精修，生起了與師同樣的修證。除障者（指本尊護法）也對他授記（指示未來預言）。有一時候，他依照上師所說而修，得親見蘇喀舍底，對他說："瑜伽士！智明無依中而住下吧！"連說三次。以此他生起了殊勝的真實性證達。有一時侯，上師對他授記（預示）說："將來你有某寺廟，為此一名稱和有十位殊勝的侍徒。你傳法勿全部施與，當發誓住山修行。你對他人說法時，應穿襤褸衣服，食隨便飲食。說法之前，先當發菩提心，結尾當作回向。"他對於諸法很好地作了筆錄和審校。他自己常想自己没有特大的教授。他在傑杠住了十三個冬夏後，去枳空和上師章巴金座前求傳教授也未除去修行障礙。此後他去須隆邦喀想到或許成佛；或許是一死，遂閉關專修了三年，時來一瑜伽士對他說："上師黑屍林派遣我給你送法來了。"說後傳授他以長生法，並住了七月。僅一獲得長生傳授之力修障立除。瑜伽士他遊拉薩回來時，滿載金銀綢緞等供物而歸。他說：我不需這般的財富受用，我是因你送法的緣分而來的。"說後也就離去。他遂修建了日貢寺。此師曾到過許多佛刹和江諾金（金剛手菩薩刹土）等刹土；親見許多空行母，並和空行母等談話；又和八十大成就師等許多成就者相見面，他的身體曾遭雷擊而絲毫無損；他對諸護法神雖未遣差，但若有違悖不合者立即除滅；對諸弟子開示許多教法，而且凡與他相遇的他都賜予教言。確已成為當時的一位教主。

第七代傳承係成為桑傑淩敦的代理者即著名的桑傑敦巴（大覺導師）：此師係卯年生人，生於思瑪苯波雅安嘎波的族姓中。他能知思考後即對佛法敬信。年甫八歲即善知書法和念讀。年屆十一歲時聽受從瑪季活佛傳來的"決"（能斷派法）單傳諸法。童年時代即有猛利厭離心，而晝夜勤繞塔像等善業。年屆十三歲時在咱日熱巴座前出家為僧。師說："你將來對有情能作饒益，而且會是一位學法精進者。"以此給他命名為准珠生格（精進獅子）。可是上師未等待他長大依止而逝世。此後他在阿闍黎色師座前聽受許多教法。年屆十七歲時作講說暫露説法頭角。繼在松敦熱巴座前求得詳廣"決"法門。對於供物也生悦意，對師說："依止上師後，對此'決'法獲得廣大進益。"他又在上師鄔瑪巴座前求得《喜金剛》等教法。又在讓裕哇大成就師座前求傳《無量壽灌頂》七天。師說：

“你原來在秋季死期將到，以此灌頂復得延壽。我想秋季莊稼黃熟的時候，你仍能不死而健在。是我和無量壽二者的加持使壽獲得延長的。未滿三十歲時你對他人勿傳此法，在此以後無量壽對他有情將能饒益。你年届十九歲時應受比丘戒”等語。繼後他在喇嘛邦波哇座前求得香澤巴所傳出法類。年十九歲時如師教在堪布卻嘉金座前受比丘戒。又在喇嘛朗普巴、阿闍黎措敦釋迦、喇嘛措普哇、喇麻薩迦巴、阿闍黎章巴、阿闍黎覺敦、阿闍黎珠脱、喀交巴、阿闍黎覺嘉、康敦等師座前聽受許多教法。他繼想我當尋訪一成就上師而依止專修。有一名叫喇嘛峨敦的大善巧者，薩譯師和措譯師都説他有智才而且具戒。他到喇嘛那裏，同他一起睡眠，有一時喇嘛大聲急呼至尊度母救我出惡趣怖畏吧！他問喇嘛來了什麼這樣大叫？喇嘛説：“夢見定日那裏有三個黑暗的洞，我將墮入其中一洞中。”問：“這是為什麼？”答：“這是三惡趣之洞。因此我恐怖而失聲大叫。我必須到一位有成就的上師座前。聽説裕普有一名叫日貢哇的大成就者，他精練‘幻身夢修法’，具足神通，親見許多本尊，是一位隱修的瑜伽士。我無論如何要到他那裏去。”可是時經三年尚未成行，在這一階段中阿闍黎峨敦逝世。此後他（桑傑敦巴）去謁見時，黎明上師對侍者公波哇説：“今天有一位大修士從饒仲來見我，這位將能作教授之主。當知我的教授遍行於鄔仗那和那爛陀以內，以及外至海濱以上一帶。今天清晨諸空行護法已經前去迎接那人，現在你灑掃供室。供室清潔令人易生羡慕”等語。掃淨供室陳設諸供後，上師又説：“現在已至色吉瑪草坪上，在那裏吃路中餐食。你去迎接吧！”侍者喇嘛公波哇來草坪上迎接，繼到寺中剛與上師見面，師即説道：“你想明天來後天來而三年未得前來，在這中間與你授記你將和我相見的阿闍黎峨敦和須巴納波二人都已逝世。”他想此師果然有無礙神通。師又説：“你對我是為何敬慕而來？”答：“我是聽説上師你熟練幻身夢修法；具足現證神通；親見許多本尊；諸護法如奴僕般聽師命令等功德，而來謁師的。”於是請求傳授喇嘛香巴的教授。上師將灌頂和諸教授次第混合修法都傳授給他，他修而獲得諸修行功能，作出了許多廣大稀有利益人與非人等的事業。在下半生中次第説出了許多未來預言；尤其是授記説：“將來要出現決定能往清淨刹土的弟子有一百零八人。”享壽七十二歲於日貢示現圓寂。荼毗後發現有許多佛像等連同內藏加持物都奉安在金塔中，作為衆生的應供處所。以上是將單傳的次第説完。至於支系和每一小支的解脱事記，是不可思議繁不勝記的。此中諸師的壽數年月日時等，多不清澈，雖難記録，然而一些經過考證者録如下：

謨覺巴與帕謨住巴係同時人；傑杠巴與枳空巴係同時人；桑傑淩敦與傑敬安係同時人，桑傑敦巴與漾貢巴係同時人。桑傑敦巴逝世後淨治遺體和喪宴時，敦巴之弟子喇嘛阿生來到授記説：“我已備有好緣起，以此以後大會將是和平親睦的。”

這位喇嘛阿生：誕生在汝昌的魯惹喀地方修密咒士家中。須是其族姓。具有舊密寧瑪派[18]密續和傳統作法等大功能。他從桑傑敦巴座前獲得教授後，成為一位修成幻身、光明得到自在的大德。

又桑傑敦巴的弟子著名的克珠香敦：誕生在空江漾康地方。父名温巴袞卻讓（寶賢），母名覺格。克珠香敦係甲午年生人。童年時即對世間有極大厭離心。八九歲時已學會書法和誦讀。年届十三歲時，由尼脱巴作親教師；楚協作阿闍黎而給他授沙彌戒[19]，命名楚稱貢波（戒怙主）。又在楚協和阿闍黎釋迦綳座前研習《波羅蜜多》和《入行論》後，十八歲時他著作前兩論的新解。阿闍黎對他說：“你應學會《量釋論》而記持。”說後給以《量決定論》書本。阿闍黎給他講第一行字，他即能領會第一頌的一切餘義。他負有善巧《量論》賢良導師的盛名。此外他聽受了《慈氏五論》[20]《瑜伽師地論五分》[21]《集量七注》[22]《中觀六論》[23]和《集學論》等，以及許多密宗教法。又在喇嘛敦拉仁座前聽受了許多密續和修法。又在雅隆貢色哇的堪布座前聽受甘丹派[24]教法。在垛窩嘎瑪巴座前聽受其甚深諸法類。而成為徹底的善巧精通者。由於他對於世間沒有貪戀，將家產完全賣出後，為父母培福超薦而作佈施僧伽十一次。他僅一聽得桑傑敦巴的美譽名聲，即生敬信而去到日貢求得教授。敦巴師想到他是合法器人，而將里姑瑪所有法門完全傳授給他。他的修悟也獲得上師的喜悅而對他讚歎說道：“你比我生起的修悟更良好。”須・乍瑪哇的上師袞交（寶護）來到日貢時，他在師前聽受《心滴要法》，僅傳觀法情況，他即廣大地現起真實法性悟境。繼後他到咱日淨修中也生起許多開悟。他又在更謨梯巴的上師康巴座前聽受《道果》，並求得除障秘訣而除去諸障。此後他住在賈區作了廣大的利益他有情事業，並出有許多有證悟的弟子。享壽七十六歲於己酉年五月十五日入於調柔的境相追蹤上師桑傑敦巴之後而逝世。

克珠香敦的弟子賈巴・絳稱繃（億幢）：此師是在香敦二十八歲時歲次辛酉年誕生。享壽七十四歲於甲戌年逝世。此師在香敦座前獲得教授，而生起優越的三摩地，作出利益眾生事業。極負盛名。

絳稱繃之姪絳巴伯（慈吉祥）：此師是在叔父法王絳稱繃五十歲時歲次庚戌年誕生。即香敦逝世後第二年生人。此師具有極大的里姑修持力，諸大人物也都到他座前親近，長久的時期中廣作利益眾生事業。享壽八十二歲於辛未年逝世。此師與法王壩惹哇的生年和逝世之年相同。

賈巴•絳稱綳的弟子大成就者卻郡仁清（法生寶）：此師誕生在哲•協鐃壩（智焰）所加持地雪古地方。父名本伊•迅魯仁清（童寶），母名索朗伯（福吉祥）。此師係辛卯年生人。幼年時學習書法和誦讀，無難地通曉一切有頭（楷書）和無頭字（行、草書）等。年届十二歲時，由仁清桑敦伯桑作親教師；四論師•仁清多傑（寶金剛）作阿闍黎而出家為僧。他研習《波羅蜜多》，在勒嶺著出《波羅蜜多新解》，並作説法。年届三十二歲時，由仁清絳稱伯桑波作親教師；勒卻巴作阿闍黎；四論師•仁清多傑（寶金剛）作屏教師而受比丘戒。他在家鄉住時，親見貢波敬金（護法神之一）像，並生起真實性修悟，閱讀《穹波傳記》後，當天晚上即能持夢而修。年届三十八歲時，先發一信而與賈欽•絳巴伯哇（慈吉祥）相會。當即求得所有教授。又在阿闍黎伯桑巴（吉祥賢）座前求得《後授經教誦授》。後來他在勒嶺和約區住時，大半都在閉關專修中，他擁有神通妙用，成熟其他許多眾生。享壽五十八歲於戊子年八月十四日逝世。荼毗時發現無量舍利。總的説來，這位大德是修建哲塘寺那年誕生的。從克珠香敦誕生起直至現在（著者當時）丙申年，計已經是二百四十三年了。

桑傑敦巴的弟子克准迅魯珠（童成）：誕生在梁下區的居巴裕哇涷地方。父名嘉補澤迫（增壽），母名嘉謨切正伯。年届十歲時，在納塘寺的大堪布朗喀扎（虛空稱）座前出家為僧。又在曲彌巴等師前研習經論。年届二十歲時，仍在大堪布座前受比丘戒。二十二歲時，到薩迦帕思巴[25]座前聽受許多密續解説。他在寺中住時，又在其他諸大善知識前聽受許多續部教法，獲得善巧精通後，正教育眾弟子時，薩迦派[26]內部發生亂事，使他灰心失望。他依止上師八十三人，所得甚深教授，用作導修中的修養，尤其是他聽得桑傑敦巴的美名而生起敬信，來到敦巴座前聽受香巴嘎舉派的所有教授，及其他許多甚深教法。他的修悟也使上師極為歡喜！他對此生的貪戀十分厭離，上師四次命令他作利他眾生事業，他前往前後藏許多地方，修捨此身命心的“決”法，利濟許多鬼神有情。後來在烈麥建桑頂寺，而以《道果》《大手印》《里姑法類》等作為主要法門來教導許多應化有情。美譽名聲大噪於當時，以此也聚集了許多徒眾。夏魯姑香巴作他的主要施主。最後在將示圓寂以前作了許多談話後，於己未年八月逝世。己未這一年正是布仁波伽著作《波羅蜜多疏論》之年。

克准迅魯珠的弟子色嶺巴·扎喜伯（吉祥德）：誕生在約普色嶺地方。父名傑准稱金，母名袞卻敬（寶莊嚴）。此師係壬辰年生人，年六七歲時，已學完誦讀。在勒巴班欽座前受比丘戒。在勒巴庫温座前研習《毗奈耶》《俱捨》《密集》《金剛撅》《波羅蜜多》《量論》等許多經論而成為善巧通達。又在家鄉附近的許多上師座前聽受了許多密法；又在謨覺巴·仁清洛卓（寶智）等師前求得香巴傳來的許多教授。他親見許多本尊，尤其是貢波護法示現在他的眼前承許助成他的事業。他具足可信的美滿修悟。在香巴教主克准·迅魯珠座前很好地聽受了所有教授；復將從桑傑敦巴傳來的“決”法門牢記心中。後來他教化諸有情也以二師教法為主要來教育他者。所有善知識中的教主和宰官大人物等都來在他的座前親近。他作出了利益無邊眾生事業後，於乙巳年正月十九日逝世。享壽七十四歲。

扎喜伯的弟子乍波伽哇·多傑伯（金剛吉祥）：誕生在桑地區

中。自入佛門後，在許多善知識座前獲得許多教授的傳法，尤其是在色嶺巴•扎喜伯座前聽受了香巴法門和行境法類後，他作出了廣大的利眾事業。貢波護法也對他攝受而護持。

多傑伯的弟子卻閣哇•卻伯協饒（法吉祥智）：誕生在後藏地方。他到塔巴嶺寺中在大堪布協鐃峨熱（智光）座前出家受比丘戒。又在堪欽協鐃多傑（智金剛）等師前廣大地聽受諸經教。又在法王壩惹哇座前聽受坐山法和大手印等法。以此於夢中生起無遮障光明。他念修二面亥母法中，發現禮供的淡酒也變成香味殊勝的酒汁等異事。他又修紅色閻摩等閉關念修法，又在乍波伽哇•多傑伯座前聽受香巴法門和“決”法後，一心專修。後來他住梯區的卻閣寺中時，成熟了許多應化眾生。當他來到昂甲寺中，轉廣大法輪時，運用修證力威攝三域[27]，以加持力召集一切金剛空行母，成為一切人非人等的應供處。普遍傳稱他叫閣楚熱巴（單衣行者）。美譽名聲諸方聽得後，都在修中，觀修其肖像，對諸應化有情也起了教訓作用。

如是克珠穹波倫覺巴的語教甘露法流，傳承次第史紀，係我（著者）從閱讀中所獲得者而簡略寫出。此外遍佈於贍部中者，誰能盡行而搜集之。以上從克珠穹波傳出的甘露法流如何的情況說訖。也是里姑瑪的階段。

**【註释】**

[1] 苯波：古代西藏原始宗教名。創始人辛饒。早期但以祈神鬼為人禳病、消災和薦亡為業。松贊干布以後，王室扶持佛教，佛苯之間鬥争

甚烈。苯教自己没有系統的見、行、修道之法和典籍，長期抄襲佛教理論偽造苯典。

[2] 沙彌戒：佛教中男子初出家受三十六戒者。

[3] 金剛座：即菩提道場。亦即釋迦牟尼證覺成道的古印度菩提伽耶城。

[4] 仁清桑波：意為寶賢（958—1055），十三歲出家，往印度學法，回藏後最初翻譯新密續（密經稱續）者。又譯印度各種經論和醫書。係藏王孫拉德之師。阿底俠到藏時他年已八十五歲，卒年九十八歲。

[5] 比丘戒：佛教出家男子受具足戒二百五十三條者。

[6] 蕩巴桑傑：12 世紀初印度佛教大師蕩巴桑傑入藏創息結派，以修行般若經義斷除生死涅槃和苦惱的佛教派名。

[7] 勝義諦：二諦即勝義諦和世俗諦。勝義諦即第一義諦，意為最勝的真實理智。

[8] 五眼修行次第：即肉眼、天眼、慧眼、法眼和佛眼。

[9] 甘丹派：標榜以全部佛語作為修行要訣的教派。為阿底俠弟子仲敦巴所創，是 11 世紀中葉藏傳佛教中興時期的主流。

[10] 息結派：詳 [6]。

[11] 帕謨住巴：名多傑嘉波（金剛王）（1110—1170），西藏帕住嘎舉派創始人，為達波拉傑的弟子。1159 年於帕謨地方建寺。

[12] 現喜世界：金剛手和多聞天子的刹土名。

[13] 沙彌戒：詳 [2]。

[14] 比丘戒：詳 [5]。

[15] 息結派：詳 [6]。

[16] 陽焰：夏季日照沙灘反光映成如流水的幻景。

[17] 薩迦派：昆 • 袞卻嘉波（寶王）所首創。袞嘎領波等五祖所宏揚

的藏傳佛教一派名。

[18] 寧瑪派：藏傳佛教舊譯密乘派系名，以其衣帽尚紅色，漢人稱為紅教。

[19] 沙彌戒：詳 [2]。

[20] 慈氏五論：彌勒為無著所說的《現觀主嚴論》《莊嚴經論》《寶性論》《辯法法性論》和《辯中邊論》。

[21] 瑜伽師地論五分；即無著所著《本地分》《攝抉擇分》《攝事分》《攝異門分》和《攝釋分》。

[22] 集量七注：即《釋量論》《定量論》《理滴論》《因滴論》《關係論》《悟他論》和《諍理論》。

[23] 中觀六論：龍樹所著的《中論》《破邪論》《七十空性論》《六十理論》《細研磨論》和《寶鬘論》。

[24] 甘丹派：詳 [9]。

[25] 薩迦帕思巴：係薩班•袞嘎絳稱之姪名洛卓絳稱（智幢），1246年與蒙古汗相會於涼州。

[26] 薩趣派：詳 [17]。

[27] 三域：指天上、地上和地下。

# 第十輯　時輪傳承及其教授如何而來的情況

茲當説《時輪續》（或作時輪金剛續）及其教授如何而來的情況：總的説來，大乘密宗在此贍部洲中是如何而興起的？最初對於東方饒色達哇（極明月）王等人，示現並演説《攝真實性諸瑜伽續》（密宗經典稱續）；繼後對於龍樹及其弟子等人，示現並演説《吉祥密集諸瑜伽續》後，盛行於南方（指印度南方）；此後由西方那哇巴等人從鄔仗那取出《瑜伽母續》等，而盛行於中原（指中印度），此後從香拔拉[1]由諸菩薩著作出《吉祥時輪續釋》，而盛行於中土（指中印度）。《無垢光明》中説：此中對時代的決定是：從佛世起經六百年為妙吉祥時代，此後八百年為納洛（意為邊鄙人）時代；納洛時代過後約八十二年（不到一百年）的時候，是難勝者略施造作即能淨治身心的貴種王族難勝時代。這一時代其所造作決定能成，所以是超納洛（邊鄙）的年代。所謂已過六十丁卯[2]等年代，是説六十年週期的第一起算年丁卯即稱六十丁卯等年。從那些年代各各經過直到現在之年，以前之年代就稱為已過六十丁卯等年代。依此看來，後來諸智者大都承許中原（中印度）發現時輪的時代是與最初起算六十丁卯的時代相同的。既然如是，很顯然時輪是從古代在印度就有的。而且大成就者枳布巴尊者所著《勝樂俱生修法》中説："在無垢光明（時輪典籍之一）禮讚第二頌中也有（時輪出處）等語，明顯地書出之故。"又枳布巴之後為汝伯尊者；汝伯之後為那爛陀日巴；那爛之後為納波巴，納波巴之後為桑波尊者；桑波之後為朗嘉尊者，朗嘉之後為底里巴；底里巴之後為那若巴。從枳布巴到那若巴之間，次第出有八位上師。而那若巴又與堆夏尊者師徒是同時之故。又毗汝巴所著《閻曼德迦輪顯明論》是依據《時輪》而著出，這見於《顯明論》中所說之故。又若以枳魯巴尋求《時輪》的史事來說，由於枳魯巴見到仁清日窩寺未遭喀什米爾突厥族之害。因此觀察到成佛必須依大乘密教；而密教又必須有菩薩的解釋，以此而來尋求《時輪》。有如說法之故。如是看來，《時輪》在印度是從古代興起的。後來為諸人士普遍傳稱，是在堆柯夏尊者師徒的那一期間。這樣的說法是合理的。在西藏《時輪》最初的譯本（藏文本），是啟覺譯師所譯。這是倫邦索哇等人所說，看來是合理的。至於班底達達哇貢波（月怙主）的到來，是在扎巴烘協的下半生中，據說扎巴少年時即在其叔座前聽受過《時輪》。又在此雪山叢中的西藏使《時輪》法門極為盛行的創作者，是布垛巴兩位大師。這兩師最初聽受惹譯師的傳承，後來正規進入卓師傳規之故，所以主要宗惹、卓兩系。其中卓系諸師是：由大堆夏師在日敦（貴種）座前聽受法傳。從大堆夏次第傳承諸師是：小堆夏、達哇貢波（月怙主）、貢波•袞卻松（寶護）、卓敦•朗那哲（天積）、裕讜、色•達麥俠惹、克巴•朗喀峨（虛空光）、色欽•朗喀絳稱（虛空幢）、法王絳央色瑪（新妙音）、袞欽•卻姑峨色（法身光明）、袞邦•吐傑准珠（悲精進）、絳生嘉哇耶協（勝智）、袞欽•雲敦嘉措（能海）、法王袞欽清波（大遍知）等人。

次為惹系傳承諸師是：日敦（貴種）、枳魯哇、毗洛達巴、大堆夏、小堆夏、曼珠甘底、尼泊爾•薩捫達希、惹卻饒（法深）、惹耶協生根（智獅子）、惹繃生（億獅）、傑准嘎諾（嘎譯師）、絨巴•協饒生根（智獅子）、喇嘛多傑絳稱（金剛幢）、由多傑絳稱傳佈頓仁波伽等人。這是一種承許的情況。又一種是傳到絨巴協饒生格，則由協饒生根傳季敦•絳央（妙吉祥），絳央傳袞欽清波（大遍知）。布垛巴兩師最初聽受惹系傳法，後來聽受了卓系傳法等許多教授。至於在印度是誰一上師的期間，從日敦（貴種）而傳來《時輪》，及上師前由何弟子來聽受等的史話，有各種的說法。在哲窩貢波的弟子倫邦索哇•卻季旺秋（法自在）所著《開啟入密續大寶教授寶篋論》中則說："從成就諸師及其後學等而傳出的傳承是：開示彼等之後由此情況和此師而傳承，但此中次第又依'最後授記'是說由觀自在菩薩的化身白蓮王傳授給阿闍黎堆夏。"這位堆夏大師，係中印度王種，王與王妃二者生的王子。他善巧五明學處[3]諸才能，普遍傳稱他是聖妙吉祥（即文殊）的化身；為至尊度母所加持而親見度母容顏，是一位獲得所有共通成就的大德。有一時中，度母對他說道："北方香拔拉[4]有佛所說並授記的許多密續釋論。你去尋求，並當聽受。"他遂生起前往那裏的動機。那時有些人說："可以和商人結伴而去。"有些人說："是由一幻化比丘引導而去的。"有些人說："當由至尊度母來作攝受。"又有些人說："意樂前往那裏後，是於前往淨相（定之一種相）中，到香拔拉本土後，在真實觀世音座前請傳諸法。"（堆夏）他是採取這後一種而作的。繼後堆夏住在中印度而對五位班底達傳法。五位班底達是：毗洛扎阿扎惹雅、杜哇郡勒洛卓（戒生智）、塔巴郡勒壩巴（解脫生處隱者）、生格絳稱（獅幢）和塔野朗巴嘉哇（無邊勝）等人。諸班底達得知法傳後而去到布納巴哈山中，將法傳給那若班欽等人，而且就在那裏住下。這些傳徒也都是具足多種圓滿，而其中尤以毗洛扎阿扎惹雅為最勝。此師的合理成因是：此師最初是一智劣的比丘，為了成就銳利的才智，依夢中觀相徵後，以珊瑚造作一尊古汝古里像，裝入一女屍的口中，然後於其上結跏趺坐而修了七日。向上觀看聽得有聲說：“你希求何種？”那時他雖想說希求能憶持一切見量，但在這樣突如其來的當中，由原來智劣的影響力而使他畏懼，衹好說：“希求一切筆記都能記在心上。”果如所求而成就後，也就稱作班底達毗洛扎阿扎惹雅，而在中印度則普遍傳稱他叫語自在王（文殊的別號）。成為有十二位小班底達圍繞侍奉的大師。由這樣的大師在阿闍黎堆夏座前聽受教法，而一切教法他都能聽一次即能牢記心中。

繼持這位大師的傳承者，是格業絳秋（菩提居士）：這位居士有一兒子是最大班底達，此子在伯父貢巴哇座前也求過傳法；而且同那若巴一起在大堆夏巴座前聽法，因此普遍傳稱他名小堆夏。可是父子二人也有不同的意樂。如果說這樣的父子二人不懂《時輪》，那即是說他們不懂密宗（當然不合理）。小堆夏住在中印度時，一切班底達心懷不善齊來中印度聚集，在毗扎瑪希那寺制定主座（即推出辯論座主）而作辯論時，覺窩欽波的辯才彼等不能勝，一切人等將主座之位拋開，並以足踐其頭頂。從此除絳秋生巴外，一切人士幾無一人不求《時輪》法門的。他的名也普遍傳稱叫堆柯哇（意為時輪師），他對時輪作了極大的宏揚。

那時喀什米爾疆土中有名丈熱夏桑波（足賢），又名蘇惹雅格部的徹底善巧者，由此師對班底達索勒亨、里崗喀瑪嘎惹、達納希、真扎惹呼那、索瑪納塔等人說法，並在那裏住下。

又由班底達杜哇郡勒洛卓（戒生智）寄來《灌頂略作法》和《灌頂廣作法》兩本，閱讀後一切人眾都歎為稀有！尤其是喇嘛喀伽達貢（月怙主）極為生信，暫停未聽完的餘法而說道：“法我得去尋訪。”遂到中印度和堆柯哇（時輪師）相見，求得《時輪》的傳授，而且獲得所有時輪灌頂、教授、續釋等的圓滿法傳。這位喇嘛喀伽達貢是婆羅門種姓，十年的時間中，都在學習父親的法規，一次能記下十六偈頌。續後其母使他入於佛教中，努力達到如喀伽尼瑪絳稱（日幢）和小堆夏兩師的智慧而成為班底達。這位喇嘛（達貢）想在西藏發展《時輪》教法而來到西藏。他問溜郡波道："你能翻譯此法麼？"答："我不能翻譯，然而有一方便。"他説："約波的桑裕地方中，有格西傑巴的兒子所依的施主極為賢善，他那裏派人送一信去吧。"此後迎請傑巴父子來，經請求後，獲其傳授如理的翻譯法。傑巴父子偉大的功德是；總的説來，他對一切譯師和班底達，能恭敬承侍，如理服役，尤其是具有大乘密教的大智慧；他的一切資具都用作為法而供施。如他對上師喀伽哇，最初見面時，即以黃金三兩作贄見禮，並供上以大氅一件為首的全套衣服。當上師行至曲須時，他預辦了以三十馱酒為帶頭的禮物前去迎接。以阿夏•甲嘎哲任譯師，一年中對譯師供應人役和馬三十匹，法事完畢時的酬謝，供黃金三十兩及散金三十兩共六十兩，而使其歡喜。繼後的譯師和班底達為絳塘的嘎敦，格西扎巴和嘎穹的敦巴•多傑敬松，從各方迎請而來後，那怕是僅請求傳一次密續法緣，也有格西傑父子在場聽受。此後喀伽達貢在印度上師座前作供養和去到金剛座[5]供養，供了許多黃金時，也是先在兄長杜哇郡勒洛卓（戒生智）和生格絳稱（獅幢）座前解除了疑團，再回到西藏，仍有傑父子參加聽受教法，並見有由卓譯師所譯的一種後譯本。

後由傑父子傳授給垛區的喇嘛閣欽波尼瑪；喇嘛繼傳給大善巧魯•桑嘎甘底；桑嘎甘底傳給自己的兒子；其子又傳給倫欽波。

又有第二種傳承情況是：上師喀欽哇後期來到西藏時，有澎裕的格西袞卻松（寶護）師徒二人長久依止上師恭敬承侍，盡心服役而取得上師歡心。因此上師將未傳西藏其他法師的本續和續釋講規及教授等完全傳給袞卻松師徒；袞卻松師徒傳給智者•哲窩•貢波欽波和色•卻季安達；智者又傳給倫師；又由色卻傳給魯覺色；魯覺色傳給倫•卻季旺秋（法自在）。

又第三種傳承情況是：由堆柯哇起，瑪（後時輪師）和具德那若巴傳給曼殊甘底和阿壩雅嘎惹二師；又由二師傳給喇嘛淩譯師和嘎譯師二人，但顯見對本續作信解；是將本續和續釋每遍是相間而說的。又由傑准廓師在淩、嘎兩譯師座前求得法傳後，直傳至卻季安達之間。

又第四種傳承情況是：由阿壩雅兩昆仲傳給班抵達薩捫達希諾班，又由班抵達傳給魯師；又傳給阿魯巴瑪惹肯達、薩都布扎達瑪阿嘎惹辛底、毗嘎喀納達德哇；毗嘎喀傳給地上無與倫比的喀什米爾大班底達釋迦希班扎及倫父子。

喇嘛索朗峨色（福光）所著《時輪攝義論》中說："如是時輪的續釋和教授等雖是存在於香拔拉[6]，然而在印度是由印度的一位比丘索溜巴欽波（大乞食者）去到香拔拉在一幻化菩薩座前求得時輪法傳。可是是何菩薩的幻化（身）？没有説定。"由索溜巴欽波傳給南方的丈熱•達日嘎巴；丈熱傳給枳魯巴；枳魯巴傳給堆夏巴；堆夏巴傳給堆柯哇欽波；此師傳出兩弟子，即菩提班扎和薩都布扎，菩提班扎傳出三弟子，即上師阿壩雅、扎彌哇欽波和阿毗殊嘎達；薩都布扎傳出兩弟子，即達瑪阿嘎惹和壩嘎惹；又由阿闍黎色•大譯師在上師阿壩雅座前聽受本法（時輪）一遍，在扎彌哇座前聽受二遍，在阿毗殊嘎達座前聽受一遍，在壩嘎惹座前聽受一遍；又由溜峨瑪在色•大譯師座前求得法傳，聽受此法經三年之久，後來上師色•大譯師在前藏逝世。此後遺留有未知者記下難點後，由前藏去到印度的途中作問難探討而獲得解除一切疑團；一說是獲得經典灌頂語教和教授等後，而解除一切疑團。

又溜峨瑪傳出扎喜仁清（吉祥寶）和溜貢二人。溜貢修習教授而獲得成就徵相，並留有經論教語，但智者難懂。扎喜仁清在峨瑪座前盡師所知聽教十二年全得如滿瓶甘露完全傾注的教授，在此基礎上，又聽受了惹、卓兩系和啟覺等的法語，感覺没有勝過自己多聞本法者。此師座前由阿闍黎堆柯哇前來求法，聽受本法三十二遍之多，以此獲得滿瓶甘露的通曉。普遍傳稱他叫克珠•毗嘎喀惹達納希。克珠座前由鄔金巴前來聽受而得法傳，鄔金巴座前由我（著者口吻）前來求得法傳。此是這一系的傳承。

又一傳承的説法是：阿闍黎堆柯大師係一瑜伽母的兒子。以此由瑜伽母領他前往香拔拉[7]，有一身色美妙的比丘對他作加持，以此他能每天牢記一千頌偈於心中。此後他在觀自在菩薩幻化的比丘座前聽受了《本續》《略續》和《續釋》後，全記於心中而來到中印度，他出家後普遍傳稱他叫枳魯巴，又稱作村布哇。繼後阿闍黎枳魯巴在嘎達嘎國王那裏住期中，出有三位弟子，此諸弟子請將《續釋》筆之於書，應允書成卷帙後，交給三位弟子。後來其中有一弟子成為班抵達，有一弟子成為修行士，有一弟子仍舊是一般凡夫。繼後那一國土中，他國兵馬前來侵犯時，將《續釋》埋藏在洞中而逃遁。此後軍事平息，回鄉看時，兩略本《續釋》的下冊不在，眾弟子請師再書，師説：“這是空行母所隱藏，不可再書。”説後未允再書。繼後枳魯巴在東方鮮花宫室中逝世。繼由格業絳秋（菩提居士）在他弟子中那位成為班底達的座前聽受法傳。這位弟子絳秋作出了若不知時輪則不知佛法，尤其是不知密咒的論調。以此一切班底達齊集認為此種論調大不合理，而當作辯論。在毗扎瑪希那寺中，大興辯論時，覺窩（指阿底俠）提出《時輪》要義，各别密續上下部分的矛盾點來問難，使對方無言對答失去辯才。於是一切人等齊請諒恕，而都在覺窩座前請傳《時輪》，成為一切都以《時輪》來大宏正法。覺窩之名也普遍傳稱叫堆柯哇（意為時輪師）。覺窩傳出弟子有曼殊甘底和阿壩稚嘎惹二人，此二師座前由康巴須譯師前來求得法傳，淩譯師也聽受此法傳；須、淩二譯師座前又由喇嘛廓前來求得法傳。

如是惹、卓兩系的傳承如何而來的情況，在布仁波伽所著《可愛鑰》中詳説，而倫卻旺和智者索朗峨色（福光）所著的論著，則與淩譯師所傳承的諸卷本略有不同；尤其是將班底達阿扎惹説為堆夏巴大師的上師，而他人則作為堆夏巴的弟子，他們認為和昂根旺秋（語自在）是一人，似乎是認為即四受命之一的昂根旺秋。這絶對不是。由於昂根旺秋所著《具足七支論》中，設立有許多第四灌頂的意樂中，完全不見有時輪傳規之故。依惹系所許來説，在堆柯哇大師以前，開示時輪的上師已經過去了兩代，這是確實的。然而這與由日敦（貴種）對堆夏巴大師作加持，並開示時輪本續。是没有矛盾的。由金剛持親自喬裝為阿哇都底巴來對阿闍黎白麥措（無喻命）傳授《瑜伽六支》的教授，這是尼瑪伯（日吉祥）所説之故。而其他諸人也承許《勝樂輪》的許多上師傳承中，住在邊地的朗嘉夏的弟子底里哇，是金剛持的直傳弟子之故。阿闍黎白麥措的出現於世也不是較那若巴為晚，由於那若巴所著《灌頂略示釋》中，引據有白麥措的教言之故。總的説來，印度諸人士中的史話也是無決定的。即如尼瑪伯所著《瑜伽六支釋》旺譯師所譯本中將尼瑪伯説為卻郡細哇（法生寂）的弟子：而班欽仁波伽的語教中則説尼瑪伯是卻郡細哇的上師。我（著者）曾見過兩種梵本也真是這樣的。

關於《喜金剛第二品》和《勝樂續釋》的末尾說所謂空行母隱藏之說，實際現在西藏譯出之數量僅是那樣，也即是絳秋生巴隨後所允許書出的。這種說法是合理的。由於《金剛心要釋》中說：《勝樂續釋》即是十二頌半的註释之故；而《勝樂續釋》本論中也說：當知主要是《本續》或諸菩薩著續釋所說六邊之義，這一切都是去到南和北其他地方而說之故；《金剛心藏釋》又說：除此，《外行品》等當作廣大通達之故。雖是有同與不同的各種說法，然而說淩、色譯師兩系的阿壩雅；惹系的曼殊甘底；卓系的達哇貢波（月怙主）等人是小堆夏巴的直傳弟子。這一說法是相同的；又說小堆夏巴是大堆夏巴的直傳弟子，這點也是相同之故。這是心可得安而無懷疑的。又承許麥喀嘉措逝世的初年，是與摩揭陀地區傳來《時輪》法門同時的說法，也是略有難於適合之處。又阿壩雅所著《入時輪論》，時經六十年週期，這出自其本論中所說，但惹達納惹肯達則說是未到六十年而是四十五年。這一說法出自洽譯師所著書中。如以西藏諸師之年來作配合，則瑪爾巴之年和喇嘛烘協之年當配合在十六歲那一年才適合。由於那時西藏已來了《時輪》法門之故。又小堆夏巴之父希壩扎菩提，似乎是和啟覺譯師同一起翻譯《時輪》的譯者。又見有說小堆柯的弟子那爛陀巴也曾一度來到西藏的說法。

喀欽•達哇貢波（喀什米爾•月怙主）：此師一次能牢記十六頌偈於心中，具足菩提無漏（即不遺精）梵行功德。在西藏他著有《時輪無盡明燈教授釋論》和《根本智論釋》。並見有從彼傳承的文字記載。由於此師熟練藏語，以此他所譯《勝義近修》藏文本極為善妙。據說後來他去阿里又譯出《時輪廣釋》。傑父子從達哇貢波座前求得時輪法傳後，傑父子繼傳給廓尼瑪。據說廓師又從淩譯師等前再聽此法傳。裕卻也是廓師的弟子，但是其講說法流似乎未盛行於世。

又貢巴•袞卻松（寶護）搜集自己所有財物，共得黃金六兩，用綾包捲拴在項上，此後供於班底達手中，並以自己的身、語、意三門虔誠作供，而求得《時輪續釋》的講解教授等圓滿傳授。但是譯本所遺未完譯文，是從譯本上面而得知的。以此他對卓譯師也應視為自己的上師之故。如果述說傳承次第則是：達哇貢波（月怙主），繼為卓譯師，然後才是貢巴•袞卻松（寶護）。

卓敦•朗那哲（天積）：此師在上半生已將經論研習精通，年漸老時他去到達哇貢波（月怙主）座前求傳《時輪》法門時，師說：“你將我的諸財物送到芒裕去。以後我到西藏時再傳授教法給你。”在那裏有其他友伴對他說：“你在這位班底達座前是得不着教法的。現在你到貢巴座前去求，最為合理。”他遂依照所說去到貢巴•袞卻松（寶護）座前求傳《續釋》及教授等。貢巴完全傳授給他。他經修習心中獲得正悟。到後來班底達來到西藏時，他去見班底達。班底達說：“我傳教法給你。”他說：“我年輕時，不意樂傳法給我。現在老了，我不願求法了。”班底達說道：“你雖是富有袞卻松所傳的教授，但是那法不從我而來，從誰而來呢？”說後捶打了他。他說：“是！是大師的恩惠。”師說：“你對誰和誰傳過此法？”他說：“對某和某人傳過。除此外我未傳他人。”師說：“現在你發誓不傳他者。”說後以念珠拴其頸。又說：“在你那裏應作為不是上師許傳的。”說了這樣嚴厲的話後，抓起一握沙土打在他的頭上。過了一會兒又說道：“那麼，現在我許你對他者開示此法，當從頭完全傳授。”這是獲得上師隨後允許。如是裕謨在班底達座前求法時，班底達也拿出一個包袱來對裕謨說：“你將這包袱送到尼泊爾去，以後再給你傳法。”也是經友伴商議後而到卓敦座前求法。卓敦將《續釋》教授及《明燈論》教授等完全傳授給裕謨。繼後裕謨去到鄔裕精修，獲得成就。而且出有殊勝的弟子，享壽八十二歲逝世。此師的弟子哇乍嘎哇和業巴卓，此二人先在甘丹教法中長久閉關修行，後來來到喇嘛欽波（大師）座前求得教授，當他們修習教授的第一天即圓滿獲得一切成就徵相；並獲得勝道定解；由修力復具足廣大神通。

又有溜吉空巴：此師年屆七十歲依止親近於喇嘛欽波座前。由此師傳給峨傑；峨傑傳給垛巴嘎敦旺秋住（自在成）。

大成就者達瑪菩提也是裕謨的弟子，他復獲得哲窩貢波將經典和一切教授傳授給他後，作廣大演講。這支法流也出有許多歷代傳承。

克巴•達麥俠惹：係喇嘛欽波年届五十六歲時所生之子。年十二歲時，向他略說灌頂法門。十六歲時對他廣講《續釋廣論》。他曾與甲嶺哇等諸智者相辯論，是一位辯才能壓倒一切的智者。此師的弟子康色哇•朗喀峨（虛空光）：是一位精通《中觀六論》[8]等論典，而且熟練《續釋廣論》的演講，復具圓滿的三摩地功德的大德。

又達麥俠惹的女子覺綳：童年時由其母策動，她學會詛咒，摧毀了許多敵人。後來她精修《瑜伽六支》，此生成就和自性成就瑜伽母福緣相等的聖母。

覺綳的哥哥色謨伽哇•朗喀絳稱（虛空幢）：童年時耳和舌根都不靈活。因此都認為他無大希望。後來他依止康色哇•朗喀峨（虛空光）而善巧精通《續釋》教義；並且勤修《那若六法》獲得清淨三摩地；能憶念往昔無量生中事蹟。由於他住在色謨伽，以此普遍傳稱他叫大成就者色謨伽哇。

色譲伽哇的弟子絳色・協饒峨熱（智光）：此師誕生在粱堆地方。依止業細等師而徹底精通許多經論。他經過多年的善行以淨治身體；並長期閉關念修金剛手。因此他很有把握地認為一切鬼神誰也不敢違其命令。他在江都作聞法和講説之餘，去到色譲伽哇住的仲穹寺的途中渡河時，非人（即鬼神）降下冰雹來打擊他。他唱出“八法平等一味”[9] 的道情歌以此無有恐怖。他在色譲伽哇座前研習灌頂、續釋及支分等面成為善巧。他修圓滿次第一日間即生起圓滿成相，而成為瑜伽自在者。他對於教授極為生信，以此達波嘎舉派大修士中的忍苦修士有此教授，而獲得隆巴大成就者盡自所知而對他説出。後來他親見釋迦能仁王佛及其侍眷等時以七支 [10] 作供養，即在師佛座前將成佛之因一切道果中所有疑團完全解除。以此對於法他不求而能講説：而且講説經、律、論三藏時，也是運用定力而説。他對於諸山林修處，安置修僧，傳以教授而使其成為説、修兼優者。

絳色的弟子喇嘛卻姑峨熱（法身光）；此師係色頂巴・迅魯峨季壩巴（童隱光）的兒子，時逢喀欽班欽於癸酉年在喀什米爾逝世的第二年歲次甲戌年誕生。此師的史事概略已在《密集續》傳規的階段中説訖。這裏分説他和法王絳色相見的情況：其父色頂巴對他説：“你和絳色有緣分，你前往他那邊去吧。”依父命來到絳色座前聽受閻曼德迦灌頂時，見師即是閻曼德迦。此外還聽受了無量教理和教授等。尤其是聽受《時輪灌頂》時，見上師即是金剛力（本尊名）稟師有如是見境時，師説：“這是有想是金剛力的我慢（師即本尊的慢心）。我們師徒能獲魔障不入。”在進入曼荼羅時，親見智慧曼荼羅；又在第四灌頂時，僅聞師説如彼身要法、應住心於無分別中。他頓即斷除粗細外馳心，而成為大樂空三摩地。後來在修室中精修也不斷生起證悟。法王説:“他已達到深明的究竟。”他在那裏的學法院中講説《定量論》等教法,法王對他作出無比的讚頌。他到色謨伽哇座前求傳一法緣時,由於師徒二人是多生的師徒,他也就在座前聽受了《續釋》所有句義等。他對他者傳授灌頂、續釋、教授等以作廣大饒益。

卻姑峨熱的弟子袞邦•吐傑准珠(悲精進):此師誕生在那堆的島洽邦杠地方。係癸卯年生人。此師童年時已研習許多經論諸藏而成為善巧;在江都學法院中曾教育許多僧眾;普遍傳稱他辯才優越。在聞法和説法的一段時期中,他在袞欽卻姑峨熱座前圓滿地聽完《時輪講釋》;並求得教授而修時,開啟許多三摩地門。有一時間中他有命厄,袞欽上師預知,不待迎請而來到他的面前説:“這次你如果死去,雖是能圓滿四身[11]而去,然而你須作利益許多眾生事業。”説後解除其命厄。此後他遂拋棄聞、説教法的事務而專一精修。以此普遍傳稱他叫袞邦巴(意為離一切世務者)。他又聽受了凡是西藏所有不同的《瑜伽六支》教法,遷地到北方一帶的諸山寂靜處而修時,以修持力召集許多非人於權下。尤其是覺謨納嘉迎請他到覺朗時,允三年後返回,三年到期返回後建寺廟,而以講説和教授二者來教育許多弟子。此諸弟子中出有絳生嘉哇耶協(勝智)、那堆巴•旺嘉(權勝)、姆麥乍喀巴、索巴袞嘉(普勝)等普遍傳稱為袞邦巴的四大弟子。

絳生嘉哇耶協(勝智):係丁巳年生人。幼年時,非自願地認嘎瑪巴希為父後,嘎瑪巴以諸法和財物來撫育他。後來他去覺謨朗聽受袞邦巴所有的經教、教授等而圓滿精修。

那堆巴•旺嘉(權勝):此師由勤修而獲得徹底的證悟。中間有一時期在格哇下區著作從上師語教而出的《修學指導》。他獲得許多修益並除掉所有修障。

姆麥乍喀巴：名扎巴生格（名稱獅子），於乙卯年誕生在野汝北方嘉區塘嘎地方。倫是其族姓。童年時在措普仁波伽索朗生格（福獅子）座前出家為僧，命名扎巴生格（名稱獅子）後來索朗生格為作親教師，鄔瑪巴・協绷為作阿闍黎；布頓生格峨（獅子光）作屏教師而受比丘戒[12]。他在薩迦洽汝哇・生格伯（獅子吉祥）座前聽受《釋量論》，他雖是通曉《慈氏五論》[13]《中觀六論》[14]和續部（密經）等無量教法，然而想到教的心要是修行，遂去覺謨朗在袞邦巴和絳生嘉哇耶協座前求得《瑜伽六支導釋》後，又求講授《本續》時，師命他去到絨區，而在嘎譯師的最小兒子阿嘎惹悉地座前聽受《續釋》和支分等，續後到雅隆山林以修為主要；附帶也以講授《續釋》和《導釋》來攝受弟子。後來在藏疆發生極大困難的寅年中，由諾白哇・袞桑（普賢）作施主，他去乍喀閉關念修《時輪》法門，燒護摩[15]十億遍，以此發現火焰也成為諸寶焰的稀有徽相。每日除修《身瑜伽六支》外，以修持生起和圓滿二次第為主；還以《瑜伽六支》《直觀導修》《決法》和《五釘秘法》命名為四大教導為主要修養。在夏季閉關期間大都經常喜清潔而安住；所得財物都供施於諸師寺廟中；由於他具有神通，其所示薩迦派[16]的苦樂等預言都無不準確。享壽八十九歲於癸未年發現稀有瑞相中而逝世。淨治遺體時，成為舍利身蘊（即整個身體成為舍利）。此師的弟子出有法王喇嘛蕩巴、十論師迅魯生格洛卓（童獅子智）、邦謨須巴・迅魯伯（童吉祥）等許多弟子。

索巴袞嘎嘉（普勝）的弟子索巴卻伯（法吉祥），卻伯座前由乍納巴・卻郡伯（護法吉祥）前來聽受索宗教法；卻郡伯座前又由十論師迅魯格（童獅子）聽受法傳。

索巴•袞嘎嘉（普慶勝）：係元帝的樹固伽（不詳其意，有說為管幕者）。喇嘛帕巴令其出家並使他學習經論。後來在袞邦哇座前求得教導而修，生起了殊勝修悟，並親見觀自在菩薩和俠哇惹旺秋。所得教授也屬於索宗，但略有不同。他以此種法傳作饒益眾生事業。

伯敦喇嘛（具德上師）在索巴袞嘎嘉，及此師弟子卻伯、堪欽索扎巴（福稱）三師座前聽受索宗法傳。袞邦巴作了長久的利眾事業後，他將寺廟託付給絳生嘉哇耶協（勝智）後，享壽七十一歲於癸丑年逝世。

絳生嘉哇耶協年屆五十七歲時於癸丑年繼任覺朗寺主。喇嘛袞索巴等許多善知識，以及絳垛大宰官和雲准大宰官等諸大人物也都常來他的座前親近依止。他所興立的導修教授也大都能生起殊勝修悟，最後無不獲得圓滿成相。此師住持寺廟八年，享壽六十四歲於庚申年逝世。此師是一位殊勝的大德，因此法王讓郡多傑（自生金剛）也為他立傳。

嘉哇耶協的弟子克准•雲敦嘉措（能海）：係庚申年生人。年屆六十一歲時任寺主，在丙寅年他將寺廟交出後，享壽六十八歲於丁卯年逝世。

又有嘉哇耶協的弟子裕垛區的本巴：少年時依止薩迦•絳央巴等許善巧上師而精研諸經論，他曾經到貢區（上都）給絳央巴當僕從。繼後求得絳央巴允許後，迅速去到前後藏，當他來到覺謨朗後，也就在袞邦巴和絳生嘉哇耶協兩師座前聽受灌頂，續釋、教導等。他有極高的修持，成為無邊眾生敬供之處（即對象）。

本巴的弟子袞欽協饒絳稱（智幢）：誕生在垛波區的本昌地方。童年時在吉敦絳央巴叔姪二人座前親近而聽受四大論等經論，以及《金剛鬘灌頂》等許多密法，尤其是在叔姪座前聽受了惹系傳規的《時輪》講釋。他在少年時在薩迦作出《四難論講釋》，以調伏其他強橫諸人，令彼等入於菩薩行中。他去到前後藏廣遊諸辯場，普遍傳稱他為優越的論師。此外他在許多上師座前廣大地聽受諸經教。繼後來到覺讓朗克准•雲敦嘉措（能海）座前聽受《續釋》及教授等。他依教授而修獲得生起無比的證悟。他年届三十五歲時任寺主直至未回寂之前，都在住持説修兼備的教法；並建造見者得解脱的大佛塔。在甲戌年他吩咐弟子瑪底班欽和譯師洛單伯（智吉祥）二人改譯《時輪》後，袞欽大師以此為依據他著出《續釋廣論攝義》和註解。此外還著有灌頂修法和星算等許多論著。他建造大佛塔後，生起了一種新的意趣，他説："此如立山以穿海。"因而著出《了義海攝義》及科判等；又著《寶性論及現觀莊嚴論註疏》《教法總釋》《第四結集》等開示"他空見"[17] 的諸論著遍行於前後藏。許多智者對於這種宗見認為是惡見而請求在他面前辯論，繼後這些聲浪如雪降海漸次消跡於無形。他將寺廟交付譯師而前往前藏，在拉薩安住後，教導《瑜伽六支導釋》，以此導修的舞姿遍行於拉薩諸寺廟莊園。後來袞欽來到覺讓朗享壽七十歲於辛丑年逝世往生極樂。此師出有善巧弟子袞邦卻扎伯桑波（法稱吉祥賢）、卻勒朗嘉（諸方尊勝）、梁温•袞嘎伯（慶喜吉祥）等許多勤修《瑜伽六支》的弟子。因此《瑜伽六支》的修士遍佈於前後藏一切地區和山谷中。這一修行傳承在康區也極為盛行，直到而今（著者當時）瑪楚河畔還有許多守持三年三月為期的誓約而修的修士。

其中法王卻勒朗嘉（諸方尊勝）：誕生在阿里地區中。少年時前往前藏在卻柯嶺寺中研習《波羅蜜多》和《因明》等法相論典而成為大善巧，遍遊前後藏諸辯場，在辯論之餘，順便和法王袞欽大師相見，他生起敬信而到了覺朗寺，在衮欽座前聽受《時輪》灌頂、續釋，及教授等，以及其他許多教法。他依教授而修生起極佳三摩地；而且對上師有決定信仰，他以四十九位上師作為自己的主要上師。衮欽大師的弟子絳巴•達温哇在衮欽師徒座前求得允許後建昂日寺院。衮欽也在此寺中住過一段時期。繼後派絳巴到卻勒朗嘉坐前而來到覺謨朗。卻勒朗嘉於長久期中講説以《波羅蜜多》和《因明》為主的論典；並聚集許多智明的弟子。後來他將寺廟託付給敦巴絳稱（教幢）後，他當了覺謨朗的寺主。任期五年後，他又將寺廟交出而去了前藏，在察鄔嶺寺中向廣大弟子講説《時輪》的灌頂、續釋和教授導釋等。此後他去雅隆方面，在垛區住時，譯師絳秋哲謨（菩提頂）前來聽受《時輪》最勝灌頂。到雅隆後，在察珠等處住時，度化無量眾生皆安置於善道中。繼後到後藏，在色喀穹安住。此師丙午年誕生，享壽八十一歲於丙寅年逝世。

卻勒朗嘉座前由我（著者）的上師桑傑仁清（佛寶）求得法傳。我的這位上師具足善巧和成就的傳承，他是克珠卻伯哇的兒子。於己卯年誕生在勒鄔喀地方中。從童年即住於大乘種姓中，以此和童友從未有口角之爭。少年時聽受父和祖父法傳峨派傳規的《喜金剛第二品》的講釋，以及寧瑪派的《金剛橛》和《馬頭金剛》，及《上師密集》等許多秘藏教法。繼後他到哲塘依止在欽波卻生哇（法獅子）和阿闍黎峨熱伯（光吉祥）座前研習《波羅蜜多》，並廣遊辯場；繼研習《釋量論》，在此論的註疏都完全領會於心中的期間，又聽受了《時輪》，心生歡悦。於是在大譯師絳秋哲謨（菩提頂）座前聽講《續釋廣論》的講釋一遍半；在譯師朗喀桑波（虚空賢）座前聽講如前的講釋兩遍；在法王卻巴座前聽講《時輪》的圓滿灌頂和《續釋廣論》的講釋兩遍，以及教授《瑜伽六支》和閉關念修法；又在法王卻巴的弟子垛敦峨梁瑪耶協絳稱（智幢）座前聽講《續釋》及註解等。又在阿闍黎絳格座前聽講《勝義念修》和《見解略說》。又在雅卓喀哇隆巴·香敦索朗扎巴（福稱）座前講聽《續釋》以及袞欽欽波所著的註解等。又在日敦洛欽峨（大慧光）座前聽講由捫隆巴和譯師扎巴絳稱（名稱幢）的傳承，又聽受由譯師扎巴所翻譯的《續釋》；以及那若巴所著《灌頂略釋》等教法。在袞欽欽波來到拉薩時，他在師前受了比丘戒，又聽了一些簡略教法。在諸師中他以卻勒朗嘉（諸方尊勝）的傳規為主。繼後他進入修程，當他勤修《瑜伽六支》時，身體上下一切支分都如火焚，在這般重病中經九年之久，他也未斷修持。繼後病得痊癒而修持也獲得極大增長。於是他也就傳授《續釋》講解；而且常時對一切僧俗大眾傳播《瑜伽六支》的導釋，在長久時期中作出了利他眾生事業後，享壽八十六歲於甲辰年逝世。而往生於他前生所住處兜率天宮依止在薄伽梵彌勒座前。

由我（著者迅魯伯）在這位上師（桑傑仁清）座前聽受袞欽欽波的殊勝曼荼羅中《時輪》圓滿灌頂，《續釋廣論》經教；《瑜伽六支》的導釋，那若巴的《灌頂略論釋》《心部釋》等其他法類。

仁波伽索桑哇（福賢）也在法王卻勒朗嘉和克巴梁温兩師座前聽受《時輪瑜伽六支》及教授等後，而以導釋、講說、灌頂三者在長久時期中教化眾生，並著有《灌頂修法》論著而成為諸大修士的上師。法王德新協巴和通哇鄧敦（見者有義）二師也曾親近於此師座前。這位善巧有成的（卻勒朗嘉）瑜伽自在大師享壽九十三歲於癸丑年逝世。

又卻勒朗嘉的弟子十論師白瑪桑波（蓮賢）曾經多次講說《續釋》講義；並著有《續釋大疏》。

又有仁波伽索朗桑波（福賢）的弟子法王卻桑尼瑪（法賢日）

建雅朗山林小寺；並演講《時輪》的講義和修法二者，出有許多專一修行《瑜伽六支》的修士。

又有袞欽欽波的弟子絳央卻季貢波（妙音法主）住持雅德班欽的寺廟後，長久期中講説《時輪》。出有絳央仁嘉（妙音寶王）等許多善巧弟子。他去到哲塘學法院中對許多三藏法師講説《時輪續釋》。聽法弟子中最勝弟子為大堪布仁波伽絳稱桑波（幢賢），此師係布頓仁波伽年屆六十一歲時歲次庚寅年生人。他在桑普和哲塘兩處研習教法，精通以四難論為主的一切論典；並喜悦學習別解脱戒等。他具足圓滿的菩提心，在絳央卻季貢波座前聽受《時輪》而成為善巧者。觀自在菩薩也對他説："你不難而知"等語是為他而授記（預示）。他所作講説對許多有情作出饒益；並著有《時輪生起次第現證頌》。他仍以《時輪》為常修法門。至於《瑜伽六支教授》，他是從大僧會的大堪布桑傑洛卓（佛智）座前聽受而得的；並以導釋次第對其他大眾廣作饒益。享壽七十六歲於乙巳年逝世。

我（著者迅魯巴）的上師釋迦希在絳央卻季貢波（妙音法怙主）座前學習《時輪》成極熟練；又在大堪布仁波伽嘉桑哇（勝賢）和仁波伽索桑哇（福賢）座前也聽受《時輪》，又在住於嘉寺中的喇嘛旺仁巴系布仁波伽的直傳弟子座前聽受布師傳規的大部分《時輪》法門。大堪布勒季多傑（業金剛）授記（預示）説："釋迦希前生係納塘寺的一位善知識精通《時輪》師。"上師釋迦希説："他在夢中，夢自己登上一長梯而走進佛塔的瓶腹中，有一光華燦爛的時輪曼荼羅邊上住有法王袞欽欽波和他相見，得見法王對他作加持。以此他對於許多教法獲得定解。"上師享壽八十歲於戊辰年往生極樂世界。

又傑正寺僧會堪布仁清楚稱（寶戒）在法王袞欽欽波座前求得《時輪》法門和教授等後而修，獲得大智慧。他的弟子學隆措喀哇也以《瑜伽六支》的教授來利益許多眾生。又仁清楚稱的弟子法王索朗絳稱（福幢），是一位具足《瑜伽六支》完美的修證大德，此師也以其修學教導許多弟子。

又袞欽欽波的弟子麥曲喀巴・絳央洛卓絳稱（妙音智幢）也以《時輪》灌頂、續釋、教授等教化許多眾生。此師的弟子法王彌日哇建彌日寺，而引導許多有情於修行中。此師享壽到八十高齡，現在（著者當時）他的傳規仍未衰頹而存在。

又絳生嘉哇耶協（勝智）的弟子格西達隆仁波伽係桑傑伯（佛吉祥）和峨巴達協的再傳弟子，誕生在達裕切瑪地方。他從絳生嘉哇耶協座前獲得《瑜伽六支》的教授傳規後，去到五台山等處精修而獲得成就。他也在北方各地宏揚《瑜伽六支》教法。

又雲敦嘉措（能海）的弟子生於蕩區的惹達納姑瑪惹，及壩絨巴種姓的生格伯（獅子吉祥）二人也在北方大宏《瑜伽六支》教法。

又有梁細九子之一的播涷仁波伽・仁清哲謨（寶頂）也在上師色謨伽哇座前求得《時輪》續釋和一切教授的傳授後，建造了著名的播涷仁哲的時輪佛母大像。此師於一座間能圓滿念修，而其所燒護摩發現吉祥結和“卍”字等形火焰吉祥瑞相。由於講演《時輪》，以此出有許多弟子，其中出有殊勝的豎傘（大法師座後豎傘蓋）蓋十八頂弟子；並由於傳播修法指導，以此也出有大成就者。播涷仁波伽享壽五十一歲逝世往生香拔拉[18]。

播涷仁波伽的弟子達德巴・生格絳稱（獅子幢）：於壬申年誕生在拔毗隆地方。他在播涷仁波伽座前聽受《波羅蜜多》《因明》和《現觀莊嚴論》三種論典，尤其是聽受了《時輪》灌頂、續釋、教授等。播涑逝世後，他掌管了諾仲等許多寺廟莊園而宏昌講説和聽受教法。出有雪師昆仲、大小袞迅、大小土協等許多善巧人士。早期出有暨傘師的弟子十三人；後期又成熟有納察絨巴•協迅、達德巴•准嘉、喇嘛更鄧敦、堪布雲貢等人。以此普遍傳稱弟子勝過阿闍黎（教師）的智慧通達。生格絳稱享壽八十三歲於甲午年十二月初八日逝世。

其中有雪敦•多傑絳稱（金剛幢）：此師誕生在覺隆的東口邦惹地方。他在達德巴座前求學《因明》等許多論典；尤其是他以書寫的《時輪》法類四十頁作為酬金供師而求得《時輪灌頂》圓滿傳授；又聽受了依卓師譯本的《續釋》等的講義。又在闍隆巴•垛德伯絳稱（經吉祥幢）座前研習許多密宗論典和星算等論著。當喇嘛帕巴早先一次來西藏時，他作了一封極佳的頌言書呈於帕巴座前，請求派遣他去學習翻譯事業。師答説："你這般發心很好！雖是難能做到新譯經論，但應到班底達座前去很好地求學鑽研。"他自已也由於依止法王的時間不久，以此對於法王所著《詩律花束論》和《辭庫》等，顯見不能如法知曉。因此法王對他説："你無論如何要懂得這些著作。到這裏來吧。"法王賜給他以自著諸論著，黃金五兩，綾綢十疋等物而命他前往尼伯爾求學。他到尼伯爾依止班底達瑪哈納扎壩遮五年研習小五明學處[19]；尤其是對《聲明》[20]研習到極為純熟後，而返回薩迦，對《時輪續釋》等作了很好的翻譯。以譯本呈帕巴仁波伽閱覽後，寄書讚揚他所譯本比過去諸譯師所譯的《時輪》有特大的優越功德。雪敦譯師又重新譯出《如意寶樹》（佛往生事紀）等；對舊譯作了改譯；建立《聲律詞章》和《藻語》等之規。雪敦又命其弟雪•洛卓敦巴（慧堅）很好地學習翻譯事業；並向他講演《時輪續釋》。後來由洛卓敦巴講授給扎澤巴•仁清絳稱（寶幢）

和譯師卻敦（具勝），卻敦又講授給絳央吉敦；絳央吉敦講給袞欽欽波；又有善巧《集量七注》[21] 的喇嘛伯敦生格（吉祥獅子）在譯師卻敦座前聽受雪敦譯出教法；以及絨巴協饒生格哇座前聽受察惹譯本。又由袞邦卻扎伯桑波（法稱吉祥賢）在伯敦生格座前聽受灌頂，以及雪譯的講釋。又由袞欽正巴在烘扎巴・仁清哲謨（寶頂）座前聽受法傳；袞欽正巴和上師嘎譯師座前又由鄔巴比丘楚稱哇前來求得卓譯師和惹譯師的傳規全部法類；比丘楚稱座前又由堆柯哇耶協仁清（智寶）前來聽受法傳；耶協仁清座前又由袞欽雲敦嘉措（能海）聽受法傳。

又達德巴座前由智王邦・洛卓敦巴（慧堅）前來聽得法傳。洛卓敦巴係於丙子年誕生在堆脱的江區。母親早已逝世，以羊奶來餵養。幼年時，法王絳嶺巴和大成就者鄔金巴兩師説："此子將成為一位大善知識。"説後對他作撫育。年七歲時在堪欽色嶺巴和麥敦杜正兩師座前出家而學習《律本事》。年屆十三歲時作《律儀新解》。繼後聽得達德巴的美譽名聲而去到察納，在達德巴座前聽受了許多顯密經論；尤其是研習《時輪》成為善巧。年屆十九歲時，達德巴逝世後，他依止譯師卻敦學習《聲明集分論》[22] 和《旃陀羅波聲明論》[23]；又聽受《詩鏡》[24]；並在阿扎惹昌伽座前學習通行語。不久他成為重要文書的翻譯者。他曾七次去到尼泊爾，對於許多顯密經論作了基本翻譯和改譯；並著有《因明》和《現對法》等許多註疏。總的説來，他住世之年，没有誰的才智能高出其上者。後來他到前藏對勒鄔脱、貢塘、達隆等處的難以數計的三藏法師們開啟智慧之門。絳央鄧約絳稱（妙音不空幢）昆仲等持薩迦種姓傳承的諸大人物也都來到他的座前聽法，其他時間中也對他異常尊敬。他曾一度任播凍唉寺主。法王索朗絳稱（福幢）在他的座前聽受《時輪續釋》經教誦授時，他對法王說："你對此法應勤奮而作。"他在勒波伽長久住期中，對自己所知諸人也作了不少的講說。他日以繼夜地專住在修持中，美譽名聲上至雅哲，下至漢地之間無不週遍。他完成利他眾生事業後，享壽六十七歲於壬午年逝世。

這位智王的座前有他的姪兒伯敦絳秋哲謨（菩提頂）前來聽受法傳。絳秋哲謨於癸卯年誕生在那堆南方。幼時即在至尊智王座前學習三藏和諸密續；他精通梵語；對諸小五明也能一切無礙難而熟悉於心中。具德上師命他任播湅寺主。他作為具德上師去到貢區的僕從來到達隆時，他請求具德上師應允將達隆仁波伽惹達納嘎惹，及譯師哲謨給我這姪兒作阿闍黎（即教導師），具德上師當即准如所請。

又有溫波•朗喀伯桑波（虛空吉祥賢）：係裕謨之子達瑪俠惹的轉世活佛，能清楚地記憶前生事。由譯師哲謨傳授他以《時輪續釋》及教授等，以及其他許多教法，使這位朗喀伯桑波也成為無比的大善巧者。他也著有不少的論著，後來雖任達隆寺主，但此寺復遷往扎喜伯哲，他也就在湯拉卓室中，一心修持而安住。後來這位大譯師在雅隆、鄧薩梯、貢塘住時以《時輪》法雨普潤許多善巧者。尤其是敬安•扎巴絳秋（名稱菩提）在大譯師座前聽受許多教法。他見大譯師日夜專修，敬安他也仿效在小室中閉關一心修持。後來大譯師去到後藏，住在曲彌仁謨時，成熟了許多應化有情後，享壽七十八歲於庚申年逝世。

這位大譯師的弟子譯師朗喀桑波（虛空賢）；此師善巧《聲明》《因明》和《時輪》。他常作大譯師的僕從；並在其他地方也多次講說《時輪》講義。

又大譯師的姪兒譯師扎巴絳稱（名稱幢）和另一姪兒伯季麥扎

巴（無畏稱），這兩位姪兒都能守持前輩上師之規；並以善巧作法作出饒益許多眾生事業，而成為教法的主宰。

又伯季麥扎巴（無畏稱）係乙卯年生人。享壽七十七歲於辛未年逝世。也有認為他是癸丑年生的。伯季麥扎巴的弟子大多數都是對上師敬信而讚頌，其中有具通達的人王（如藏王之類）朗嘉扎巴（尊勝名稱）和大智者索朗朗巴嘉哇（福勝）二大弟子。

索朗朗巴嘉哇（福勝）：最初研習許多經論成為善巧。後來到雅卓季麥扎巴的座前聽受許多教法。以他的宗規來說，他對於密宗心要的談論，極為信解；並以《時輪》的七部註疏；以及《密宗誓句解釋》約十余部作為主要論據，而著出許多論著。關於《時輪》的講釋，他是從經久熟練《時輪》之理而成為善巧的鄧珠袞嘎（成義普慶）座前聽受而得的。

普遍傳稱通達《時輪》惹系傳規者，是求得《時輪》新譯的阿闍黎枳魯巴。枳魯的傳徒索溜巴（乞食者），索溜的傳徒為大對夏巴，大對夏巴的傳徒為小對夏巴，小對夏巴的傳徒為曼殊甘底，曼殊甘底的傳徒為尼泊爾耶讓的班底達薩捫達希。

惹譯師多傑扎巴（金剛稱）的姪兒名惹卻饒（法深）精通密續部；尤其是通達惹多傑扎巴擁有的諸法，成極善巧者。由如是的惹卻饒迎請班底達薩捫達希來到西藏後，很好地譯出《時輪續》，及《時輪續釋無垢光論》等後，他善為聽受。又譯出《時輪》的許多支分。他以諸財物供獻班底達而使其生喜；並護送班底達直到尼泊爾。班底達對他喜悅而以繃帕第三代的帽賜他。惹卻饒去前藏後，在康區和前藏作了許多利眾事業。惹卻饒將《時輪》為主的諸法傳給惹協饒生格（智獅子），協饒生格傳給惹繃生（億獅子），惹繃生傳給嘎諾譯師。

嘎諾譯師：先是藏王赤松德贊時代派遣壩色朗和桑喜到漢地迎請來和尚及與有聯繫的木雅和尚，而成為藏王的應供處（即上師）；而且全成為修行大乘教規不衰的持密傳承。此傳承中出有雅卓杠地區的木雅•迅魯嶺波（童藏），迅魯嶺波之子為迅魯生格（童獅子），迅魯生格之子為仁珍嶺波（持明藏），仁珍嶺波來到絨區的甲瑪裕後，生子為多傑生格（金剛獅子），此子掌管了絨區的寨堡。多傑生格生有四子，其中長兄名耶協多傑（智金剛）是一位善巧而獲得成就者。這位耶協多傑他掌管的寺廟是：對於大手印裕師法派的教授獲得成就的旺秋嘉補的温瑪寺廟。耶協多傑之子係癸亥年誕生，由於癸亥的干支居於晚末，以此名嘎諾（意為晚年）。真名叫朗嘉多傑（尊勝金剛）。幼時在歐彌與喀欽班欽相見，班欽知其為殊勝有情，以手摩其頂而讚頌吉祥。少年求學時，來了藏王的犒勞酒，他避開而來到塔巴的甲師座前捨棄了犒勞酒。他在那裏三年中研習梵文和梵語念誦，並聽受《喜金剛》和《亥母》二法後，作出新解說。以此大眾都心生驚異。他又從惹繃生座前聽受得以《時輪》為主的惹系傳規諸法。一經修行而獲殊勝成就，而且助成新著密宗論著的智慧力；由於常講《時輪》，以此出有許多善巧弟子。嘎諾享壽八十歲於壬午逝世。

嘎諾的最勝弟子為至尊捫隆巴大師：係己亥年生人。後來在庚子年在金剛座大菩提道場[25]前，立誓每日祇進食一顆米和一滴水，以等待授記的到來。等到十二天僅感覺有人以水傾注其頭上，等待到十八日大菩提場有聲說：“善男子，你前往普陀洛伽山去吧。去到觀世音菩薩座前，與諸菩薩同行梵行。”候得這樣的授記後，因此他起坐而來到南方，在吉祥米聚佛塔前住下，足被檜木刺扎傷流了很多血。繼得治癒後，獲得殊勝的不變樂。繼後他穿着印度瑜伽士裝，由海上如履平地面來到普陀洛伽山。此外其門下還出有喇嘛帕巴、仁波伽措普哇、妥巴珠生、湯敦譯師等許多善巧有成的人士。

搿隆巴的長子為甲嘎扎巴：出家名洛卓朗喀伯（智空吉祥）其父所有的《時輪》等諸功德，他大都領會於心中。繼後他掌管温瑪寺；並修建廟堂，作出了廣大的宏法事業而逝世。

搿隆巴的次子名協饒生格（智獅子）：係辛亥年生人。童年時學會書法和念誦後，求學《時輪》，年届十六歲時即能講演《時輪》。二十歲時他去到塔巴求得甲師傳系諸法。二十二歲時去到達德生嘉座前，依止五年中精習《波羅蜜多》和《因明》；尤其是對《因明》善巧精通，廣遊前後藏諸辯場。年届三十歲時，在上師法王帕巴和堪布青兩師座前出家受比丘戒[26]後，聽受許多教法。他迎請譯師扎巴絳稱（名稱幢），在座前聽受《金剛鬘灌頂》，及《妙吉祥本續》等密續和《醫法八支》等。他掌管温瑪寺後長久説法。此外在塔巴、措普、達隆、迅袞嘎惹哇、香哲凍、曲彌、敦謨隆、裕嘎敦等寺各别大眾中講説許多教法。他年届四十一歲時，將温瑪寺託付給喇嘛多傑絳稱（金剛幢）後而去到姆汝，修建香拔拉寺廟；並建造續部經典和毗奈耶教典，對許多有情作饒益。最後法王索朗絳稱（福幢）剛誕生時，他即來為他灌頂。此師享壽六十五歲於乙卯年逝世。此師的弟子出有帝師袞洛等薩迦派[27]種姓傳承的許多弟子。此外還出有許多大人物的弟子，以及以雅、塔、邦三譯師為首的善巧、賢良、持戒的許多弟子，尤其是出有許多精通《時輪》的弟子。

搿隆巴的第三子阿闍黎倫覺撫治疆土。第四子為喇嘛阿嘎惹悉底通曉惹系、卓系、甲系傳派的《時輪》教法和薩迦派法類等。

喇嘛阿嘎惹悉底的兒子為喇嘛多傑絳稱（金剛幢）：係癸未年

生人。幼時學會書法和念誦。在絳央仁清（抄音寶）和阿闍黎協嘉（智勝）座前求作親教師和阿闍黎而出家。年届十六歲時掌管温瑪寺；並撫育時輪講説院。繼後在堪布噶細巴和堪布謝安巴等師座前受比丘戒。又在塔巴譯師座前學習《旃陀羅波聲明論》[28] 和各種文字；並聽受《現對法》和許多修法。又在喇嘛協饒生格座前求傳以《時輪》為主的灌頂教法等獲得如瓶全注的通曉。此外，又在堪布謝安巴座前求傳《毗奈耶》和《俱舍》。又在覺波特巴・桑傑貢巴座前求傳由杠譯師傳來的《金剛鬘》《密集》，及阿底俠傳規的《勝樂》《道果》等教授和其他許多續部教法。又在色鄔穹巴・洛敦生格（智獅子）座前聽受《密集》《瑜加》《具密》《四座》等許多密續經教。在喇嘛協饒生格逝世後，他兼管香拔惹寺，長期宏揚《時輪》的講況和聽法事業。繼後他的美譽名聲傳播於一切方隅。因此感得大皇帝也派使前來迎請，於戌年來到上都，皇帝和一切臣僚部對他敬信。年届四十三歲時於乙丑年逝世。

多傑絳稱座前求得法傳弟子為布仁波伽：他先在塔巴譯師座前學習《旃陀羅波聲明論》，也精通譯事；繼以《瑜伽六支教授》作修養，復聽受傳承而修，以此生起了殊勝修悟。他對於《時輪》的許多難點。作了探問而牢記於心中。後來他來到香拔惹寺喇嘛多傑絳稱座前，住了九個月這期中每日照常聽受《時輪續釋》和詳細地問難；並聽受《時輪》的細微諸支分：對星算他也作了很好的鑽研。多傑絳稱命他翻譯出《時輪灌頂珞釋三百六十頌》。他去到夏魯建立了時輪法會節日而講説時輪。他又著有許多《時輪》法類的論著。後來他又在喇嘛帕峨巴（聖光）座前聽受衮邦巴傳來的許多《瑜伽六支教授》等。他對《續釋》作註解時，對雪師譯本作了許多改譯。覺朗寺兩位譯師作翻譯時，都依照他的改譯本而書寫。總的説來，時輪的傳承誠然出有許多善巧有成的人士，但是以傳承的細微講說以上諸人來說，仍以布仁波為善和主要者，甚至是最勝者。由於布仁波伽常作講演，以此出有許多弟子，其中主要弟子為伯敦喇嘛蕩巴（具德師）：此師有極大精進力，他曾到上下各地區，著作論著時，不離《時輪》卷帙而作參閱：並細查過去所譯不同的許多卷本和一切舊作釋本，而著出《時輪顯現曼荼羅》等許多支分論著。他著出《時輪大疏》並在業塘作釋論時，展出作本的當中，前來參觀的才智者約有五百餘人。後來他對《大疏》又作了多次的細微修改。他到晚年仍然對許多大善知識，心生喜悅，而為他們傳《時輪》圓滿灌頂。法王布仁波伽的寺廟繼任者為譯師仁清朗嘉（寶勝），此師也在時輪法會節日而作講演。他的法流直到而今（著者當時）仍然存在。

又一切智布仁波伽的弟子貢松鄧清巴•卻季伯哇（法吉祥）座前由法王仁波伽香巴袞欽巴（遍智）前來聽受所有《時輪》法類後，他以灌頂、講釋、教授來利益許多眾生。

至尊宗喀巴大師也在貢松鄧清巴座前聽受《時輪》法類後，於戊戌年著完《續釋解說》，由於大師是教主之故，勝其他解說百倍。而使一切智布仁波伽的解說成為不墮之幢。這是我（著者）的上師所樂許的說法。

又有和喇嘛多傑絳稱同一種姓的索朗倫珠巴（福運成）座前由喇嘛昂旺卻扎巴（語王稱）前來聽受《時輪》法類支分等後，他攝受了許多弟子。此師對於《時輪》的不了義和了義二者都善巧精通；尤其是舞蹈音調等的作法使他者無不悅意；他對於星算也以廣博才智著出星算的論著。而且他的曼荼羅作法的傳統法流也極為盛行。據說此師座前法王閣楚熱巴前來聽受《瑜伽六支》的導釋時，親見俠哇惹自在成就師。

又有色譯師迅魯楚稱（童戒）聽受《時輪續釋》的情況是：在扎彌座前聽受兩遍，阿壩雅座前聽受一遍：壩薩嘎惹座前聽受一遍，阿毗裕嘎達座前聽受一遍。

阿壩雅和曼殊甘底兩師也是那若巴的弟子。阿壩雅又是扎彌的再傳弟子。壩薩嘎惹又名壩薩嘎惹德哇即伯正（吉祥持）的弟子峨傑拉（太陽神）。

色譯師到西藏後傳（時輪）給溜•達瑪峨（盛光）；達瑪峨傳給堆柯哇•扎喜仁清（吉祥寶）；堆柯哇傳給堆柯•桑傑多傑（佛金剛）；桑傑多傑傳給伯•鄔金巴。鄔金巴在那堆及雅隆等處，依扎彌譯本而作多次講說。

又業垛巴從珠欽巴座前聽法後，後來對法王讓郡哇傳授也是依扎彌譯本。

又嘎譯師在扎彌座前獲得《瑜伽六支教授》的傳授；他又在阿壩雅座前聽法後，精修而獲得成就。他的美譽名聲傳遍布桑嶺一帶。他來到西藏後以教授傳給香察巴等人。並在前後藏及垛康（康青之間）等地區也傳灌頂和教授，而作許多利他事業。享壽八十九歲。

又班底達毗菩提真扎在尼泊爾對五位弟子教導《聲明學》時，有一穿着黑布短褲的瑜伽士來到他的座前，最初眾弟子視為奇異者。瑜伽士向班底達啟白，班底達知是伯俠哇惹自在成就大師。他遂向瑜伽士請傳一切續部心要——《瑜伽六支》的瑜伽法，獲得極佳的傳授，瑜伽士在那裏住了二十一天后說是要前往喀什米爾而去。繼後班底達問來到尼泊爾的西藏人道：“現在西藏的善知識，誰的名聲最大？”答：“閣乍巴的名聲最大。”班底達說道：“我得有俠哇惹自在成就大師的甚深教授，給閣乍巴去信叫他來領取吧。”閣乍巴派人送最佳禮物到班底達師徒座前，並請班底達到西藏。班底達來到定日地方後，對閣乍巴、甲阿謨嘎、雍普巴、業波卻敦、瑪敦漾壩等人傳授那一教授。而班底達自己也在閣乍巴座前聽受教授。那一（俠哇惹所傳）教授遍行甚廣；尤其是由袞邦香所搜集的簡規，成為唯一的風行法規。

又由喀欽班欽對澤師甲•卻季桑波（法賢）傳授了那若巴所著《第二品釋》，及《瑜伽六支》的教授。這一教授由譯師（法賢）搜集在《大寶篋鑰》論著中，而《大寶篋鑰》的釋論，則由譯師的弟子梁巴蘇波著出，直到而今（著者當時）仍然存在。

此外成為《時輪》最殊勝的灌頂和教授：是從至尊大善巧伯納季仁清（吉祥林寶）而來。先是這位班欽大寶師誕生於東印度聖賢城國王的兒子，年屆八歲時，由領導成千上萬的僧眾導師桑傑央（佛音）是一位精通所有明處（即學術），具足神通的大德，在瑪哈哲達雅寺中為他作親教師；又由領導眾多千數僧伽的蘇乍達惹達納為他作阿闍黎而出家受沙彌戒[29]。又在親教師和阿闍黎二師以及其他善巧者座前鑽研許多明處（即學術）。又在親教師座前聽受發菩提心和甚深灌頂及教授等。他年屆二十歲時在過去給他受沙彌戒的兩師座前受比丘戒[30]。繼後他離一切世務而去到生嘎嶺，在那裏住了六年，朝拜許多聖地和殊勝佛像、靈塔等。發現許多稀有加持的神變。他又在阿闍黎卻季扎巴（法稱）座前聽受《毗奈耶》和《淨罪月光論》等。他唯一以修持為主要。繼後他來到瞻部洲時，親見大雪山諸佛海會。為了避免外道的加害，他去到印度南方嘎嶺嘎國土，在那裏有一大班底達名彌伊尼瑪（人中日），善巧之名遍於瞻洲。他對此師作讚頌說：“上座大德林中寶，淨煩惱濁證離貪，為滅眾生生死故，我以敬信作依止。”並作了許多承侍服役後，他去到吉祥米聚大塔前，在那裏有一龍菩提尊者的寺中住了一度，和具德俠哇惹自在成就大師見面。此後他去摩揭陀，在一位外道班底達哈日哈惹座前聽受一部較西藏著名的《聲明論》還大七倍的《聲明集分論》[31]。他大部分時間都在精修《瑜伽六支》[32]，尤其是在嘎納嘎學章河彼岸的林中勤修三年三月後，而成就最勝修持；並在鄔汝壩薩寺中，和瑜伽自在師毗汝巴嘎喀，及其弟子成就者壩嘎那相見。在那裏有一具神變的聖觀世音菩薩石像對他授記（示預言）道：“應前往西藏，依靠一位藏王而能對大眾作饒益。”他依授記最初去到尼泊爾，在那裏有一大班底達希那薩嘎惹座前他聽受了入菩薩行傳規的發菩提心法。後在丙午年他來到西藏，來到拉薩和雅隆僅留暫短時間，也未廣求教法。最後再去尼泊爾，在那裏聖辛袞•先達布日寺中住時，最初喇嘛桑傑央（佛音）來到，繼後具德俠嘎惹自在成就大師來後，在那裏變化出曼荼羅輪，總傳授《勝樂》灌頂；分別依甚深外灌頂而獲得不變樂，最後司徒饒敦派遣名播嘉哇的使者迎請（大師）去江孜，那時說法大師一切智也前來（成就大師）座前親近。在那裏（大師）對其他任何善知識也傳授了一些教授。後來到拉薩，繼後在生波日同瑪尾生格欽波（說獅子）及師徒等一起住時，接受大法王扎巴郡勒（名稱生處）的迎請，而來到哲桑達學法院中住過一度，在那裏法王扎巴郡勒和他的大臣等聽受了魯伊巴傳規的《勝樂》各別的教法。後來施主和上師一起來到貢嘎方面，那時在生波日聽受《不動如來無上教法》。親見那裏奉安的勝樂像變為佛世尊。繼後班欽仁波伽師徒來到壩卓，在那裏住過一度，並和白瑪桑壩哇相見。後來在丙辰年去色涑，此後不久進住哲塘，為納塘堪欽•索朗卻珠（福法成）巴、伽波扎桑哇、欽波洛卓絳稱（智幢）、特巴堪欽袞勝哇、瑪尾旺秋卻季扎巴（法稱）等為首的三藏法師三十二人傳授大阿闍黎伯麥措（無喻命）傳規的全部《瑜伽六支》的教授。又由烘布仁波伽在塔巴譯師座前聽受伯麥措傳規的教授。但是其中除索、桑二法外。其餘如“命力”等法盡屬其他班底達的傳規。此間對《瑜伽六支》以其是伯麥措的傳規，恩德極大。以此作為殊勝傳承。

這一傳承次第是；觀世音菩薩、阿闍黎伯麥措（無喻命）、伯正嘎哇（吉祥持喜）、峨傑拉（太陽神）、住脱尼瑪伯耶協（日吉祥智）、卻郡細哇（法生寂）、惹達納惹肯達、彌旺洛（王慧）、卻卓（方解）、釋迦惹肯達、傑勒解（善生）、桑傑央（佛音）、由桑傑央傳給傑仁波伽班欽。又在哲塘復傳授《瑜伽六支》的導釋圓滿後，又傳依不動如來無上灌頂教法和六種論典的亥母諸加持法。又在第二年復對法王扎巴郡勒傳授了阿闍黎阿壩雅傳規的《金剛鬘灌頂》和四十五種圓滿曼荼羅。此一傳承次第是：金剛持、班遮約根尼、阿壩雅嘎惹、納雅嘎巴達、達俠哇那希、毗洽達德哇、希壩扎、那里達班遮、達巴姑壩、惹達納嘎惹、白瑪班遮、惹達納甘底、桑傑央、法王班欽仁波伽。法王（班欽）聽受灌頂之後，即在其曼荼羅中，有許多持三藏自在通達經教的大法師也請求傳全圓灌頂。那時法王扎巴郡勒對持三藏法師五人傳授《廣釋教授花穗》的經教誦授。這一傳承次第是：阿壩雅、納雅嘎、惹達納菩提、法伯（法隱）、倫傑扎（俱生稱）、達瑪希、釋迦絳稱（釋迦幢）、昂旺扎（語王稱）、仁清扎（寶稱）、班欽仁波伽。最後接受大主宰的迎請從吉絨取道而去尼泊爾；為應允在金剛座 [32] 建造大喇嘛桑傑央的大像而去到彼處。但仍依止於他，因他是藏王之師有大名聲之故。又派金澤哇等內管家前去住下，這是允派到雪區、金剛座去作供養的人。在尼泊爾建造桑傑央的替身——金剛持的殊勝金像等，並在中間有些時間也傳授一些利他而隨宜的教法。主要仍是以修為心要，唯以無比超越的行事來渡過時日。

又後來班欽仁波仰於癸酉年來到西藏時，在途中為絳巴（北部酋長）父子及其侍眷等傳授了《勝樂灌頂》等；在途中諸處也次第傳授了許多教法。來到雅隆後，為大主宰袞嘎勒巴（普慶善）及其侍眷等；以及善説王索朗朗嘉（福尊勝）等許多三藏大法師圈滿傳授《瑜伽六支》的導釋；對其他一部分人則傳授《亥母圓滿次第》。此外，在哲塘、桑普、故塘等處對僧眾講授在僧會中的傳法；對各地的眾生大都由説發菩提心之門而安置眾生於解脱生死道中。又迎請他到鄧薩梯等處時，他在修持中常見殊勝徵相；而臣作出了廣大的利益自他事業。顯見後期中來到西藏的班底達中以他的事業為最大。尤其是對於金剛乘了義教法，他作出了如救命般的恩德。對最初的值遇有情，傳授了《文殊金剛曼荼羅》等一些灌頂，尤其是傳受了《時輪》的圓滿灌頂，依《續釋》所説中的其他一些儀軌。

這一傳承次第是：最初為生傑、次由達哇桑波（月賢）傳給日敦朗嘉（貴種尊勝）、次傳大堆夏哇、小堆夏哇、釋迦生格絳稱（獅幢）、喬答摩希、摩揭陀惹薩彌、惹達納芒嘎那、枳納楞伽惹、索彌瑪底瑪納、釋迦惹肯達、蘇乍達、桑傑央、法王班欽仁波伽。如是由這位班欽仁波伽雖未傳《續釋廣論》的講説，然而由其所傳《時輪》生起和圓滿二次第的教授，對於此土（西藏）作出了令勞苦者獲得安息那樣極大的恩德。

後期中由譯師克巴索朗嘉措（福海）的徒眾去到尼泊爾求得班欽仁波伽的語傳教授，及修悟等傳出了許多人士，此則應探詢於他（索朗嘉措）的徒眾。

此外，關於阿闍黎納波巴的《春點（即精血）釋》，過去《十全教法釋論》中未譯者圓滿譯出後：並傳授經教誦授。此種論典傳授，後來由法王昂根旺秋（語自在王）作為請求者而著出《枳布五次第導釋》；並傳授論著的講釋。而過去西藏有的五次第，作為"有相"的，此種新著則作為"無相"的圓滿次第。

此之傳承次第是：金剛持、金剛瑜伽母、金剛枳布巴、汝伯夏、乍倫達哈日哇、納波巴、桑波夏、朗嘉夏、底里巴、那若巴、倫覺旺波梯勒、合瑪嘎波（白連）、耶協正（持智）、格尾洛（善才）、桑傑耶協（佛智）、傑欽波勒傑（善生）、卻卓、卻季扎巴（方稱）、仁清扎巴（寶稱）、法王班欽仁波伽。

此外，還有阿雅德哇所著《魯伊巴的圓滿次第佛陀顯現論》和《喜金剛圓滿次第八心要》；以及嘿汝嘎德哇所著《喜金剛圓滿次第八心要釋》等，由班欽仁波伽傳授給伯索朗朗嘉（福尊勝）等人。以及各別所譯法類等，在西藏作出了廣大的宏法事業。後來依上師和本尊所授記（預示）去尼泊爾，在閣哇真扎寺中，一心修行心要為其解脫本事。以此得與大成就者魯伊巴等師相見，並對他喜悦；而且對尼泊爾所有乞食者不斷生活中賜施財物；對具緣諸人隨其所宜以法施令其滿意後，於戊子年八月班欽享壽八十五歲時，他對眾說："我須作一次前往兜率的盛宴。"說後對尼泊爾的一切饑餓貧弱者和所有乞食大眾等，普賜盛宴。此後在十一月間，發現天雨瑞花，大地震動，虹貫寢室等所有瑞相，尤其是在十二月十八日在説法座的空中降下乳白水流。在二十二日的半夜班欽同具誓言的眾弟子一起受用會供輪供食，在生起最勝歡喜遊戲中，對徒眾傳授甚深教法，並示未來廣大的預言後，而來到寢室中，在禪座上結跏趺坐，端正身體而向空行刹中示現圓寂。在二十三日黃昏時分，迎請遺體到惹瑪垛里屍林中荼毗時，尼泊爾諸方隅為大光明所遍照，荼毗火焰與虹彩變織遍滿一切虛空中。此諸一切瑞相成為大神變充滿不可思議。因此尼泊爾哪怕是其蠢如牛的眾人也都不分派別而生敬信，並使人們顯然見到這一具足福緣無上解脫者的事蹟。總的說來，這位偉大的班欽是遠離諸密續部中所說不堪作阿闍黎者所有的一切過失；而是圓滿一切功德，尤其是圓滿具足《時輪續》中所示能賜如願成就的具德上師應具的所有一切德相，而成為我們的唯一無上救怙主。

次說大譯師素朗嘉措（福海）的這一系統：此師在往昔歷代受生中，都是行無邊三（大阿僧祇劫）資糧善行，為利有情而進入究竟道。雖是已獲得未徹底的斷德和智德二者的現證菩提，然而憂苦的生死海中翻起虛妄分別的巨浪；充滿着煩惱漩渦和業力巨鯨，以此此師對沉淪墮入取蘊（即受生）馬頭（佛經說此世界南部大海中有馬頭噴火以環饒）環繞中而無救怙的諸眾生，豎起悲智的風幡，展開救度事業的船筏，在解救合機眾生於安全陸地上時，無疑此師是精勤的航主而持大菩薩行者。在一般共通化機眾生的見境中，是往劫以來此師圓滿受生為導師身，其所作教法的事業情況，應從八種事體中而了知。

第一種為成就種姓傳系中而受生事：具有恩朗王光明曼荼羅高貴種姓，氏族為若族。昔日護法王赤松德贊為了建立佛教，而迎請東堪布菩提薩埵和仁珍白瑪（持明師蓮花生），度預試七人[33]出家中，有名恩朗•嘉哇卻央（恩朗王勝音）者，係獲得馬頭金剛成就，對密續部善巧有成的賢士。如是賢人不斷而來的當中，有名仁珍欽波索朗峨熱（大持明福光）者即此師（福海）之父，母為自性扎根瑪名伯敦覺瑪（具德牧女）。父母共生有子女五人，大譯師為長子。

其母懷孕時，在夢中夢從井中取得一隻黃金五股金剛杵。感覺大樂遍滿身心；常有日光照護，彩虹圍繞；各種音樂齊鳴等稀有瑞相。後於甲辰年十月二十五日在雅隆真塘地區的新廊房中，示現誕生的神變事蹟。原有的美滿財富更漸廣大增長。以此給孩子命名伯覺嘉措（意為財富海）。後來桑普乍納的仁波伽・貢嘉哇取名與事實相符而更名為索朗嘉措伊德（福海部），此名遂普遍傳稱。此師幼小時在財富海中由眾眷敬重珍視之下而長養，猶如水中蓮花成為眾眼所喜觀的妙相。

第二神童年示現如何的稀有行事：大譯師剛一誕生在母懷撫養時，即為眾所悅意，天性和善的行動較一般孩童的行為大有不同。年屆四五歲時，他去桑耶寺觀見中央宮殿和山頂等處的佛像、經、塔時，一見之下即頻作禮供，並生起出離心和無上信心，感動而信毛豎立（起信時毛髮也豎立起來），悲淚長傾。有時他為許多共同遊戲童友，講說輪回和惡趣苦的差別，而勸動發出離心之法。對諸念誦課本較一些教師還精通，能無難而領會於心中。所有諷誦和念經都能作到很合規則。由於其母喜詩訊他寫出句義優越的詩詞而呈獻於母親。他由修養圓滿次第三摩地之力而住於禪定中，並於現起廣博境相中常久安住；一切受用都在三寶（佛，法、僧）前陳設供養，復常作諸大善士所難作的善業；任何時候也都不住於等捨心（放任不管）中。

第三種在佛教中作僧人勤求無盡的聞法事：大譯師年屆七歲時，絨敦・瑪尾生格（說獅子）師徒來到桑耶轉法輪時，他去說法院，生起大恭敬，急欲從輪回苦焰中而出離，在佛教中出家為僧。遂求絨敦法王為作親教師；達波・扎喜朗嘉（吉祥尊勝）為作阿闍黎；四論師協鐃伯敦（智吉祥）為作報時師而出家為僧。那時親教師說道:“此中有一位作佛教廣博事業的賢士來到。”説這般安慰語的同時給他命名釋迦仁清(釋迦寶)。繼後他依止舅父阿旺哇學習《量釋論》和《波羅蜜多》時,每清晨將《量釋論》三頁領會於心中;對其他諸論也極熟練,並作從每句透達其宗義的研習。他年屆十三歲時在伯哲塘説法院中廣開講説《波羅蜜多》和《因明》的歡慶法宴,令集會的一切人士都歎為稀有。此種情況使法王扎巴郡勒極為悦意而説道:“這小僧人是我寄託的徒子。”説後並以求學的獎品,配給欽波伯覺嘉措(財富海)。當他勤研十種大論時,日以繼夜地勤習中,雖少頃時間也不睡眠。他每日講説七種不同的論著,加上復習重温,共反復二十多遍,以此獲得無難而熟練。在乘馬行程中,騎一趟馬的時分能將《致親友書》(龍樹所著)完全領會於心中。獲得如是等勤奮、加行、天生等美滿智慧,示現這樣稀有事業以渡時日中,直到二十一歲時,在伯哲塘僧會中,採取了《慈氏五論》[34]《中觀六論》[35]《寶鬘論》《致親友書》《入行論》《入中論》《四百頌》《上下對法》《五蘊品》《律經根本》《毗奈耶頌》《三百頌》《别解脱律經》《量集七註》[36] 等經本及智理庫藏諸論著,而講説了很多月數。因此一切智者都對他生起喜悦;尤其是法王扎巴郡勒特别滿意而説道:“這是由我所獎勵,超我所希望,使我心滿意足的唯一徒子。此子將來會成為我的云增(活佛的經師)。”説後極為歡喜。大譯師此生在密咒曼荼羅中最初聽受灌頂,係在幼年由時其父仁珍欽波(大持明)於勝樂曼荼羅中給他灌頂,得賜密號名彌覺多傑(不動金剛)。此外,還聽受了故、謝(護法)等許多隨賜灌頂;及《時輪》等許多教法。繼後他遍求廣聞宗派和部類等不分任何派别的教法。以此獲得智慧的才思圓滿充實後,他到那爛陀,在絨敦•瑪尾生格(説獅子)座前聽受《慈氏五論》[37]《入中論》《入行論》《毗奈耶頌》

《修次三篇》等的講釋；及《波羅蜜多》和《中觀》見的導釋等許多略論。又在傑•扎喜朗嘉（吉祥尊勝）座前聽受《波羅蜜多》和《因明》，以及中觀法類、《喜金剛雙尊語教》等、峨系七傳中的末傳峨•絳秋伯哇（菩提吉祥）所傳的峨系七種曼荼羅等語教和許多隨賜灌頂。又從瑪敦•絳稱峨熱（幢光）座前聽受密宗的教法和許多隨賜灌頂。又在納塘堪欽索朗卻珠（福勝成）座前聽受《瑜伽師地論五分》[38] 的經教誦授等。又在堪欽袞嘉哇座前聽受《金剛鬘》和《枳雅薩姆扎》等廣大灌頂，《道果》《鄔金念修法》《那若六法》《大手印》等廣泛的導釋，以及《續部》等廣泛的經教誦授，和《明燈論》等廣泛的講釋。他又去楚普在絳央鄧珠峨熱（妙音成義光明）座前聽受嘎瑪巴所有法海中的灌頂、教授、講釋等。又在阿闍黎耶協嘉措哇（智海），及去到乍納後依止傑•仁清絳稱（寶幢）座前聽受《時輪》等許多密宗內外曼荼羅灌頂和講釋。又在廓譯師迅魯伯（童吉祥）座前聽受《波羅蜜多》《甘丹六論》，及舊譯的許多灌頂和隨賜灌頂，尤其是翻譯的對字、聲明的粉板字、《時輪》《明燈論》《喜金剛》等所有續部講釋。並且將何日所講的一切密義串合而作複習。因此他成為名符其實的博通顯密的大善巧者。此外，他還精通詩詞、《醫藥明》（即藥學）、《工巧明》（即工藝學）等，凡堪稱是學術的諸種學術他也都熟悉。對於密宗的傳統作法中的舞蹈、腔調、繪畫、彈線等他也無不善巧而無難通曉。尤其是印度東方薩達納嘎惹的大班底達納季仁清（林寶）來到西藏時，他依止此班底達座前聽受一切金剛乘道的究竟法門——《瑜伽六支》等導釋，以及班底達他自己依修而得成就的本尊——勝樂金剛十三尊，係枳布傳規，並《時輪》等灌頂和隨賜灌頂等。又大班底達去到尼泊爾時他隨作服侍直到垛喀地方，他又廣大聽受《阿雅德哇一百心要》等講釋。關於《時輪續釋》雖未全得傳授，但承班底達將難義解釋問答等都傳賜給他。以此一切定解他都領會於心中，對這裏的《時輪》來說，特有恩德。後來他又在一切智絳巴嶺巴欽波，及具德嘎瑪巴受持紅帽教統第四代活佛座前聽受許多灌頂、經教誦授、教授講釋等。他共依止善巧有成上師約三十人。以此成為達到多聞海彼岸的智者，美譽名聲遍於一切方隅。

第四種受具足戒獲得比丘的實事：大譯師年屆二十二歲時，求得喀欽班欽無垢戒流的大僧會堪欽鄧珠伯哇（成義吉祥）作親教師，廓譯師迅魯伯（童吉祥）作阿闍黎（即羯摩師），欽波伯覺（大財富）作屏教師，並於有二十僧眾會中，而受得圓滿比丘戒的實事，而成為聖者所喜的具足最勝梵行者。

第五種從思維中而開啟智慧之門事：大譯師過去作廣大的聞唐教法時，不是僅多聞此法和彼法，而是由許多句義之門作觀察和研究；復在諸師座前詳問而作抉擇，再和有名的諸智者相辯論；並由破駁等之門而徹究所有經論的密意，領會於自心中。此外，還在哲塘、桑敦嶺、翁布納喀宮、嘉桑、桑耶青普、稱康嶺、乍拉魯普等處在閉關安住中，閱讀《甘珠爾》[39] 等所有經藏，對於其中一切句義，很好地生起思慧。又將哲塘和勒對北區所奉安的《丹珠爾》[40] 閱讀了兩遍；還閱讀了布頓仁波伽的論著；及其所集的所有藏文版論著等。總的說來，他任到何處，對於那裏所有的一切大小經論典籍，他都閱讀。因此，知識的珍寶充滿了他的才智海中，與日並增不斷發展。以此成為欲求解脱為主的所有人士的滿願如意寶王[41]，一切智大師。

第六種由加持力如何獲得心中安息事；以示現獲得殊勝成就的情況來說，這位元大譯師願於此大地現證大菩薩菩提果位，而示現受生的神變事蹟。此中僅以示現於他方面者來說，童年時心趣已嚮往於了義，以此從諸師聽受許多導釋；並以思、修為主要而勤奮，以此現實成就許多功德。又在廓譯師、堪欽袞嘉哇、楚普•絳央國師等座前聽受《那若六法》而修，心中生起全無顛倒真實性大手印的證悟。當他在空行海曼荼羅中受灌頂時，智慧尊來到獲得大加持的感受；又在乍納傑•仁清絳稱（寶幢）座前聽受《瑜伽續灌頂》時，現起一切情器世間（大地和動物），都是吉祥、頂上、內部三種大曼荼羅的清淨境相。後來在嘎瑪巴住持紅帽教主伯•卻季扎巴（法稱）座前聽受峨系七種曼荼羅灌頂時，他親見峨系七種曼荼羅週圍有虹光圍繞。又去到咱日達惹大聖地時，那裏的地神護法真實現身而助他成辦事業。又在其他特殊諸聖地內、外、他三方面也都顯現與實際相合的勇士和扎根（神名）的真容淨相。又在聖地用合格的顱器修制兩次甘露丸（密宗用的丸藥）時，發現藥香遍滿一切內部，以及盛酒陶器中有取之不盡的甘露。又在妥乍喀曲獲得金剛妙翅鳥成相。在卓窩隆得見勝士瑪爾巴而得到加持。因此他作出道情歌道："北香拔拉法宮中，五百明妃中間坐，現時請來我座前，你如有緣或許見。"在以上諸聖地，以及香布、嘉布考、曲壩、察明、桑敦嶺等諸聖地獲得修證時，也作有許多道情歌詞，其句義任從何種看來都是極為稀有的。又在夢中幻現廓譯師迅魯伯、卓貢帕謨住巴、伯欽卻等師相而說法，並作會中之主；以及見廓譯師眉間放出一縷濃煙，最後遍滿虛空而成光明廣闊無垠的境相。後來他在絳巴嶺巴大師座前聽受《尊者大願文》經教誦授時，親見佛世尊和諸尊者等同在的美妙境相。又有藥叉金剛伏魔助成其事業，而法王敬哈惹也給他贈獻教主的詔書。又奉安在絳巴嶺寺大塔中，如米堆積光滿其中的賢劫千佛像，也成為如真實般的諸佛聚會。又在尊妙吉祥（即文殊）也伸其金色右臂為他摩頂而作加持。絳巴嶺巴大師示現往生兜率時，也為他說了許多暗示預言和暗示教法。又他常見班欽仁波伽穿着班底達和瑜伽士或佛本尊的裝束。絳巴嶺巴也勸請班欽本人往生兜率，並說將前往咱日神山翠玉湖等預言。將他作為首要弟子而為他說法和灌頂，又賜吉祥結拴於胸間等。真實是獲得成就上師所賜顱器變成蚌殼之色，而上面自然現出班欽仁波伽極明顯的身像。又絳巴嶺寺大塔內外的一切法函慧眼親見盡為清淨法輪。因此他作道情歌道："法身離念菩提心，清淨卅七菩提分[42]，見其成為大塔像，法門八萬又四千。雖至究竟極微塵，皆為淨刹不思議，你如有緣或許見，瑜伽眼我見真實。"又在堪欽袞嘉哇座前聽受《瑜伽六支導釋》的經教誦授時，一間之下即親見十相全現，並且發現大樂充滿全身的感覺成為稀有。又在定日拜謁蕩巴白塔時，他發現不同的境相中。見其身自性為佛身，如鏡中現影確是蕩巴身披毛大氅之身，而頂上有一小菩提塔，蕩巴眉間有一明點中，見空色之相浩瀚無邊等，成為真實成就廣大之相。多次發現所謂"空色之相浩瀚無邊"，這無疑是指生起和圓滿次第諸佛尊和菩薩於一塵中有所有塵數的佛尊菩薩智慧尊安住，而成為真實一切清淨的慧觀。如是他又在南方卓窩隆的桑普地方獲得授記（預言）將在尼泊爾獲得殊勝成就。此後他也就獲得自我加持等穩固的諸三摩地後，他到尼泊爾，由成就自在師納季仁欽（林寶）給他傳授《勝樂》十三尊內、外、密三種無別大曼荼羅中灌頂時，示現真實同時生起智慧尊，而成為真實獲證第四次第光明；獲證三摩地支分而登居大地果位的大菩薩；並轉成就大法輪的教政，暗示直至獲得偉大功德將召來最勝果位。這些在大譯師所作道情歌詞中說：

甲申年四月，南方一帶地，卓窩丈瑪室，扎根慶宴時。
禾生雙穗熟，得知汝欲果，化身所授記，説實彼如此。
定解初安息，乙酉年三月，離貪具種時，香布真枳嘎。
自加持力生，嘎嘎罪墮首，欲遇父親子，有畏有憂苦。
最後如彼忿，身成妙翅鳥，四方雲布集，諸方滿水流。
示現汝巴身，非名以除業，示定趣勝果，是次得安息。
乙酉年六月，上弦初三日，南方寶洲寺，祖先黑獵人。
毗姑惹巴父，傳代以加持，木室門扉鐃，由母養安樂。
由徒密勸動，此是強制語，不合資糧行，是三勝安息。
欲入家鄉子，啟行符事實，國王持杖者，第三離愛佛。
昂仁北方土，嘎那扎宮眾，由神示吉時，作明美妙女。
裸形空行母，定來彼土中，勝樂作遊戲，那枳薩哈乍。
廣義示極密，是獲四安息，歷往修行地，曲壩唉形處。
昂宿具種母，離貪慶宴後，持金法衣父，美飾諸地母。
敬禮且深喜，子持金法衣，授記於父母，毗若扎那師。
班遮達熱等，稀有中稀有，此是非異語，是得五安息。
漸進入嘴宿，甲午年中期，山名尼瑪喀，扎那闍乍地。
勝焰姑扎那，家中如自父，交樂毗喀尼，勸請奏密樂。
底邦我與友，灌頂學習處，見勝毗瑪那，阿嘎俠無邊。
扎壩索惹禱，索桑白雅到，瑪雅壩得哈，焰中極鼓勵。
變成如蛇皮，自聞此雖勝，大勝授記語，此是六安息。
鬼宿望日邊，父祖十三尊，勝樂身語意，智熟再成熟。
共通徒滿意，黎明初現中，最明薩瑪底，真實如驚駭。
妙室高座上，父前起樂後，説此是汝座，頂上飾諸相。
右手摩頂已，由彼十七字，離字處灌頂，密語廣中廣。

大義密安息，第七支分意，滿無支分處，七處幻樂中。

放逸如童性，父授真實記，並得真安息。

如是詞句成為賢善因緣和信解的善力，願具合量正法和慧眼諸人士去作了知和探討。

繼後大譯師到帕巴辛袞，在先達布日寺中傳授會供輪時，與瑜伽自在大師俠哇惹相會而獲得加持。因此他作有道情歌詞說："由祖俠哇惹加持，從父偉大悲心中，世界中現欲樂相，蘊界精華內成熟，佛勇扎根圓滿持"等許多稀有道情歌詞。在那裏大譯師班欽由三喜之門（敬信、財物、服侍三種以為供養）使師生喜，而獲得由俠哇惹親傳給他（班欽）的《瑜伽六支》；及仁珍白瑪（寶蓮）傳給（班欽）的蓮花無量壽教授等所有教授秘藏如瓶瀉水全傾給他。繼即勤修灌頂要義俱生智慧，而得到完全滿意後。開始打算來到西藏時，他說："我所聞的這些各別教授，都有其傳承，可是我的一切法從俠哇惹那裏是可以聽得的；而由我傳承的諸教授，是對為求雙運道具緣諸有情，於未修時間中，向他們作開示，這是由我的慧眼見到的。"這可見他對於利他的處所也是獲得大安息的。如是他所授教和由他所攝受而傳播的一切教授說來，是無任何災障，而所有道的證悟，都能無難地生起於心中；而且對於這些是如何生起，是由他的慧觀而能通達其為如何的密意，並能通達各別有情的生起情況和特殊與共通根器的纏縛等情況。

第七種具有三藏和續部經教自在權威並獲得最勝成就後，對佛教所作宏法事：這位大譯師意識到一切利樂的根本，是佛的教法。而從一切門中以許多方便持不分教派都令其發展，他在作扶持事業中，意識到令教法增長之本，是建造三寶之所依（即佛像、經典、佛塔等）。最初建造的是：他的父母奉為內部佛像中的彌勒莊嚴美飾報身像一尊，高約膝至足脛；又釋迦牟尼金像一尊高約一拃；繼後對伯哲塘大寺作彩畫油漆；又建造彌勒大像和不空成就佛大像每尊背高二十二拃各一尊；又培修桑稱康嶺寺，中間有大菩提主侍諸尊像，靜命及嘉哇卻央（勝音）諸師像，奉安師尊的金塔二座，又對那蘭乍的建造大像、經、塔等，捐助順緣以助其成，等同自己建造。後來扎絳巴嶺寺，一切智索朗朗嘉（福尊勝）雖正在修持中也特別關懷而捐助。又得施主人王大長官仁清桑波，及其妃子以其高貴的福德財富和卓越的心量而作施捨；又得到貢巴·伯多傑鄧瑪，及其於大長官仁清嘉補（寶王）弟兄等的財物捐助而修造轉法輪吉祥多門大塔高三十二庹半（平伸兩臂之長度為一庹），每面寬度為二十二庹。及聖者和彌勒化身立像背高五十七拃。大塔經十八月大像經十四月修造而完成。這些善行超出一般初業人士的心境，而顯現出善業高山稀有無盡的美景。這些世間中也無與倫比的像塔，成為從智者到孩童之間都不避道難而願前往朝謁和禮拜之境。此種勝境，不是片言隻字可以盡述的。此外，依靠諸施主的力量，又培修了極大的三世如來像，釋迦世尊和十六尊者等金像；以及青普修院殿堂佛像等；扎塘等寺廟。又創立桑敦嶺寺的大修行部，並繪大譯師的具大恩諸修持上師彩繪像袖；及四續部主要諸尊畫像軸。以及金書《密續釋》和主要的諸密續。此外還書寫出顯密諸釋論等是不勝枚舉的。由他的策動南方領袖伯扎喜達傑勒比嘉補（吉祥宏善王）也出資建造釋迦牟尼金像背高二十五拃像一尊；並供佛殿堂，大塔，學法僧院，以及金書《甘珠爾》[43] 和用白紙所書《丹珠爾》。又桑鄧朗索·扎巴塔野（名稱無邊）也造從密經起的金書《甘珠爾》，又由他策動雅焦朗索·大長官仁清桑波（寶賢）

夫婦出資補足金書《甘珠爾》所餘未完部分。當咱日大聖地發生亂事，具相顱器也遷移到達波去，局勢將成大壞時，他運用修持力和許多方便而使時局平定下去。此後他仍為佛教根本所依——像塔，而作造像等事業。大譯師他任到何處也都是建造和培修佛塔、佛寺、佛經等，並作供養，對於僧眾多次供施的情況更難以數計。

大譯師翻譯事業的情況：班欽來到西藏時，多次傳授教法時，是由他作的翻譯師。繼後他新譯出《心要百頌本釋》，及金剛亥母教典中的《金剛嬉女》等許多略本教典；並改譯《喜金剛》《金剛幕》《勝樂》，及善巧真實性達巴多傑所著《勝樂釋》《十三尊曼荼羅》等。從句義二者之門說來？他的譯本是極佳的。

大譯師所著的論著有：《時輪一二兩品釋》《金剛心釋》《空行母海》《詞藻學》《金剛空行》等許多續部的筆録、《金剛手上部兩釋中的釋難》，及解釋心法門類的藏文著作堪稱佳作。此外，還著有《三摩地王經》《寶積經》《華嚴經》等的筆録，以及《勝樂十三尊》《無上不動》《亥母》等大都由班欽傳承的修行曼荼羅。又有《密集世間自在》《能怖金剛》《妙吉祥幻網》《金剛手灌頂》《峨系七種曼荼羅》《和威法類》《普布金剛》《馬頭金剛》等的修行曼荼羅。又有《瑜伽六支五次第》等的導釋；《護法總論》《內外煙黑母》《藥叉等的酬願文》等。計他的全集共有十二函。

大譯師對於上師三寶承侍服役的經歷是：在住持因果乘教導事業的諸上師座前聽法時，是極為恭敬；尤其是說法時，是不斷供師茶飲而求法，對講三藏大論諸師，講論圓滿時，供獻法筵等為眾所稱道，對聽受灌頂和傳授諸續部時，供會供輪和供續部諸經，對傳諸教授時，供教授導釋法筵等，他任於何時都供最佳和無罪性的供養；並以身語意的恭敬承侍來作不動搖的供養。尤其是班欽仁波伽來到西藏時，他不僅一次供黃金衣服等廣大的諸供養。僅佛像上面所蓋飾物就供有十八種之多。班欽仁波伽到尼泊爾後，每年都供黃金一兩和衣服等。後來班欽仁波伽逝世後，在一切期供逢年或月中都在僧伽大眾中供施大量財物。對住世諸上師更是不缺供養；對自己已故父母和逝世諸師逢年或月作期供，在一切大小寺廟中增加期供的供事。對咱日扎聖地諸尊神像供會供輪[44]；對僧會等極多僧眾供齋僧眾茶飲，對堪布仁波伽作期供，在稱康嶺寺的供佛基金中，增加洛和嘎曲等處的供養配合而行事，對絳巴嶺寺夏季法會興辦顯密教海法輪會（即講説顯密諸法）；在大願法會中聚集三大僧會及大小寺廟的成千上萬的僧伽，於上午誦修十六尊者和藥師大願；下午結集一切願和所有人士作配合一切善業的殊勝遊藝等。這些是他在一切歎為稀有的大節筵中的承侍服役，及大小修供等的加行。他又對桑敦嶺寺修行僧眾作了諸種獎勵，鼓動諸大施主的信心使其捐獻等成為超越心境的事業海。大譯師童年聽講法相時，在三寶前每日供兩次食品和燈明，在夏冬兩季則搜集新鮮和製作的花朵不斷地作供。又在已故父母雙親和逝世諸師靈前作祭祀時；及後來在真塘、赤康嶺寺中吉祥、頂峰、妙形三處；以及康松朗嘉、絳伯居粗扎哇等處；新寺時輪等處；絳巴嶺寺中大塔開光時作幻化網等，及垛倫珠拉哲和朗嘉等處，對活佛仁波伽夏瑪哇，傳授許多新舊密法，及峨系七種曼荼羅教法等時，作開光和護摩等曼荼羅作業次第等以上任何時中，他都特設供獻，及與曼荼羅諸尊會眾數量相等的勝妙供養；而且常時陳設的一切供品，不是劣質和少分，而是純以大量和物源純潔（非強奪盜取等）的供品來陳設。這是由於大譯師已獲得虛空寶藏[45]的偉大神變，其他人士一見之下即能引生敬信而成為有益的良範。

大譯師轉法輪的事業：總的說來，他意識到教法的心要為修行。以此應勤奮於此心要。班欽仁波伽也說："現在是結集教法心要的時侯，不需要許多花樣，主要是當作修行。"他在未修時間中，任說何法，總要開示一種雙運道。甚至決斷地說："没有較開示雙運道更為殊勝的利他事業。"諸僕從請求轉法輪時，他也對他們說："應斷除為恭敬、利養和希求名譽的說法心。這似乎僅是攝受徒眷的利他事，然而這樣作對說法和聞法兩者都是有意義的。我以修為主要的三門（身語意）作業中，一切為利他而作。但其中不過是有意義和無意義二者，常時應知者為有意義。這是決定的。因此現在當捨棄絲毫放鬆利他之心後，而是逐步每一剎那都能行於諸佛剎土海和成熟眾生海的廣大利他機緣中。"關於大譯師攝受侍眾和教育聞、說三藏的事業，未見廣泛。以此看來也是配合應化有情的心思，對於每一有情的每座修法中，仍以一切顯密密意為心要，而以教法甘露使其飽滿。他在法相學院中住時，由復習教法使許多聰慧者得廣其才智。在乍納時對許多從康區而來的人士，講說《瑜伽》的傳統作法，及舞蹈、彈線等的導釋；對求授灌頂的五十餘人傳授了《曼殊幻網灌頂》和許多隨賜灌頂，對青普許多人士傳授了馬頭金剛四尊灌頂；對哲塘梁德十論師和倫德・饒絳巴等許多人士傳授了《喜金剛第二品釋》等，及和威等的灌頂和許多隨賜灌頂；對塘巴嶺、麥嘉、漾讓等處的許多求義人士傳授了《密集世間自在》《觀世音秘修法》等的教法，《大手印六法》等的導釋、《三摩地王經》等的講釋；對嘉補考的喇嘛丈日哇和喇嘛楚洛等人傳授了《瑜伽六支》的導釋，對咱日的覺桑諸人傳授了《一意集》的講釋、《大手印六法》等的導釋、《金剛瑜伽母加持法》；對旺波寺的喇嘛丈日哇等傳授了《勝樂》《歡喜金剛》中麥枳傳規等教法；對妥扎東方伯阿謨嘎和法王播湅哇的侍寢宮峨桑哇（光賢）等人傳授《喜金剛第二品》的講釋，及所有灌頂、經教誦授導釋等；與此同時對十論師索桑等人傳授了《時輪總綱》；對西南方的法王敦仁巴和措客欽巴，及喇嘛乍納哇，特鄔穹哇等五十餘人傳授了《瑜伽六支》兩遍，《一意集》《枳布師傳身曼荼羅》《上師密集》等的灌頂，對雅卓喀巴隆的法王袞嘎嘉波（厭喜王）和烘嘎卻德的許多大長老，及珠德桑頂的諸修士傳授了《瑜伽六支》《勝樂灌頂》《大手印》；對許多修密士傳授了《和威法》《金剛橛》《馬頭金剛》等灌頂隨其所願而施法；對那堆北方主官曲喀哇等許多密僧傳授了《和威灌頂》《密教心要釋》，後來在絳巴嶺寺夏季大法會中，對杠巴・絳秋朗嘉（菩提尊勝）等三大退職者，及欽波索朗峨熱（福光）、阿闍黎敦色、阿闍黎協吒巴等為首的僧伽千人講授《三摩地王經》《集學處》《能仁密意莊嚴》《瑜伽師地論五分》《蘭櫝瓶集》（櫝瓶即袖珍本）、《彌勒宏願廣釋》等講釋。猶如給了了義生命，恩德極大。尤其是對絳巴嶺寺諸人為首的顯密大師終年勤奮的許多人士傳授了以上教法；此外還對法王帕巴拉許多人士傳授了《喜金剛第二品金剛心釋》《那若廣釋》《一意集》《甚深內義》等的講釋，《無上不動》等的灌頂；又對以康巴格西所率領的許多人士，及木雅鐃絳巴・卻季扎巴（法稱）、鐃絳巴・鄧桑巴、阿里鐃絳巴・協嘉哇、鐃絳巴・勒協巴等許多善巧格西講授《甚深內義》和《一意集》先後約四次；又對卻柯崗巴和帕巴鄧薩巴等約五十人傳授《垛哈一百六十頌》《戒律品》《文殊真實名稱經》等廣大的講釋；又對鐃絳巴・協嘉哇和勒協巴等善緣諸人，及桑敦嶺寺諸修行人傳授了多次《瑜伽六支》的導釋；那時一年中也就傳授了導釋約三十多次。又有隨世行的大酋長也即是雅卓的首長耶都袞絳稱（普慶幢）昆仲等，及其子耶都倫珠扎喜

（運成吉祥），以及雅交大長官仁清桑波（寶賢）及其妃多傑鄧瑪和兒子大長官袞嘎仁清嘉波（普慶寶王），及其弟法王索朗耶協伯桑波（福智吉祥賢）、布察哇・朗索拉旺巴及其子等，桑鄧哇・朗索扎巴塔耶（名稱無邊）長官和臣僚等，甲哇首長嘉哇巴，及其子伯扎喜達傑勒比嘉補（吉祥宏善王）昆仲等，以上諸人部頂敬大譯師而作依止，大譯師也對他們傳授了教授並隨賜許多開示；並隨賜淨治身心及防護災障的教言；尤其是傳授了能作福善吉祥的三種曼荼羅和能賜明智法；由此作出了使方境吉祥；縱是敵對所提異議和反對都不能損害；得到受用圓滿豐足成為暫時和永久的福善海；他將有為的財物，用作勤取（修行）心要的方便，對廣大善根的善法加行，有極大恩德。又有北道主朗嘉扎巴（尊勝名稱）父子雖自以為種姓高貴而對他者矜驕，然而實際對大譯師如上師般頂敬而請問許多教義後更表恭敬。尤其是歡舞自在佛尊大金剛持的化身活佛具德嘎瑪巴住持紅帽教主第四代卻季扎巴耶協伯桑波（法稱智吉祥賢）為了啟請大譯師多生攝受中，今後生中仍作攝受起見，須來康區迎請並供盛大禮品。當譯師在咱日位時，他雖前來但未到達。後來來到前藏，較過去更為熟合遂成為師徒。大譯師對他（嘎瑪巴）最初傳授了《金剛亥母二面母法》，繼傳《枳布傳規十三尊法》《不動無上》《峨系七種曼荼羅》《六種幻輪》《佛顱》《金剛橛利刃》《金剛界曼荼羅》《金剛手灌頂》《三誓句莊嚴尊》《哲達日傳規無量壽佛》《勝樂等虛空等灌頂》《至尊救度母》《煙色母》《龍樹傳規四臂怙主》《那若空行母》《成義母》《文殊五尊法》《上師密集》《毗那耶迦》《長壽五昆仲等加持法》《歡喜金剛》《金剛幕》《桑布里》《四座》《嘛哈瑪雅》《文殊名稱經》等密續，以及峨系論說等。他（嘎瑪巴）又在譯師座前聽受《智慧金剛集廣本》《心要百頌根本釋》《成就心要》《阿瑪尼色》《甚深內義》《一意集》等論釋，卓哇貢波全集等經教誦授，《瑜伽六支》《金剛瑜伽母圓滿次第》《班欽傳規枳布五次第》諸法的導樣，《往生和合教授》《六法喀嘎瑪篇》《瑪雅圓滿次第乳教授等》教授彙集。獲得甚深和廣大法雨後，而成為首要弟子。

此外，大譯師對許多具足善緣人士，隨其意樂傳授灌頂，經教誦授、講釋等。

大譯師作獅子吼宣揚說："至於《時輪》它是一切經教的心要，無隱地開示了雙運教法。如能領會其義於心中，則能領會一切顯密經教於心中；而且其他一切教法都成為通達此《時輪》的方便；尤其是成為教法心要中之心要。離開諸經卷而傳授任何顯密教法，也都須以《時輪》的定解來作清楚的說明。一切教義的究竟心要，都是趣向這唯一雙運教乘"等語。又說："多聞經藏成為善巧精通中，信依此乘，親依此諸經卷首——《時輪》，則於一時機中，已接近佛位了。"

譯師對《時輪》這樣的喜悅，而且對以卻柯杠巴為首的諸三藏法師和降從服役許多人士廣大傳授《時輪總綱》多次，於法輪會中也講說（時輪）《續釋》等。尤其是傳授《瑜伽六支》等的導釋次第，以成熟具善根人士，是准以數計的。

以上不過略述其梗概，實際上譯師是一位不放捨菩薩的種相，毅力、悅意、禁行、學處等；而且是不離誓戒，對低賤和兇惡諸人特別慈愛，對不熟悉者親睦，對有功者酬恩，對回向長壽無病者亦作饒益。具足多聞等善知識的德相，能發起勝乘之心，善持出離心戒，從未犯染性戒和制戒，開禁學處中未犯絲毫，已達梵行究竟，擁有毗奈耶中所說的堪依圓滿諸功德；尤其是成熟了進入金剛乘的身心；對共與不共三昧耶戒絲毫無犯；而勤修灌頂真實義——俱生智慧身；一切密續金剛地位為第四灌頂的定解，他領會於心中，已具足四明造作福恩事業中，能毫無畏懼，並擁有具德上師名稱的圓滿德相，而成為一切世間天、人等眾的唯一皈依處。在思念其行傳大誨，口誦其名稱，而生起堅信，於一切時應恭敬頂禮中，欲記其行傳是罄竹難書的。

第八種示涅槃事業：諸登地菩薩摩訶薩雖已解脫生死縛，然而在另一方面為示現"無常"定來的法性，譯師他和察彌堪欽卻季扎巴（法稱）、阿里饒絳協嘉哇（智勝）、卻柯杠巴、法王得鄔惹巴·仁清卻嘉（大寶法王）等人，每日勤習深廣諸法中，突於壬寅年九月初七日（享壽五十九歲），示現收攝化身，於初十日往生兜率。其時發現虹光、天雨瑞花、異香撲鼻等許多稀有瑞相。即日住持紅帽第四代教主嘎瑪巴前來師處，表示定知譯師往生兜率以安慰眾弟子；而且晝夜都住在那裏策動修法，荼毗譯師遺體、供誦圓滿師意之回向，為師肖像開光，徹底地編撰譯師廣讚和詳傳，以圓滿上師意願。用白檀香、沉香、茄蘭香等焚化遺體時，發現各色舍利、如晶透明的靈骨、無數佛像等，以作應化眾生供養之所依。師雖示現圓寂，然為使師悲念無間斷地攝受後學大眾，而造銀質一層褸高的寶塔，塔門嵌飾等用純金而製造，又以帝青、映紅寶石、珍珠、碧琊寶石、松耳石等嵌鑲嚴飾、奉安在絳巴嶺寺大塔的上一層。此外還建造了用金銀鑄造和珠寶鑲飾的師示諭住室約一箭高；如師身量肖像，用金銀鑄造較身量像略小肖像；許多布繪大小肖像，百千數的和合靈骨灰及藥物泥土所造肖像；製造大譯師全集書帙，後來又由伯多傑鄧瑪及其子法王索朗耶協伯桑波（福智吉祥賢）如願建造彩緞綴製稀有彌勒大像。此外語教弟子和各施主用金銀所造肖像應有盡有，並製造許多譯師全集卷帙，而成為教法之本及諸信眾供奉之所依，尤其是諸大弟子在大同的地方發展出講説和修行事業者，是為數不少的。至於大肖像，佛像、經、塔的供具和譯師書冊等，由原先舊有的諸老侍從將所有譯師著作的供修等傳統作法，及《瑜伽六支》等導釋共計其數的法流，仍存在於垛桑敦嶺寺及絳巴嶺寺中。

如是僅略書其梗概，詳於上文可作補遺。此外由於未能獲得此類著述，而未敢書出的教法和人的示現，以及能成為有用功能諸情況，容後獲得可以再加增補。這是我著者一切智廓譯師的意願。尤其是冶撫南方大王，對於三寶作出事業，對上師傳承諸師中，特別扶助發展一切學術和教法安設，而使佛教猶如夏泉興旺。他是福德不衰，大智豐富的扎喜達傑勒比嘉波（吉祥宏善王）。我在著作此廣大教史的中段時，於伽塘勤此（著作）諸善業，也是唯依此至尊大王之命而作的。特別依大王所説："以能宏揚我南面王的教法和獲得究竟成就道的開端，造作恩德者來説，没有較至尊大譯師的恩德大的。因此在此階段中無論如何應當了知譯師的一段簡略行傳"等語。所以這也是遵命而寫出的。

總的説來，關於《時輪》：有季覺譯師、洛卓領波（智藏）等，瑪•格尾洛卓（善才）、麥窩•絳秋協饒（菩提智）、索朗耶協（福慧）、阿夏甲嘎哲、扎彌桑傑扎（佛稱）、淩譯師、定日卻扎（法稱）、喀惹•略譯師、卓•協饒扎（智稱）、頂巴譯師、絨嶺譯師、惹卻饒（法深）、洽卻傑怕（法王吉祥）、熊敦•多傑絳稱（金剛幢）、雅隆譯師扎巴絳稱（名稱幢）、邦澤師洛卓敦巴（慧堅）、邦譯師的弟子洛卓朗里等人，在一卷帙中僅《時輪》就作有多種譯本。又《時輪後續》則係淩譯師和協鄔譯師所譯。後來魯譯師洛卓伯（智吉祥）所譯本中，補充了缺譯的十一頌。關於《灌頂略示》則有卓師、惹師、捫隆巴、扎澤巴•

仁嘉、邦譯師、雅隆譯師等人所譯本，而布尚諾穹所譯本則命名為《灌頂近示》。又《金剛心要釋》，則有覺珠頂真桑波（定賢）、業覺•協饒扎（智稱）、穹波卻准（法勤）、雅隆譯師、邦•洛卓敦巴（慧堅）等人所譯本。洽那多傑（金剛手）所著《勝樂釋》，由覺故•頂真桑波（定賢）譯出後，又由熊•洛敦（慧堅）改正；又見有一種庫•恩珠（成就）所譯本。至於《勝義念修》則係達哇貢波（月怙主）自譯本；但又見有雅隆譯師所譯本。又《正見意樂略示》，過去西藏未能譯出，後由袞邦•卻扎（法稱）譯出。又《灌頂略示》的那若巴釋本，見有雅隆譯師、扎澤巴、邦譯師等人的譯本。以上係《時輪》的階段。頗章卻嘉倫布（法王妙高宮）製板。

【註释】

[1] 香拔拉：譯意為持樂國，密經説，北方遠處一理想國度名，其幸福安樂如同西方極樂世界。

[2] 六十丁卯：藏曆六十年週期之名，係以公元 1027 年（丁卯）為起算點，倡始自季覺譯師月光。

[3] 五明學處：工巧明（工藝學）、醫方明（醫學）、聲明（聲律學）、因明（正理學）、內明（佛學）。

[4] 北方香拔拉：詳 [1]。

[5] 金剛座：亦名菩提道場，即釋迦牟尼證覺成道的古印度菩提伽耶城。

[6] [7] 香拔拉：詳 [1]。

[8] 中觀六論：即中論、破邪論、七十空性論，六十理論、細研磨論和寶鬘論。都是龍樹所造。

[9] 八法平等一味：八法指世間八法：利，衰，譽，毀，稱，譏，苦，樂。言對此八法都能平衡而觀，使它成為修道之用。

[10] 七支：敬禮支、供養支、懺悔支、隨喜支、請轉法輪支、請住世支和回向支。

[11] 四身：自性身、智慧法身、受用報身和變化身。

[12] 比丘戒：佛教男子出家受具足戒二百五十三者。

[13] 慈氏五論：傳為彌勒為無著所説《現觀莊嚴論》《莊嚴經論》《寶性論》《辯法法性論》和《辯中邊論》。

[14] 中觀六論：詳 [8]。

[15] 護摩：即燒施，密宗焚有漿樹枝、燒雜糧花果祭神以祈禳息滅求福等一種法事。

[16] 薩迦派：昆 • 袞卻嘉波（寶王）所首創。袞噶領波等五祖所宏揚的藏傳佛教一派名。

[17] 他空見：藏傳佛教朗覺派所倡一種不正空見。

[18] 香拔拉：詳 [1]。

[19] 小五明學處：修辭學、詞藻學、韻律學、戲劇學和星象學。

[20] 聲明：即語言學。

[21] 量集七法：古印度因明家法稱所著發揚陳那所著《量集論》的七部註釋，即釋量論、定量論、理滴論、因滴論、關係論、悟他論和諍理論。

[22] 聲明集分論：一部集合聲明學重要部分的著，係印度學者酒巴達維摩所著。

[23] 旃陀羅波聲明論：係印度學者月居士所著，現僅流傳於西藏。

[24] 詩鏡：古印度詩人旦志（持杖）所著的作詩格律，公元 13 世紀，由匈譯師 • 多傑絳稱（金剛幢）等在薩迦寺中譯成藏文。

[25] 大菩提道場：詳 [5]。

[26] 比丘戒：詳 [12]。

[27] 薩迦派：詳 [16]。

[28] 旃陀羅波聲明論：詳 [23]。

[29] 沙彌戒：佛教男子出家受三十六條戒者。

[30] 比丘戒：詳 [12]。

[31] 聲明集分論：詳 [22]。

[32] 瑜伽六支：係《時輪》法門中一種極密修法。

[33] 預試七人：赤松德贊時，為觀察藏人能否守持出家戒律，命試從寂護論師依説一切有部出家的七人：頗•色朗、頗•赤協、毗若扎那、甲哇卻央（勝音）、昆•魯伊旺波（龍王）、瑪•仁清卻（寶勝）、章•勒珠（善成）。

[34] 慈氏五論：詳 [13]。

[35] 中觀六論：詳 [8]。

[36] 量集七注：詳 [12]。

[37] 慈氏五論：詳 [13]。

[38] 瑜伽師地論五分：本地分、攝抉擇分、攝事分、攝異門分、攝釋分。漢籍説為無著所著，藏籍説是彌勒所説。

[39] 甘珠爾：佛説經教的藏譯本，全書有分作一百函、一百零四函和一百零八函者。

[40] 丹珠爾：一切譯成藏文的佛經註疏。

[41] 如意寶王：一種寶石名，相傳將此寶供於幢頂而祈禱，能如意成就一切願望。

[42] 三十七菩提分：包括四念住、四正斷、四神足、五根、五力、七覺支、八聖道支。

[43] 甘珠爾：詳 [39]。

[44] 會供輪：藏傳佛教中，於宗教節日備辦各種酒肉食品，齊集男女

信徒共同舉行的供祭活動。

[45] 虛空寶藏：喻物質豐富取之不盡，也有傳說為用神通向空中取各種物質能隨意取之不盡。

# 第十一輯　大手印法門譚

現在當說以佛教顯教別解脱戒為根本，而修密宗《密集》一切法，能使顯密融為一體的大手印。

不意樂遠離生死輪回的人士，有一般普通人等，及外道中順世派[1]（亦名遠離外道）諸人，他們心不趣向於解脱，其情況僅如此（不樂解脱）而已。其餘外道中裸形外道[2]諸人見輪回痛苦之根，為不善業，以此主張遮止業力。彌曼差聲論師[3]認為不可能有可靠的（或永久的）解脱，為取得暫時的解脱，而應離煩惱。數論師[4]及毗婆娑師[5]諸人認為煩惱是生死輪回之根，而其（煩惱）根中之根是不識我的“無明”。以此為認識我而修禪定，隨其修力縱由初禪而直至有頂天界（最高禪定境界），然以持有殘餘的我見，而終不免墮入阿鼻地獄中。比如阿闍黎世親所説：“若問捨此有無解脱？當説為無。此為何故？愛執於不正我見之故。”這是承許若不斷離我見之無明，則無解脱。而我見又分人、法二我見。此中諸聲聞和獨覺已斷離人我見，以此不受後有（即不再受生）而獲得可靠之解脱。然而在具慧諸菩薩則説：“這是一己的解脱，若為一己解脱，是没有較此更為慚愧的。”這是説應尋求能解脱一切有情的方便。能通達此一切方便者，唯佛始有。以此觀察到為斷離“所知障”之故，必須斷離法我見，應為斷離此見而勵力。然此亦由通達空性見而始能斷離法我見；而且是由反執之門而斷離。為生起空性見之故，又須入於經教和理智之海。大手印智，是反執而修斷離的對治法，是由理智力而獲得比量者。比量是唯分別者(是分別而出的產物)，祇要是分別即是“因明”(即合論理)。這是法稱論師所許的。以斷離彼見來說，那怕沒有反執的對治法，但是比量和執情相違(矛盾)時，即成為完全顛倒(即不正)之故。因此未獲正見時，此一對治法，即是大手印智。這是由上師大德的加持而來的。這是教法總次第所說。如法王廓昌巴說：“對於佛世尊釋迦牟尼的教法，說名大手印的超越道，首倡者為大婆羅門薩惹哈，住持此傳規的，在印度為傑日措夏(山林尊者)師徒。”大師日措夏的傳規，由徒麥枳哇受持後，而安置諸弟子於大手印道中，由此而傳遍於贍部洲中。又大手印上宗諸人所承許是：麥枳哇享壽到羊年，後來由熱穹哇傳規直到戌(狗)年享壽七十八歲而逝世。是如何又有兩種傳規呢？先說麥枳哇：最初他雖是對內外宗派大都精通，然而未能滿意，經過許多努力尋訪具德俠哇日成就自在大師，由俠哇日加持，而作顯明語說：“現證心要義已，是無想念、無作意等情況。”以此大善巧師辛底巴認為是惡毒語而相辯論，麥枳哇獲勝，從此以後普遍傳稱為勝者麥枳哇。麥枳哇有許多弟子中，其主要弟子有：四大弟子；七中等弟子；十小弟子共二十一弟子。四大弟子是：納得嘎惹、得哇阿嘎惹真扎、惹瑪巴那、洽納多傑(金剛手)等四人。納得嘎惹他還是外道時之名，後來名倫季傑比多傑(俱生金剛)。得哇阿嘎惹真扎，別名東里頂恩正(空行定)，即《顯明智慧》的著作者。惹瑪巴那譯藏語為嘎哇回哇(意為喜護)，他是《定示灌頂釋》的著作者。至於洽納多傑(金剛手)，他和朗喀領波(虛空藏)、薩伊領波(地藏)為三昆仲，他居最末。由薩伊領波領他到麥枳哇座前請求攝受，麥枳哇喜而用布一疋纏裹自己和洽納二者之身，而作誓言，願直至菩提，師徒永不分離。洽納多傑（金剛手）係丁巳年生人，少時聰慧，精通內外一切學術和許多密宗續部，尤其是成為心要諸法門的主宰者。

七中等弟子是：梁比多傑（平等金剛）、朗喀多傑（虛空金剛）、若比多傑（遊戲金剛）、定日西乍納、彌梁多傑（不等金剛）、阿毗約嘎、乍嘎達巴那等七人。

十小弟子是：梗達巴、麥廓巴、惹卻倫覺巴、底普巴、西納倫達巴、白瑪伊澤哇（蓮鬘）、廓洽瑪、納波巴穹哇、西納巴、壩里阿扎惹等十人。其餘一部分如：嘎若巴、洽納、瑪爾巴、尼泊爾西那壩若諸人稱為得意四弟子。

此中由大手印上宗諸人將大手印傳來西藏，計有初、中、後三類法門。初傳法門，係從汝巴所傳諸法；中傳法門，有上下二譯係中，上譯係是由洽納來到西藏，對諸大導師所說諸法；下譯係是由阿蘇在前藏度日時所說諸法。

後譯者：是由阿里人納波協得從印度而來遇着年邁的洽納，後來來到西藏所說諸法，以及從至尊瑪爾巴而來諸法稱為另譯者。但是最初先創者是由覺窩欽波•拉季從麥枳巴座前聽受《大乘寶性論釋》，及《垛哈》諸法門，後來來到桑耶住了幾天去青普向仲師說《垛哈成就心要法門》，及《普賢行》諸法。而仲師因恐諸西藏人趣向粗暴行，而未廣作宏傳。《成就智慧》有一種是仲師所譯的。《大乘寶性論釋》在耶巴，由絳秋迥勒（菩提生處）求得後復作翻譯。此後至尊瑪爾巴是先得傳者，此後班抵達毗若扎那惹肯達來到西藏先說此法。班抵達之後的法傳即是汝巴；汝巴之後，即是上宗、下宗；此後即為至尊熱穹巴，此後應知即是納波協得。

此中班抵達毗若扎那惹肯達：誕生在印度南方廓薩那的索瑪布日大城，薩扎那國王種姓中。母名嘎巴桑謨（賢劫母）。十二歲時隨其舅父是一位外道的班抵達學習。繼後去到印度西方大約住了一年，此後去到中印度摩揭陀和一位瑜伽修士相會，在此師座前聽受《妙吉祥獨勇法門》，繼隨瑜伽修士去哇惹納色（即鹿野苑），瑜伽修士在那裏娶妻而安住。他自己去到東印度那爛陀住時，和一位名叫蘇惹巴那的瑜伽修士相見，其人係作文書的家族，壩熱那扎地方人氏。他以手置於他人頂上，未取開手之間，心中即能生起無分別悟境，是一位大善巧師。瑜伽士攝受他作弟子後，他為師作僕役八年中，聽受了《阿瑪納薩》及《垛哈》等大手印法類和麥枳巴的法門，以及《歡喜金剛》的教授和僻谷等許多教授後，去到西印度那爛陀行苦行六年之久，繼後在那爛陀的密林中同瑜伽士悉地和瑪達納等一起作會供輪[6]。他又在毗扎瑪西那的班底達姑納惹肯達座前聽受《波羅蜜多》《中觀六論》[7]、父續《密集》等、母續和枳雅許多法類。繼在達納惹肯達座前聽受《行法》《成就略法》《獅子吼修法》及其篇章等、《救度母古汝古里品》《竭地洛迦林度母》，及臍輪火等許多修法教授。又在達摩根日達座前聽受《因明》的理由。繼後又在東印度壩熱納扎的班底達乍雅阿嘎惹座前聽受《勝樂十三尊》《亥母五尊》《覺謨鄔金母》等法。又在東印度索瑪布日城的瑜伽士會眾首領班底達薩惹那座前求得一些修法和教授。又在班底達蘇達納古巴達座前聽受《妙吉祥獨勇續》。又在阿壩雅嘎惹古巴達座前聽受《勝樂現證》，及《金剛空行上部釋》修法和加持法等。此師雖通達如是許多教法，但仍保密而不矜驕自滿。二十四聖域中除鄔金外，他大都去過。他想前往未去過的地方，來到南方後，行持密行，以此被一國王逮捕，將他投入火中焚燒而不着火。繼後來到西藏，而打算前往五台山，以此國王想寄託為供養處而未辦到。當他和辛袞喀的牟湯布相仇恨時，示現了許多神變，但他仍保密不言。繼後來到漢族地方，王將他置於刀箭叢中而未傷毫毛，飲水銀（汞）一碗而身體無所損害。他週遊贍洲（即此世界）三分之二，到過西藏五次，其所到的藏衛上下一切地方是難以數計的。他在澎裕的嘉區住了很久，翻譯出《垛哈》等經教，所謂《垛哈三法門》即指此法。以此說國王和王妃打算迎奉此法，顯見是不真實的。此師的弟子中，上區有活佛達哇峨熱（月光）；後藏有仁清嘉察（寶王子）；前藏有香仁波伽。此師在西藏住期很久，以此雖是決定有許多弟子，然而未見有文字記載。僅述此少數似嫌不足。

關於"奪捨"[8] 法門，他（毗若扎那）在業塘求得此教授。此法門是從汝巴來到西藏而首倡的。這樣的大成就者最後在溫區的杠喀地方示現圓寂。

又麥枳哇的弟子廓若巴：誕生在東方薩霍爾國的布魯薩那城中。父為嘉補曲窩郡（河流王），母名婆羅門女尼達壩（日月焰）。父母有子三人，師居次子名羅布領波（寶藏）。年屆七歲時，依空行母預言依止教文字老師學習，為時五年獲得很好的通達：此後他在辛底巴的弟子班抵達格尾桑波（善賢）座前研習唯識四年。繼後在班底達納波和垛金納波兩師座前學習《聲明》十四年之久。在這以前他已年屆三十，他三十四歲時去到毗扎瑪西那寺在說一切有部大善巧彌扎達惹座前出家為僧。此後他在大持律師毗瑪那廓薩座前精研《四部教》[9]。繼後年屆三十九歲時，在班底達達姑納座前精研《因明》四年。年屆四十四歲時又在班底達洛敦（慧堅）座前精研密宗事續部、行續部和母續。繼在喀什米爾•那根康瑪欽謨座前研習大瑜伽續。年屆五十四歲時在婆羅門塔嘎納座前學習《波羅蜜多》。繼後在金剛座 [10] 西方善巧師僥桑蕩座前學習《現對法》。此後他值遇薩底達惹後直到六十四歲之間，都在金剛座 [11] 勤奮大寶般的修行。他年届七十二歲猶如十六歲童相，在生智基礎上意樂講說之中，與智慧到彼岸等瑜伽母白瑪金（有蓮）相遇，瑜伽母對他說：

自身雖有佛，未悟實可悲，言詞雖極精，此心若未悟，如丐搗洞屋，彼不能得果。雖獲長生術，若戀世間事，進入貪嗔坑，非樂生痛苦。噫嘻修自心，悟非任何物，依師勤教授，遠離世八風[12]，遷到大樂處，如印定獲證，輪回本無生。

此後他依照瑜伽母和幻化二童子所示預言，攜帶從父親那裏取得的大寶財物等，渡過四十二由旬（每由旬約二十六里許）的外海，和瑜伽士納嘎布日相見，納嘎依會供輪[13]對他作加持。此後三年中他修練了三十種加行。繼後經十四年時間中研習千百種密經論、千百種密經、《等虛空續》《十一萬五千三味耶品續》《四種桑布枳續》，及許多《空行母加行和近加行續》等。繼後他再到金剛座[14]，有學習《聲明》時的學友納得嘎惹對他講說："你如果意樂修行的話，麥枳巴大師有'無修大手印教授秘訣'，你到那裏去吧。"他到巴達寺經七年中精研要義。此後在崗日屍林中修行五年。繼後去南方在傑城、薩那達哲、崗巴那城、喀什米爾等地行各種法行，他的別名也叫作毗達嘎爾瑪。

此師的弟子巴果：係梁堆區的湯那格察人。父名果敦•歐珠壩（成就焰），母名略謨准瑪。係夫婦二人最初所生長子，於壬寅年誕生。由於說他命中犯沖害和他年近的親人，於是備足食糧將他送到鄔汝的一位僧人座前求學。繼後返家他的妹妹想滅除他，而故作和善，他也知道將驅逐他。他繼到拉薩出家為僧，普遍傳稱他叫果穹哇。他和阿底俠尊者的弟子尼泊爾覺巴桑哇，及毗若扎那二人相見，他患病時浸泡一些毗若扎那之髮，飲而得愈。求師傳修法，傳授了他一種甚深持心秘法，並示預言說：“你將獲得瑜伽士峨桑的加持。”他在覺巴桑哇座前學習《聲明》，僅一年而通曉，許下將來酬師黃金三兩。他去澎裕時，遇着一位譯師逝世後的寡婦供獻以“發育增長法”（藏文待考）。此後年屆十歲時將黃金置於袋中作了防盜的準備，後來他的資具被盜賊奪去，他施詛咒而得到很大貢獻，由於得到很多黃金，也就在覺巴師前如所許數（三兩）供上黃金。年屆十一歲時回鄉，為逝世父親培福製作了百卷經卷，他盜出妹妹所隱藏的一塊松耳石而去了鄔汝。年十二歲時已能講說《毗奈耶》。此後他將那塊松耳石賣出得黃金十三兩、綾綢一疋和一錢黃金的麝香，攜帶着這些物品，並邀同壩敦多協和公敦仁清一行三人而去到尼泊爾時年屆十三歲。在雅嘎區有枳雅、那江等處的人們都去看望漾布的瑜伽母，他們三位西藏人也隨同前去。那位瑜伽母進食城市的食品後，進入涅槃小寺中，瑜伽母之後跟隨一瑜伽士名惹汝金（有角）說：“在尼泊爾我係富有者，都說要來看我的住屋，孰知看後知道除有一磚房，有些磚瓦和一片穿眼岩石片和一獸角及一木屋外，無其他可觀而生信解。”瑜伽母在佛世尊入涅槃的臥佛像上裸露其乳房和陰部而發笑。他們請她傳教授。以此惹汝金說：“除作加持外，不傳教法。”他們問：“那麼怎樣加持呢？”惹汝金說：“我們有十三位商客，除我外其餘都死了。瑜伽母她在我背後撒土，我問：‘這是為什麼？’她說：‘這是恒河之沙，你七天將死，經撒此沙可活十三天，過此天數將死。’問：‘有何解救法？’她說：‘你的一切財物資具，誰願要就給了他後，跟隨我而前來，可以得解。’我照她聽說作後，她說：‘我對你作加持。’說後吐唾沫在手掌中而給我，她僅以手置我頂上，我立即生起如所有見的三摩地，現在我不需要教授，由此加持是能得解脫的。”他又說：“尼泊爾這裏雖是有嘉嘎洽納、滂所巴、壩若洽東等許多班底達，然而對你不能作饒益。雅嘎有一瑜伽士名叫達須金，對他端直地射箭出去，也没有發生任何不幸事故，此人對你能作饒益。對他祈禱而可獲得加持”等語。但祈禱後，他僅說了一頌，除此没有其他可得。繼後他多作祈禱；並將所有財物供獻於他。於是瑜伽士將他領到印度湯考區的真枳淩屍林中，外面一起安置有野狼等獸。第二天上師交給女僕姑譲達惹一些黄金，命她到商集場上購買許多飲食；命果穹哇去採摘花朵。遂依花束曼荼羅給他傳授瓶灌頂，命名般若西乍納甘地。那時上師說的許多史事，他都寫在樺皮上，但是上師用水將字跡洗去，繼後他研習《聲明》四年而通曉十七種聲明位格。此後他敬禮至尊母姑譲達惹請求加持。至尊母傳授他以一種瓶灌頂法中生智慧法。至尊母對他說：“童子你為怖畏生死而勤奮於正法。難能稀有！我當賜你一種金剛乘不共的無倒法門。你也應修此法。”說後以足置其頂上而作加持。此後他聽受了《黑色閻曼德迦法門》等一切生起次第法類而獲得通曉。由此他智焰增熾，通達一切法。上師父母雙尊也都對他大生歡喜而說道：“此後當為你授圓滿灌頂。”口頭雖已樂許，然而由於没有灌頂資具而去到尼泊爾。兩位西藏法友也生起信解而求傳授。繼後他年届十九歲時回到西藏，在那堆的倫譯師那裏給十三人傳瓶灌頂，他供良馬一匹。此後到下區扎塘在格西扎巴烘協座前於黄昏時分對他秘傳魯伊巴、底邦嘎惹和那若巴傳規之《勝樂法門》，他供黄金半兩。那時扎巴烘協已是六十九歲的人。他將原來獲得的黄金十三兩，在那年底去到真枳淩，以黄金作為曼遮供（即壇供）供於上師（達須正巴，即廓若巴）座前，師為指示預言，七年後將獲得福德光明。以六兩黃金作為請求圓滿灌頂的資具後，於是（廊若巴）上師雙尊齊入雙運和合定中，而給他傳授“密灌頂”，繼以尼泊爾女枳魯作手印而給他傳授“智慧灌頂”，繼以語言開示第四灌頂。此後他聽受一切心要法類，由此開悟而生我慢。於是上師派遣他到印度的邊城有行密行的地方，那裏有一供室陳設有一軸佛像畫軸，像前設有五供。他在那裏坐下來，見有一着比丘服裝，手持缽盂和禪杖者從城市乞食而返回，比丘對他說：“你是瑜伽士達須正巴（持弓箭者）的弟子而來此處的。”到晚上收起畫軸的下面有一小門開後，出來許多具相（合格的）手印母，以骨飾[15]而作裝飾。作出各種密行，使樂益增，可是對內道佛徒也須隱秘，繼將門關閉而仍以畫軸掩蓋後，比丘仍前往乞食時說道：“我這一印度人就是作這般密行的。”他也極生定解，遂在那裏作了六月的密行。此後回到西藏，上師對他說：“鄔仗那地方有一整顱的空行母，額間有一眼，你如果得此空行母，則一切障難災厄不能侵害，但須有取求的意樂。”由於他未起證悟而生起我慢（即不屑取求女性）。因此師說：“那麼你將她帶到這裏來吧。”他帶着整顱（顱蓋是整片無縫的）母而來，到時生起了悲傷。他在真枳淩撰出至尊廓若巴讚詞。繼後他去朝拜帕巴辛袞聖地住了三天后，有名叫壩哈的尼泊爾施主對他說，“請求你作我的供養處（即應供上師）吧。”以此他在那裏住了一月。

那時，修“奪捨”[16]的史事是：印度有名傑准廓若巴者，精通五明學處[17]，由班底達而成為瑜伽士，他擁有九代傳承的教授秘訣，係一具足神通者。此師雖有許多弟子然而最勝弟子是：尼汝巴達瑜伽士。最初他精研修心法，繼將九代傳承教授都領會於心中。到了年邁七十四歲時，始獲得成就。有一時間至尊廓若巴對他說：

“喂！尼汝巴你須前往西藏。”又有一時間對他又說：“你如果去到西藏，對諸有情將會有饒益。”他答說：“我能作饒益有情嗎？”又有一時間師對他說：“你對西藏有情能饒益，你決定到西藏去吧。”他問師道：“那麼，如何去方便呢？”師預言說：“你從這裏前往垛曲嶺（意為石泉洲），石泉也不能侵害你，那裏有空行母洲，因此諸空行母將加持於你而作助伴。”此後尼汝巴依師教而前往石泉洲，那些石泉對任何有情僅一摸觸也就死去而變為石塊，但是石泉對他不能侵害。繼得到諸空行母前來迎接他，他對諸空行母作了供贊，並以會供輪 [18] 為首供，繞諸空行母三匝已，於是諸空行母對他授記（預言）說：“你到尼泊爾去吧。那裏有一西藏青年幼時出家，長相俊俏，具足智慧。你和他相遇，他已至死時。因此你運用‘奪捨’法 [19] 而去到西藏吧。我當保護你災厄不侵作你助伴。”於是至尊尼汝巴也就去到尼泊爾，他和果穹哇在施主壩哈住處相聚會，果穹哇逝世後的屍體，尼汝巴運用“奪捨”法 [20] 入其中，將自己原來的身體荼毗後，去到西藏。當他最初依化緣者之行為作乞食時，拉薩至尊廓若巴父母雙尊齊來和他相見。至尊母姑讓達惹從沙隙中呼其名般若甘地。他問道：“來此意欲何為？”至尊母答道：“至尊廓若巴也住在帕毗，我是為你將有災厄到來而來的。”他遂敬禮和繞行，並求以足置其頂仁，上師（廓若巴）也為他作加持而說道：“後來從被傑熱協烏穹巴殺害起，中間是未斷絕的。”在拉薩他聽受了一遍灌頂定論，此後他送至尊父母雙尊到芒裕貢塘。繼後回來時他作桑嶺（銅洲）班底達裝束而來，以此西藏普遍傳稱桑嶺班底達來到了。繼後又換作西藏自己的裝束而向十三位比丘等諸弟子在二十一年中講說密宗教法，傳授灌頂，並譯出許多密宗教法，宣說許多續部和許多教授法類。他極力宏揚密宗甚深正法和心要教法。

總的說來，此師（尼汝巴）從五歲至二十一歲之間，勤作求學，二十餘歲到尼泊爾，從二十一歲講說心要之義，年屆四十一歲歲次壬午逝世。

由此師（尼汝巴）將諸法類講授給洽師和協饒生格（智獅子）。計此師傳徒協饒生格（智獅子）；協饒傳康巴朗敦；康巴傳喇嘛扎巴欽波；喇嘛扎巴傳喇嘛梁欽波；梁欽波傳桑傑覺色；桑傑傳阿闍黎俠嘎協；阿闍黎傳比丘惹得納俠惹。大成就師雖是在西藏住了很久時期，然而此種情況而今西藏的諸善知識不多說這種故事。因此著者略廣記其史事。

又嘉嘎洽納去掉原先作風（密行）在尼泊爾作化緣者時，先觀察在尼泊爾佛法是否能增長興旺，知道能興盛後，在他年屆五十歲時來到耶桑而安住。那時有卓•覺色等西藏諸師前來謁見而求法，所傳之法為《成就心要略分》等論典；以及隨行於顯教之後的九種零散教授，隨行於密宗父續之後的九種零散法，隨行於母續之後的九種零散法。共二十七種而以業手印、法手印、大手印、誓句手印等四種手印約束之。而且是正見須與教理聯繫，修行須與體驗聯繫；行為須與時間聯繫，果須與利他聯繫；道須與暖相（密法之一）聯繫，灌頂須與教授聯繫。共是具六種聯繫。

至於論典還有《成就七論》是：《蓮花生秘密成就》《無肢尊者金剛方便和智慧成就》《英扎菩提智慧成就》《那格康瑪嘎惹無二成就》《仲毗嘿汝嘎俱生成就》《達日嘎哇大密真實性成就》《瑜伽母枳垛所著隨行於顯明有法之後的真實性成就》等。

心要論是：國王、王妃、庶民垛哈三種。

此外還有麥枳巴所著《定示灌頂》《無我母顯明論》等略法。吞季傑比多傑（俱生金剛）所著《真實性第十釋》和《收攝居住》。

洽納所著《金剛句分析》和《上師傳承次第》。德哇阿嘎惹真扎所著《智慧顯明論》。惹瑪巴那所著《定示罐頂釋論》。阿闍黎龍樹所著《四手印》隨後開示諸簡略法類等。

此後由卓•覺色迎請上師洽納來西藏，住後藏曲閣而對西藏諸師講說許多大手印法門。受法弟子是：協敦絳壩、香安仁謨、康巴嘎敦、布尚納波協、卓•覺色多傑壩（金剛焰）、峨傑敦穹、隆學巴•穹赤、奇鄔准珠（精進）、壩熱妥巴嘎（聞喜）、丈底洛卓旺（才權）、召綳那壩、扎巴袞扎、色敦•扎金勝（羅睺羅）、楚•伊根絳稱（寶幢）等人。弟子是譯師的有納措•楚稱嘉哇（戒勝）、瑪本•卻壩（法焰）、淩•達瑪扎（法稱）、穹•耶協迥勒（智生處）等四人。此諸弟子若廣為計算則有所謂西藏法師三十人。當卓•覺色迎請洽納時，請求以八十兩黃金作供養，其父思索時竟以黃金五十兩改作八十兩而供養。上師洽納的諸侍者秤金祇有五十兩。上師對此事不悅而說道：“卓•覺色對我不能虛假，這般作是否其父非一純正的人。這是父的行為由兒子來表示。”說後用匕首直剖自腹，侍徒們驚駭而哭泣！師說：“你們不悅麼？没有任何要緊，僅以手順抹一下也就没有一點疤痕了。”而賡即去到尼泊爾南方。

此師（洽納）的八種成就（或證道）象徵是：一、發現毒蛇時，他以閻曼德迦瑜伽法而消除。二、狂象來時空行母作阻止的助伴。三、依空行母授記（示預言）他去到城中，有一婆羅門老人娶一空行母為妻。由於鄔仗那兩王戰争失敗後，其中一王名阿桑七世為王，被其他一王的大臣孟哲孟用金剛石箭簇射其眉間而死，王的屍體諸空行母來相争奪。以此婆羅門老人的妻子空行母獲得王頭而拿回家中，婆羅門發怒！妻說：“我和你有業緣，以此為你作僕役。”婆羅門說：“我不需要，你可以去吧。”空行母以頭供於洽納而自尋短見。洽納將頭顱埋於地下，空中有聲發出，他知此為悉地（成就），復從地下掘出而作保存，以此而得到悉地。其顱蓋中略注酒少許而傾注於他器中酒增長而滿器。四、他去到恒河之濱，有兩空行母供以石質無縫禪帶[21]。五、修亥母第三淨瓶護摩法，即能令瑜伽母對諸弟子真實現面。六、以未沾地的紅乳牛糞置寶器（金銀等）中，其上擱置水果而作加持後，水果可以取之不盡。七、恒河岸邊來了國王，其被盜匪摧毀時，他以閻曼德迦三摩地（定）力令盜匪僵而不動。八、覺色・多傑壩（金剛焰）供黃金時，他以匕首剖腹而無恙等共八種。當昆普哇的弟子達哇峨熱（月光）去到尼泊爾時，也記有曾見他示現稀有的成就象徵的故事。

洽納的弟子有名喀欽・達摩西一隻眼者，他來作洽納上師的僕從，廣說大手印法門。他和西藏的諸弟子協商著出《十萬般若疏》和《攝義之鑰》。

又有洽納的弟子那堆・章匈巴，由那堆次第傳出的弟子有：協貢達生（盛獅）、覺准麥壩（火焰）、香・鄧波隆巴、廓隆巴、珠脫准巴、阿日洽穹哇、那堆納通巴、堪布領波絳稱（藏幢）、堪布絳稱峨（幢光）、堪布朗喀絳稱（虛空幢）、絳央仁清桑波（妙音寶賢）、木雅協饒桑波（智賢）等人。從至尊日彌壩巴所傳，而由木雅巴所著修法導釋本，我（著者）曾獲得。如是從洽納師徒所傳出諸人普遍傳稱作大手印上宗傳規。

次說阿蘇：其祖先係從印度而來的班底達，為尼泊爾壩若師徒所敬奉的供養處。其子由於未學諸才學，衹好作壩若的僕人。僕人之子阿蘇幼時敏捷聰慧，他求得漢土瞭望站以上一帶的商品而供獻於主人壩若，壩若大喜而說道：“我給你修蓋一間房屋。”他說：“我不求主人給戢修蓋房屋，我意樂正法，請求放我去求法吧。”壩若也就准如所請。最初他去到尼泊爾乍吽即普遍傳稱的辛底壩扎班底達座前聽受灌頂和許多密續部釋。繼後在洽納座前求得教授，由此見諦（即證真實）而成為正士。他想前往漢族地方，可是在澎裕的松倉留滯下來而為眾多徒眷說法時，他同貴婦仲謨薩季相和好，生子名扎巴生格（名稱獅子），為去看所生兒子，以此拖延前往漢地的行期，而去到隆匈住了很久。那時瑪貢•卻季協饒（法智）也在隆匈和阿蘇相會，後來施主魯曲迎請他到仲堆安住，在那裏阿蘇講說自己的要法——亥母加持法類，以及垜哈和大手印。以此發展到上萬的許多僧伽。那時，法王熱穹巴也和阿蘇相見而求法。阿蘇說："我需要養活婦人，你去化緣求得青稞來供獻於我。"他乞得許多青稞，在上師前供了二驢馱的青稞。阿蘇有子四人是：扎巴生格（名稱獅子）、卻季扎巴（法稱）、英都、旺安等四人。有女三人取天、鬼、人三種名稱，共兄妹七人。

至尊扎巴生格（名稱獅子）：究竟達到父親的意旨，他心中生起大手印如虛空般的證悟；通曉世間的現象如夢如幻，是一位獲得兩種（勝共）悉地（成就）的瑜伽士。

卻季扎巴（法稱）：他精通共通法和法相，尤其是善巧大手印法門。

至於英都和旺安則未能繼持傳承。

扎巴生格（名稱獅子）的長子珠脫貢波（怙主），次子桑傑貢巴（覺修），三子生格扎（獅子稱），最小兒子阿闍黎泊波季敦（世間）。

先說珠脫貢波（大成就師怙主）：此師聞思大手印法門而成為大善巧（即大智者）。精修本尊金剛亥母，獲得親見本尊；世間中空行母給他為奴作婢，護法貢波和天龍八部以命根心咒供獻於他，是一位獲得兩種（共與不共）成就的瑜伽士。

次說桑傑貢巴（覺修）：他對於祖和父輩高位無所貪愛而唾棄；並斷絶原來受用飲食，作飲水維持生命的苦行，生起了大手印的證語，是證得人法二者本不分離的智者。

阿闍黎泊波季敦（世間）；他由宿世所積福德而生為祖和父輩都具恩德的尊貴子嗣。他繼持諸兄長的意願，達到圓滿前輩諸師的志願，而登上祖和父輩的高座講說如旭日出現的大手印教授，以滅除眾生的心暗。是一位親見本尊，役使空行母等，能與護法江扎和具誓男女諸神相談話而吩咐他們作事業的大師。

上師傑麥（無生）的得意弟子中有四柱、四修、六嫡子之稱。四柱是：約波哇三徒和瑪巴杠等人。四修是：嘉季修士、召季修士、傑瑪隆堆修士、納季修士等四人。六嫡子是：惹譯師、巴操譯師、垛巴耶協、格西淩等人。約波哇三徒是指若巴瑪哇垛生、香召乍扎哇、隆敦多傑喇嘛等。此外還有阿里人布巴、杠敦峨壩（光焰）、邦敦卻壩（法焰）等人。此諸人中據說若巴垛生曾在桑傑哇（指桑傑貢巴）座前聽法。

阿闍黎隆敦（即多傑喇嘛）：他以使師三喜（供養、服役等）作供令師生喜。他生起了大手印的證悟，獲得泊波傑麥（無生師）的心法精滴，較其他弟子更為超越；並獲得垛哈廣釋。他的座前由珠脫貢波和桑傑貢巴二人來求得法傳。他的兄弟座前是由泊波季敦來求得法傳。而泊波季敦座前又由垛巴覺色來求得法傳。

又有名喇嘛阿里巴者：幼年出家，多聞教法；尤其是有一講說過《律根本》十四次的人對他說："上師洽納擁有稀有的至尊斷首母的教授。"他遂前往求法，上師洽納問他道："殊勝和共通兩種悉地（成就）你意樂何種？"他答："意樂殊勝悉地。"上師說："那麼，從你身看來是能得到的，以此我有過去對他人未傳授的教授，名大手印石子法門，是以方便和智慧雙運而為修道之用，從輪回因果到俱生智慧以下，以一百七十三石子佈置於道中，建立三種釋論從雅根大婆羅門到現時，詞句仍無增減，義仍無相似仿作，中間三昧耶仍無除掉，清淨史事未和其他滲合的一種教授。”説後也就將教授傳給喇嘛阿里巴。喇嘛心中領會而生起證悟，並決意精行。繼後他前往前藏去到鄔汝仲巴時，聽得喇嘛泊波的聲譽最大，他想是否有一不須修大手印的法門，探聽之下，是將方便放置而以論典和正見相適應而講説。因此他對泊波説道：“我有一種往昔洽納傳授我的石子法門，大喇嘛你如此講説是何道理？”泊波説：“這樣喜搞債務的西藏人，而且喜戲論。所以我不對他們開示石子法門。我向你開示。”説後陳設會供輪[22]經請求而傳授。與過去所傳的沒有差別。後來由隆•多傑喇嘛尋得此教授，依原來的分量上改編為一百五十石子而傳授。

喇嘛阿里巴以泊波為應供處（即上師）依止了八年。阿里巴的弟子為珠須哇，先是阿里巴去到珠須寺時，長老未給住處，以此在一圍牆中住下。珠須哇迎請到裏面去住，未得應允，繼因降雪祇好受請而前往。由於觀察到他是嫡傳人，而問他道：“對此法門有信解嗎？”答：“有信解。”又問：“對此教授是否知道？”答：“不知。”師説：“那麼，我有此教授。”經十八日而盡傳其法。以黃金五錢供師，師説：“我不需此而未接受。”又説：“明年此時，你前來曲窩日吧。”約定時間後也就走了。繼後到約定時間，珠須哇到曲窩日時，喇嘛先到五天。在那裏住了一月。也沒有表示在此或去或來而祇行密行。

於此師（珠須哇）座前，有智者巴布巴•洛卓生格（慧獅子）聽受大手印垛哈法門後作出三種攝義、註疏、連繫進入等八種論著，而這些論著也就遍行於一切方隅。

洛卓生格的弟子有：傑貢欽波、桑傑温波、喇嘛乍普哇、須色日巴、卻傑喇嘛蕩巴、木稚協饒桑波（智賢）、法王彌壩巴・索朗仁清（福寶）等人。由索朗仁清（福寶）傳授我（著者）以巴師傳規的《垛哈》等法。應知此法仍屬於阿蘇的諸法類中普遍傳稱的大手印下宗傳規。

又後傳演變：是在洽納年邁時，有阿里人納波協和納波傑在東印度洽納座前安住而聽受廣略兩種《垛哈》，以及身寶藏永生金剛、語寶藏妙音金剛、意寶藏無生金剛、身語意不作意寶藏、修次第六、臨終教授、無渾濁續、無渾濁續釋等大手印十種法典。此師（納波）係廓譯師的弟子，後來他在匈區珠納的後面建立寺廟後，也就成為湯措的首長，被僧眾下毒而殺害。喇嘛索在此師（納波）和果穹哇二師座前聽受教授，尤其是在納波座前住了六年。喇嘛索年邁時將法傳授給梁敦扎色；梁敦傳授給喇嘛若鄧等人。

至於《成就心要》細分等的諸釋法典，至今（著者當時）已不見有。而經教誦授傳承：歷次有俠哇惹、麥枳哇、嘉嘎洽納、丈底、章・漾達壩、普樹交、章迥色、傑敦垛生、喇嘛敦俠嘎、傑・洛敦生格、袞欽帕峨、布敦仁波伽、譯師仁清朗嘉（寶勝）、直至至尊扎巴絳稱（名稱幢）之間都還存在而未失傳。我（著者）從扎巴絳稱座前僅求得《成就七論》和《真實性第十根本釋》而已。從嘉嘎洽納誕生直至丙申年，計以前已經過四百六十十年了。以上係從勝者麥枳哇所傳出大手印的階段。

**【註释】**

[1] 順世派：古印度外道中一教派名。

[2] 裸形外道：古印度外道之一。此種外道裸形，身塗屍灰，食穢物等。

[3] 彌曼差聲論師：古印度一宗教派系名。

[4] 數論師：古印度一宗教派系名。

[5] 毗婆娑師：古印度小乘佛教一派系名。

[6] 會供輪：藏傳佛教節日備辦各種酒肉食品，齊集男女信徒共同舉行的祀供活動。

[7] 中觀六論：為龍樹所著，中論、破邪論、七十空性論、六十理論、細研磨論和寶鬘論。

[8] 奪捨：古印度密教中一法術，據説使靈確進入別人屍體而復活的一種法術。

[9] 四部教：即長阿含經、中阿含經、增一阿含經、雜阿含經。又即四分律：即分辨教（廣戒經）、事教（十七事）、請問教（請問品）、雜事教（雜事品）。

[10] [11] 金剛座：即菩提道場。釋迦牟尼證覺成道的古印度菩提伽耶城。

[12] 世間八風：亦稱世間八法，即利、衰、譽、毀、稱、譏、苦、樂。

[13] 會供輪：詳 [6]。

[14] 金剛座：詳 [10]。

[15] 骨飾：佛教密宗修行者所配骨質飾品。

[16] 奪捨：詳 [8]。

[17] 五明學處：分大小五明處，大五明處：舊譯工巧明（工藝學）、醫方明（醫學）、聲明（聲律學）、因明（正理學）、內明（佛學）。小五明處：修

詞學,詞藻學、韻律學、戲劇學和星象學。

[18] 會供輪：詳 [6]。

[19] [20] 奪捨：詳 [8]。

[21] 禪帶：參禪打坐時,套在雙膝及頸上的帶子。

[22] 會供輪：詳 [6]。

# 第十二輯　息結派初、中、後三期傳承情況

現在當說杜恩息結[1]派如何傳承的情況：

由何意義而說為能息滅苦？所有傳來西藏的教授和導釋傳規主要都說是：為令弟子遮止不善而能淨治其身心的煩惱。用此法門來很快息滅由往昔生中業力感得此生成為卑賤、有病、貧困和非人（鬼神）殘害所生諸苦已，而有能耐行於瑜伽。因此名能息滅苦（藏語為杜恩息結）。這在佛經中說："最能息滅一切苦之密咒。"許是依止說法而立名。

此一法門的首創法主，為蕩巴桑傑（意為正覺）。此師是一位成就自在大師之故，以此他的功德誠然是難以數計的。但是佛經中說："上師引導弟子時，應以《四攝事》[2]來作引導。"其中"利行"者；是說以何方便使弟子進入於道的方便。"同事"者：是說開示弟子以何種道，上師亦應住於其道中之故。因此蕩巴引導弟子時，也以"身"具足三戒[3]之身；"道"苦行之道："果"利他行等三者來引導弟子之故。以此當說蕩巴本身擁有怎樣的那些功德。

蕩巴桑傑誕生在印度南方白達那所屬的扎惹悉嘎地方中，其地別名衝比嶺，有許多敬信人士居住此地。其父家族係采珠寶者家族，父名准珠果洽（精進鎧）；母親家族為善於供奉三寶配和名香的家族，母名巴惹薩哈。蕩巴剛從母胎生出即已長有滿口牙齒，以此請相師來示說分曉。相師預言說："此子作班抵達和瑜伽士

任何一種都是具足神通等功德者。”由於蕩巴是七世勝生者（七生中都受生人身），以此無惡的習氣而天性喜善。從幼時即熟研聲明（聲律學）等一切明處（即學術）而成為善巧者。這是他具足殊勝種性的功德。繼後他從嘎爾瑪希那寺堪布格尾拉（善天）座前出家後，精通正法《毗奈耶》；而且對別解脱戒最為善巧。又從上師色嶺巴（金洲）受發菩提心戒已，而行於偉大（菩薩）行。又從許多上師於曼荼羅中受灌頂而受得持明（密咒）三昧耶（誓戒）和圓滿諸戒。這即是身具足三戒之功德。繼後他在大成就男女上師五十四人座前獲得一切甚深教授。其中有顯教聲明上師十一人是：龍樹、協饒桑波（智賢）、雲敦峨（功德光）、卻扎（法稱）、阿嘎惹悉地、香嘎惹、耶協領波（智藏）、脱麥（無著）、阿雅得哇（聖天）、細哇拉（寂天）、上師色領巴（金洲）等人。密宗父續傳授流動風息（即氣息）的上師十一人是：安根旺秋（語自在）、布達古巴達、廓達日、嘎爾瑪班遮、乍哇日巴、耶協夏、魯絳、阿爛達、枳喀納巴、壩蘇達日、白瑪班遮（蓮金剛）等人。傳授母續大樂修習的上師十一人是；措傑多傑（蓮金剛）、英扎菩提、仲毗巴、多傑枳布哇、底里巴、納波夏、格巴多傑（嬉金剛）、魯伊巴、毗汝巴、衮嘎領波（慶喜藏）、古古日巴等人。傳授大手印示語義上師十一人是：薩惹哈、扎惹雅巴、古納日、得嘎哲巴、廓喀巴、俠哇惹哇、麥枳巴、薩嘎惹悉地、尼瑪白巴（日隱）、阿嘎惹悉地、惹達納班遮等人。傳授認識明智上師十人是：日措瑪（山林母）、枳麥瑪（無垢母）、白謨夏、姑謨達、鄧尾迥勒（樂生處）、杠嘎讓謨（恒河賢女）、枳多瑪、里崗喀瑪、辛諾瑪、蘇喀悉地等人。從這些上師求得外顯教法，及內父母續一切教授已而勤修。他在生格仲（獅子堡）中依師教閉關念修，以此獲得無邊通達。他住修處所是：在東方生格仲（獅子堡）住修六年，在金剛座[4]十五年；在自然生塔四年；在日古汝古里五年，在恒河之濱五年，在東印度的林中五年；在南印度的屍林中五年；屍林清涼園中七年；再到金剛座[5]住三年；現喜土十年。在以上地方勤修，因此獲得親見的本尊有：妙音（即文殊）、觀世音、金剛持、救度母、喀薩巴里（立像觀音）、閻曼德迦、自生佛母、除障母、光明母、普賢、囉惹哼、不動金剛等十二本尊。此外還親見毗盧遮那、馬頭金剛、勝樂、喜金剛等難以數計的佛尊。此外還親見稀有空行上師三十六位等無量持明諸尊。所得成就（即悉地）有：眼藥（使盲者重見光明）、神足（日行數千里）、丸藥（起死回生）、土行（地下遁行）、藥叉母（役使藥叉母）、劍術（挾劍飛行）、空行（空中飛行）等。所得最勝成就（即悉地）為證得見道位大智慧。

果為利他之義者：蕩巴於二十四域等一切聖地行密行（以利他）；並獲得成就之美名。因此其名稱也有各種普遍傳稱於諸方隅。

關於蕩巴在西藏作出如何的利他事業：總的説來，蕩巴來西藏五次，初次是他從鄭湯勒廓來到咱日[6]在熱瑪底座前求得神足悉地（日行千里）後，轉道公裕和松裕之間，未經步行而到了麥康三區。那時，由於没有他可傳法的合器者（合格人），他授記（預言）説：“以後這些地區佛法將興。”

第二次是從喀什米爾起程來到阿里（後藏一地區），對相熊嶺喀哇和苯波察昌珠喇傳授了一些教授。

第三次是從尼泊爾他同商人結伴而來藏，他與雅隆•芒惹色波相會，遂結伴而去到後藏，對覺•索朗喇嘛（福師）和芒惹色波二人傳授了“决”[7]的許多教授。

第四次是他來到俠峨達閣[8]住在淩區而為明妃淨治業障後，後來去到前藏對瑪、索等作利他事業。

第五次是他去到漢族內地住了十二年，後來又來到定日（後藏一地區）。

總的說來，蕩巴在西藏作成熟各種應化有情事業。由此獲得解脫染污的有情，究竟有多少？袞嘎（慶喜）問於蕩巴說："尊者在西藏傳播教授，究竟有多少弟子？"蕩巴說："這定日天空上面的行星數目你能決定其數麼？"答："定日天空廣大，是難計其星數。"蕩巴說："衹是得解脫染污普遍傳稱傳承諸弟子也未記得，諸人士也是難以知道的。"

如是雖說有無量弟子，以此也有無量教授。然而最著稱者，有先後三期傳承。

其中初期傳承是：由蕩巴傳授喀什米爾的業納古哈雅以息結派救度母三法門，及閻曼德迦等修法。又由蕩巴和業納古哈雅二師講授給温波譯師；由温波講授給諾准穹和喇穹峨熱。諾准穹在印度修行，後來未回藏。由喇穹峨熱傳授曲巴達准，曲巴達准傳曲巴准生，曲巴准生傳若・協饒峨（智光）。

又由喀什米爾的業納古哈雅講授給布桑諾穹；布桑傳瑪敦卻嘉；瑪敦傳格西約彌；格西傳季昌細波；季昌傳若・協饒峨（智光）。而温波譯師派系中没有諸修法。以上係初期傳承。

關於中期傳承：主要是説瑪、索、崗三支系等傳承。此中，蕩巴在淩區朗卓寺為僧眾作僕役三年後，去到曲閣，當他來到雅堆時，與業譯師相會而傳授譯師以勝樂獨勇金剛法。蕩巴說："庫譯師退失三昧耶（誓戒）。"未允其見面。繼後和瑪徒相見。

這位瑪弟子：係乙未年生人，誕生在雅堆區的傑納地方，是瑪・麥朗的兒子。乙未那年是阿底俠逝世的第二年，那年博垛哇年届十三歲。此師係童年出家取名卻季協饒（法智）。他在其父座前聽受《蓮花大灌頂》；繼後又聽受《行法》《中觀》和《垛哈》上宗，及《成就心要》諸法類。年屆十九歲時他和蕩巴相會。當喇嘛瑪身體有病在自家樓房中住時，來了一黑色遊方僧身着單衣披於肩頭，家中兇猛諸犬都不咬他而且搖尾作歡繞。瑪心生驚奇，命僕人去細看，回稟說："有一印度遊方僧。"瑪知為異人，請到內面，不須指示屋門而知所在，即時入內。瑪求加持，僅一作加持而病痊癒。於是請求傳一教授，蕩巴說："你和我有多生業力因緣，以此我當傳汝教授。"又問："你知何法？"答："知父續和大手印。"蕩巴說："你所知是語句的大手印。現在我將開示你意義的大手印。"遂依所謂"不須閉眼遮止心，阻止風息上師悟"等論典而開示認識本來根本，由此瑪生起殊勝證悟。經十八日後，蕩巴說："現在我可以走了。"瑪請留住，未得允許；請隨師作僕役也未得允許。無論如何請師慈悲攝受。蕩巴說："此次我回去，明冬你到澎裕來吧。"繼後瑪進修而獲得定解。待到明冬他領索穹哇作僕而來到澎裕，也就在蕩巴座前請決教授中疑難，因此蕩巴傳授他《建立六十四石子導釋》。他在蕩巴那裏住了三月。那時阿蘇住在隆學和他相見。繼後他回鄉，拋棄眷屬和財物而作修行者在瑪洞中住修一年，之後去到公波三岩中的措仲住修九年，那一地方中發生大戰亂，地方神對他說："你降伏亂事吧！"他說："我降伏不了。"神說："我帮助你作降伏。"他想真實是這樣麼？遂去到戰地在戰爭較量中負傷。中間他對敵方揮動法衣而說："我作有降伏法，誰不聽説將會遭種種凶事。"説後走開，他任到何處其後總有一股大暴風捲起隨之，以此未依託那地方的諸種兵馬而亂事平息。他想這或許會是利益有情事業。繼在達波堡有許多徒眾前來依止。之後他去到雅隆住了三年。繼後他會集許多弟子何處求法也就在那裏住下。

瑪師有五大弟子是：杠哇辛、須普譯師、喇嘛協烏、索波垛德、香嘎敦巴等五人。

茲說其中索波垛德：此師係學扛人氏，有弟兄三人，長兄名拉傑索麥，二哥即此師索波垛德，此師醫學和佛法二者兼通，係瑪師之父的弟子，因送禮物而前往瑪師所住地傑納普和瑪師相會。瑪師對他說："我和一位印度大成就師相會而進入佳境。否則，說法師的榻上，衹不過留下一具凡夫的屍體罷了。"索波因而問得和蕩巴相會的故事，以此生起定解而求傳教授。瑪師說："由於你是舊有弟子，傳給你的影響特大。"說後令他入導釋中而將全部教授傳授給他。索波也生起定解而放下世務作了修士。後來瑪師從達波來到時，索波送禮物去到雅達，他問瑪師道："上師說的是什麼法？"師說："我有發菩提為修道之用名為大綱散失而後補的法。"他想這暗示還有未傳授給我之法，遂啟請傳授。瑪師說："你已有一句也没有增減的原來蕩巴聽傳印度之法。我現所說法，是按照以聽法人為對象而提要開示大綱，還停滯在名稱各異中。"

索波垛德住在真塘地區時，有一十九歲的人前來求見而聽受全部教法；又由此人傳授給索•協饒峨（智光）。

次說瑪師的弟子香嘎敦巴：係誕生在雅堆章謝地方的青香家族。他在尼汝巴座前求得蕩巴法門大手印，及圓滿四灌頂後，為瑪師服務而去到傑麥達哲，得師領他到甲區的烘穹聖地的柏林深處，他在那裏心中獲得斷證。

香嘎敦巴的弟子是：梁敦•嘎穹壩、覺貢桑敦、庫貢覺嘎、甲達生、曲巴達准等人。

其中甲達生：係扎奇普地方甲隆卻壩（法焰）之子，年屆三十歲時，因遷移所屬人等而來到曲村喀和熱巴喀覺•多傑生格（金剛獅子）相見而求得大手印教授，又在香麥捫住處求得教授。因此他成為具足量等虛空的通達瑜伽士。此師的大弟子在上區有覺色兩昆仲名垛巴旺嘉，及協饒麥穹哇。在下區有梁察兩弟兄即香敦覺布和喇嘛討穹哇二人。中區有甲略穹（小癲）住持其傳承。甲略誕生在曲窩山的察納甲下區中，名甲洽壩。他年屆二十四歲時，有枳庫涑巴來曲窩山修行，以此和他見面，枳庫依止座前，甲略為他開示法傳；令他和三尊部多空行相識。因此他心中生起了無分別的證悟，得名略巴鄧敦（具義癲者）。遂由鄧敦向日措巴傳授。

次說庫貢覺嘎：此師在魯達伽隆住時，教化許多有情。由此師將法門講授給堆隆學巴上方的嘉哇袞卻交（寶護），又由嘉哇講授給若・協饒峨（智光）。協饒峨也就在那裏生起了大手印的證悟。

又一支系是由香准嘉哇扎喜（勝吉祥）傳授給曲巴達准：達准傳授與曲巴准生；准生傳授於若・協饒峨（智光）。

瑪師法類有語傳和義傳（語句和真義）二種。義傳教導中有手導十六種；語傳中則有發心、大綱、散集、傷人之語、後加等法類。以上係瑪宗的階段。

次說索宗：索師係惹謨地方人氏。家鄉發生年荒，家人等都出門行乞。他有弟兄二人，其長兄由於身體矮小，以此名索穹哇（索矮小）；兄弟因身軀高長，以此名索仁哇（索高個）。索穹哇係壬寅年生人，年屆十歲時，在雅堆傑納作乞丐，瑪貢對他家人說："這兒童能放在我這裏跟隨我的話，我供給他衣食。"因此將他擱下後，家人等也就到雅隆去了。在那裏瑪貢令索穹哇出家為僧，命名格鄧壩（僧熾）。年屆十二歲時，蕩巴來到瑪貢面前，以此他和蕩巴見過一面。蕩巴走後，過了幾年瑪貢身體略有不適，因此發生追隨蕩巴的意樂，而領着索穹哇前往師處，他二人在惹瑪達的時候，蕩巴住在澎裕傑庫，索穹哇浪遊前往，蕩巴也前來那裏，相距約三段地見着索穹哇，蕩巴叫道："阿咧！我可愛的孩子。"説着快步跑過去握着索穹哇的手説道："你三生中都是我的弟子，現在跟隨着我吧。"在那裏蕩巴略傳授他一點認識本來教授，索穹哇猶如得見曙光心中生起無垢大智力。繼後回來他和瑪師二人炒熟一些青稞時，索穹哇放下握着的炒鏟把，突然呆木站立了很長時間。瑪師説："你一下見得本元，想是蕩巴傳授教授給你麼？"瑪師想絶對是這樣。師徒二人來到蕩巴座前，蕩巴也傳授了一些教授給瑪師。瑪説："現在我們師徒回鄉去吧。"索穹哇説："我在蕩巴師座前請求一種教授，師允傳教授給我，瑪師請先回去，我大約一月後打算回鄉。"在那裏蕩巴將義傳教授全部傳授給他。他作了蕩巴不論到何處去的隨從僕人。因此蕩巴將五十四位男女成就師的教授也傳授與他。索穹哇請求筆録下來，也獲得允許。遂用達喀多傑扎塔造紙框底布將諸教授記録下來。繼後蕩巴不論到何處，他都是僕役當中的一個，有一次大概將走到座前，蕩巴也就對他説："你回去吧。"他説："師不論到何處我都作僕從。"蕩巴説："從此以後不需你追隨我。"説後頃刻就走了。這是前往漢族地方去的一次。索穹哇回去後，在拉薩為觀察智量之故，以鈴音為所緣，也發現鈴音自奏之事。他作了如是等多次觀察智量。繼後他去到雅隆，心想可否將諸教授貢獻於瑪師，遂前往瑪師所住的鄔汝地方。瑪師説："現在的通達任何也不能遮阻，因此知道你的父母在作乞丐，你可以去養活他們吧。"而索穹哇已獲得通達病者是何鬼魔在作損害；以及是何病症；如此一切他都能解除，而作了許多降伏鬼魔的事。也獲得大批報酬供物，由於得到很多資具，他也就用這些物質在雅達購買了一所莊園，拿來安置父母和弟兄；後來又安置甲區幼時的同胞索仁的家人。其餘諸人都安置在雅達後，他將五十四位男女成就師的書冊寄託給母親雪謨釋迦准。書冊是匾額紙作的，又因不足一百位傳承，其他諸人是否為索穹哇自己增撰的？而且有一篇詳廣的散文。後來又由曲巴達准編撰出立名大中小三種蕩巴勝士頌文。索穹哇聽得蕩巴住在定日的消息後，他將治病所得報酬黃金三兩和良馬一匹攜着而去到定日時，蕩巴坐在街市的中心，他將三兩黃金拋向蕩巴懷中，由於歡喜過分黃金未投入懷中而從頭上拋下擦掉一股長髮。那裏喊起了打打的聲音，蕩巴說："不要打他，他是有主人的好奴僕。"那黃金由一婦人奪走了，據說是蘇喀悉地拿去作辦空行母會供輪[9]的物質。蕩巴在那裏立起來唱了一首道情歌。以此都知道他是大成就者。在那次蕩巴傳授索穹哇以除邊五十一種教授。此後他復回到前藏。有一時間有人問定日蕩巴的寺址誰來住持？蕩巴說："定日如由索穹哇來住持，嘎貢下去，覺謨直往前走，所有那一帶的青蒿都將會成熟為青稞（言凡庸人都可成為上品）。但他猶如狗貪戀其食瓢，而不在此住下。"

次說貢欽•麥朗壩（願熾）和索穹哇相遇的情況：俠彌是他（麥朗壩）的族姓，此師於乙丑年誕生在普塘貢波的山溝頭。他遊方而來到汝巴甲麥座前求得教授，生起了少許住心（定）。在那裏索穹哇也來到和他相見，索穹哇對他說："你的所修猶知雪下面的燃火；而且不知什麼是土塊和石頭。我有一決定是蕩哇桑傑的教授，你能跟隨我麼？"他答應可以跟隨。於是作了索穹哇浪遊梁區等各地的僕從，他所得財物自己攜帶着，就這樣作了很久的僕役也沒有得到傳授教授。有一次師徒二人在澎裕的時候，索穹哇用石塊裝滿了擱糖的革袋，交給俠彌說："這些糖是到堆隆時，我們師徒倆吃的。"攜着袋而前往，因此有些疲乏。索穹哇問道："你疲倦麼？"答：

“疲倦。”師說:“那麼,休息吧!”索穹哇作出跏趺坐的姿式,然後說:“這樣作也得解除一些疲勞。”到了山口時,索穹哇說:“此中沒有什麼適合的東西。”說後將石塊倒出都滾到山坡下去了。師徒二人來到堆隆在一人家裏住下,到黃昏時俠彌心想此師絕對是沒有什麼教授的,我還是去另一上師處吧。到半夜時,他又想此師有時也出現一些心智,以此或許有教授。到了黎明時,他又想我還須在此吃喝,看他是否給我教授。到了第二天索穹哇說道:“麥朗壩!你黃昏時的想法,那是任何也沒有的;半夜時的想法,還算是可喜的;黎明時的那一想法是適合的。”這樣說後他也就仍舊住下了。有一天索穹哇私自暗地裏吃了飲食,而對俠彌說:“今天早上有一人要給我們飲食,因此到他那裏去吧。”去後回到門前,索師說:“這也不是……這也不是。”整天什麼也沒有嘗到而發生飢餓。因此俠彌也就夠氣了。繼後又有一天索穹哇有一服役事,命俠彌到他處去了而回來時,見着索穹哇面前有一外人在,兩人壓低聲音說:“麥朗壩來了,既是他來了把物品些搬開吧。”因此俠彌心中暗想,我忠心耿耿地給他作了很久的僕人,他對我說這樣的話,心中生起無比的忿恨,拔出刀來跳到索穹哇面前,索穹哇逃進一庫房中將門緊閉,他跑到門前時,索穹哇在門內說:“麥朗壩!你的忿恨心達到頂點了,你看這時的心吧。”他觀心之下,赤裸裸地見着本願心性,獲得清淨證悟。在那裏他狂喜起來用手拍着胸前的兩片衣襟而跳起舞來唱道:“您是大悲師呀噫[10]!您是善巧師呀噫!您是通達師呀噫!”索穹哇開門出來說道:“我對你作出生起忿恨的方便(即方法、權變),過去多少時候,也沒有生過這般大的忿恨啊!遂將一切教授完全傳授給他。說是他一直追隨索穹哇到戊申年逝世,年届六十七歲之間,但根本沒有作僕役的過程有三十四年。後來在讓仲粗喀建築了一所小樓房，上面作臥室，樓下安置乳牛。每日拾牛糞；而且和孩童們擲石作戰遊戲中，內具廣大功德。因此他的美譽名聲，盛傳各方。享壽八十七歲於辛卯年逝世。

俠彌有弟子三人是：曲巴達准、麥嘎哇金巴、所·杠巴協楚。曾見此三師的傳記。此外魯若細波等的傳記則未曾見得。

當俠彌住堆隆溝尾時，曲巴達准去求教授，寄來書信是請傳教授而求見面。但未得允見。曲巴來到那裏在他（俠彌）房前培養豆子而住了幾天。那裏有一施主來迎請俠彌到一些格西上來說法之處，俠彌說："我不去那裏，阿闍黎頂真（定）來時要生氣的。"主婦（想是俠彌的明妃）說："迎請到何處，無論如何是應當去的。我們房子外面有一僧人，領他來這裏作僕，想此人是可以交談的。"俠彌說："那麼，去問一下吧。"也就對曲巴說："今天你作為上師（俠彌）的僕人而去到那邊，有一名叫阿闍黎頂真的，他或許有話要談論。"作為將有一場談論後，師（俠彌）徒（曲巴）二人去到那裏，來到施主的房裏，一會兒阿闍黎頂真共邀五位阿闍黎來到。頂真說："麥朗壩也來到了，你就作班首先開口談吧。"曲巴說："上師的思慮已被切成片段零雜，以此不作教法方面的談論。可是我喜談教法方面的話，可以談麼？"答："可以談。"頂真說："我是對誰也不問的，你們問我吧。"由於曲巴最初就是一位對《中觀六論》善巧研習的人，因此曲巴說："那麼，我請問《中觀》所說，'順有法（一切事物）則無所見'之義，應如何解釋？"頂真智穹什麼話也說不出來。麥朗壩突然站起來抓着那人（頂真）跨越過去（對辯論失敗者的動作）而跳舞起來。因此施主也來到樓上抓着曲巴的衣領而說道："你這穹僧使我兩位上師鬧起亂子來，你滾出去吧！"麥朗壩說："他安置五個徒弟來這裏，我衹這一徒弟也不容安置我也當走開。"施主說：

“那麼,請住下吧。”祇好准如所請安坐下來。開法宴後師徒回來時,麥朗壩說:“曲巴這下比你以滿升金沙供我,我還更歡喜啊!是當傳你教授。”說後將曲巴領到裏面,經過多次聯枕歡談許多教法;並將教授完全傳授給他。

繼由曲巴傳授給他的兒子曲巴准珠生格(精進獅子);又由准珠生格傳給大智者協饒峨(智光)。

又一支系是由索穹哇傳其弟索仁哇;索仁哇傳給甲區的喇嘛邦;喇嘛邦傳曲巴父子。

又一支是由索穹哇傳俠彌;俠彌傳格西得烏;格西傳嘉哇袞交;爾哇傳若·協饒峨(智光)。

又一支是由俠彌傳所杠巴;所杠巴傳邦桑巴·壩日貢欽;壩日貢欽傳昌喀覺准。所傳三師的決定年歲還未查得,可是俠彌享壽八十七歲於辛卯逝世。此後從壬辰年起至壬午年之間計約有五十三年,三師似乎是在這一長段時間中而逝去的。

此中領波法王迴勒耶協(生智):係戊午年誕生,住世到甲子年享壽六十七歲。又桑傑貢巴·絳秋多傑:(菩提金剛)係丙子年誕生,住世到辛巳年享壽六十六歲。又甲扎法王耶協迅魯(智童):係丁巳年誕生,於丁卯年逝世,享壽七十一歲。

又有勝士桑敦伯哇(定吉祥):係辛卯年誕生在雅卓丈達地方,住世到丙午年享壽七十六歲。最初他出家後在覺敦大僧伽會眾之中,有一次他前去為大堪布卻季絳稱(法幢)服務時,大堪布因馬驚墜地而死。因此他在那裏生起了極大的悲傷和厭離心,也就和哲信堪布迅仁結伴而前往住在澎裕溝頭的甲扎法王耶協迅魯(智童)的座前,剛行到那地方的溪口就嗅到一種美妙的戒香[11]氣味。他問友伴迅仁是否嗅到?答:“没有嗅到,大概是刺縻樹的氣味吧。”

到了法王座前他僅一見面即生起很大的敬信。繼獲得法王傳授“義傳導釋”，桑敦伯哇不久也就生起圓滿的證悟，對上師也能視師如佛。繼後不需磨練很多苦行，而成為瑜伽自在大師。他任到何處一切應化有情都是蜂湧而來集，飲食財物自然堆積。他去到咱日[12]也親見無量無邊的淨見（定中之一）；他任住何處寺中對一切寺眾都以甚深導釋來作教化。後來他同一日中興建堯卻頂寺和廓讓卻頂兩寺，難以數計的得證男女都如雲來集。他所說出每一道情歌句都是充滿驚奇的悟道情趣；他所住在一切山腳下都建滿了能容自身的茅蓬；他雖是未阻止財物受用來到手中，然而決不取一針一線作為自有；大而成千的乳酪供物，小而針線供獻，除以一些茶葉等和好麥給一切大眾外，不作特殊分配，一切師徒除以行乞為生外，對於寺廟的基本頤緣，雖一農具晒墊也不能取；最初他雖是來以聞思為重，但由於內慧透達也取重聞思為許多智者學法的命脈；由於他的美譽名聲遍於一切方隅，以此崇高者有時來迎請，但他不顧一切仍住本地。當法王袞欽覺朗巴來到拉薩時，請他到此（拉薩）來，並且說是我們大家作教法的談論的。他說：“關於成佛的因、道、果這一切都已在喇嘛桑傑的座前斷決增損，以此誰也不須問。”說後而未去。此後古汝袞卻等寺一切住持者也都守持上師（桑敦伯哇）的史事作風——完全不掌握和取用兩寺基本順緣（如基金利莊園等），而依行乞以為生活，到年間（新舊年之間）以不少於一百頭乳牛作分發口糧之用，捨此世心而進入修行；對任何教派也不說一句譏毀的話；值遇人士中出家人不必說，那怕在家人也應作清淨觀（是菩薩等眾），這是他們的宗風。

次說勝士桑敦伯哇的弟子法王泊雅巴•桑敦倫珠（禪定運成）：係乙亥年生人，住世到乙酉年享壽七十一歲。

索宗的法派：分語傳和義傳二者中，語傳法派又分廣大傳派和小支傳派二者。

廣大傳派中有四大勝士（即聖賢），中士有三十二人，下士有十七人。此中每一成就者，都有其每一全部的史事，教授體性和引導弟之規。因此有五十四種傳承，或作一百零三種傳承。以此名為廣大傳派。

小支傳派中有：五支義門，四次第支，大小禪定座，名稱八支，父子三支，有過無過等三十二寺。

義傳派中分有偏私和無偏私二者：

有偏私者：是指（自宗）有五十四位男女瑜伽者即有五十四種義傳派，有三十二位上師即有三十二種義傳，有十七位正士即有十七種義傳。

無偏私者：是指開眼法類和空行母法類二者：

開眼法類中有四子一母共為五，而其中又有"隱秘典籍開眼"；此之支分為時分和微少時分教授，一百零六種認識（本來心體），清淨無遮，金剛薩埵之密道等。

空行母法類中是指索宗四大首要法類：即殊勝成就示語法類；共通成就四字法類；勝共兩者成就乍達法類；座修法類。示語法類中有嘿汝嘎示語法類；善逝示語法類；多傑枳布巴示語法類；蕩巴示語零散法類。共通成就中有紅色母語成就法；黑色母意成就法。此中又有亥母法身成就法；報身成就法；化身成就法等。

乍達法類：衹是臍輪火一種。座修法類：是指舉止行動修養之規。此諸法類的根本心要：則是順應續部和法語的言說獅子義傳；不順應法語的第四傳承未普遍傳稱的義傳；略攝過失；直入索宗明智等四種耳傳法。

大德麥朗壩所加持的弟子麥•嘎哇金巴的史事：

嘎哇金巴生於約區的傑金地方，麥得烏惹城人。父名麥達瑪貢（盛怙主），母名浩達薩垛哇。父母有子三人中，嘎哇金居次，係丙午年生人，是一個很兇惡願終生為丐的人。後和一極富有的寡婦同居，寡婦對他說：“你如果學佛法的話，我給你口糧，如不願作你就離開我吧。”因此他進入法門，在峨喀阿闍黎達瑪扎（盛種）的座前求瑪宗教法；又在麥波•嘎哇麥朗真座前求得那若巴的法門和烏鴉母的修法後，作化緣者。在扯惹杠他去到盛行大德索師逝世祭供齋僧茶飲的那裏，看見班首有一戴熊皮額罩的瑜伽者，那人注視他而說道：“喝茶麼?”給了他一碗剩餘的茶。又問：“意樂糌粑麼?”從腳下提出一小袋糌粑給他後，也就走了。由於大德麥朗壩的名聲很大，他想看一下師容是怎樣的。問於他人時，有一人說：“你才是一廢物，剛才給你茶和糌粑的那人就是麥朗壩。”他立即尋找去，在盡頭的田邊有一瑜伽者和一比丘正說法，以此他頂禮而生起敬信，眼淚盈眶，眼睛也迷糊不清，心入於無分別中。麥朗壩說道：“不取執時財物來了，心有所取反而財物不來。怎樣作得到呢？”他在那裏生起證悟。當天晚上他也就在那裏住下，第二天再尋訪時，聽說往那哇昌去了，他也前往那裏，而且麥朗壩正對一僧人說法而得見面。他也就請求傳“中陰教授”[13]，得師傳授。他請求跟隨作僕，師說：“我有如魔女的妻子。”說後未允如所請。繼後他去到約波以化緣來的青稞買了油，拿着油來到師處。師責罵說：“所謂瑜伽者不能像賣了狗那樣而回來。”諾若細波對他說：“師有名叫言說獅子義傳教授，你去求吧。”他去求時，師說：“是誰說的？我没有這樣的教授。”答：“諾若細波說的。”師責罵道：“他是退失三昧耶（誓戒）者，凡是遇着他的都墮地獄。”他再三請求，以此師將全部義傳教授都傳授給他。而且說:“以後你也如諾若細波那樣作吧。應保密修行十二年,之後才是解除保密的時間。過去給你的茶和糌粑就作為灌頂的替代品。”總的說來,嘎哇金巴年屆三十五歲時,和俠彌(即麥朗壩)相見,一直依止俠彌十二年,精修四十年之久。除到施主格闍那裏住了兩月外,完全在進習修行,就連鄉村也没有去漫遊過。於羊年逝世享壽八十六歲。茶毗時(焚遺體)發現不可思議的舍利。此師是在卓尾貢波•帕謨住巴十七歲時和俠彌四十二歲時誕生的。(此師誕生之年為丙午)丙午第二年為丁未年敦勒師誕生。在嘎哇金巴六十一歲時歲次丙午,業垛哇•瑪尾生格(説獅子)誕生。據説阿闍黎袞桑曾經親近依止過嘎哇金巴,並求得義傳教授。而且在嘎哇金巴的明妃(稱瑜伽師之妻)和其子的座前也求傳過義傳教授。關於阿闍黎袞桑的史事,當在多傑桑巴(金剛橋)的史事中詳説。

次説嘎哇金巴所加持的弟子傑貢欽波(傑大修師)的史事:

此師係雅隆區傑白古巴和勒古哇兩村中的傑白古人。而是廓康色哇•察楚巴的後裔。父為武官袞卻交(寶護),母名嘉察瑪•垛德金(經部莊嚴),父母二人於甲子年生此師,命名卻季生格(法獅子)。其弟為武官卻垛。長兄卻季生格(法獅子)年届十一歲時出家為僧,命名楚稱生格(戒獅子)。他曾作過察珠長官的管家,並在格西霍爾座前求得《密集》灌頂,取密號叫多傑嘉補(金剛王)。又在師座前聽受《密集本續釋》等。那時帕謨住巴的聲譽極大,因此他(卻生)年届十九歲時去到塔扎,剛一見寺廟(帕住寺)即生起不共信心。當帕謨住巴前往僧會中時,有些用大氅鋪地,有些以法衣墊道,由於他是傑區新來的僧人,祇好在一路邊上以大氅鋪路。卓貢轉身而向其大氅上走來,足踏其大氅注視他而説道:“比丘金剛持[14]，稀有啊！”他稟道：“我還是沙彌[15]。”師說：“雖是沙彌，然而為比丘金剛持，大為稀有啊！”他聽受說法，能視師如佛。他不用功力而生起了樂明無別的殊勝證悟。他求得方便道六法等奇異的教授，此後他回鄉去拿口糧時，其父被仇家抓走正在鬧糾紛，就在那段時間中，帕謨住巴逝世，他生起極大悲傷！但想到需得到一位賢良的上師座前去。有一法師說：“達波的弟子倫覺卻雍是一最勝上師。”他一聞名也就生起敬信，遂前往拜謁，他走到閣達時，聽說那裏的溝頭住有一名叫麥•嘎哇金巴的大成就者，他也前去拜謁。和明妃相見請求謁師，服侍僧說：“没有必要不須讓他進裏面去。”他借一餵狗的食器（想是舊鍋）不經洗刷而熬茶，上師聽得此事而說道：“適合一位瑜伽者（的作風）。”大喜，允相見。師說：“你來了可喜啊！你是一位能有饒益的。”遂和師聯枕相談住約一月，麥師對他講授了“義傳心要教授”等許多教法。師說：“所說法語太多，對他人必須重複講說，但是在你祇需一遍也就夠了。顯現出你是一上根者。”此後他在嘎哇金的一洞窟中安住而修，有一晚上來一染障空行母說：為大寶師除識得本性之障。說後以注滿顱器甘露供師進飲，由此無漏樂大為增長。繼後首要僧伽約十五人以《二萬五千般若》一部和良馬三匹為首的財物約一百零三件供獻於嘎哇金巴雙尊（師和明妃）座前而請求保密期解除後在僧會中講授義傳教授。師說：“五月間說吧。”並對傑卻生說：“你是法之主宰，因此有誰責怪也能寬容！由傑徒你十五以後說吧。”此後傑卻生在峨喀和倫覺卻雍相見，他述說在麥嘎哇金那裏現證無生的情況。倫覺說：“我也有一少而能成的教授。”說後也就將大手印傳授給他。並傳授以至尊二面母加持法，以及六法等導釋。他自己也擺脱了世間八法[16]，在上師前請求前往各處遊方後，也就去到無定的一切地方。降服了麥卓思金和業伊喀納等兇惡鬼神，又去到巴爾普求得入《垛哈》三法類釋的所有教導講解，那時他年届三十歲。此後在堆隆區的澤喀乍地方由施主業綳為他作施主，他在那裏住了一年中撰着了《緣起廣海》等許多緣起教授法類。繼由空行迎請，他示現各種幻身而去到鄔仗那，在英扎菩提等五位大成就者座前求得教授：並親見勝樂等許多本尊而獲得灌頂。此後他年届三十八歲時於辛丑年建業普須色寺，住寺二十四年中廣作利他事業，由此發展出上千的徒眾，並對瑪卓瑪哇、仲松和麥勒垛敦三人等無量應化有情作了成熟解脱事業。享壽六十一歲於甲子年九月十日太陽出現時，發現許多稀有瑞相中而逝世。甲子這一年中喀欽班欽來到西藏。此後師寺則由伯嘉喀哇住持寺主。

傑•卻生（法獅子）所加持之弟子桑傑温的史事：其父係傑細的熊波武官名卻垛，母名倫穹瑪。父母有子五人，長子名仁清領波（寶藏）童年時其母將他寄託給伯嘉喀哇派遣到須色寺中學法。此事為傑（卻生）大師知道而説道："今天仁清領波要來，你們僧眾去迎接吧。他將來會成為比我賢良的一位大德。"僧眾去到達隆山口迎接，對於他的行功一切僧人皆大歡喜！他住在寺中和傑（卻生）師相見，也就從師出家，命名仁清旺秋（寶自在），並在傑師座前求得緣起等業普哇的三法，以及《垛哈》三種導釋。傑（卻生）師逝世後，他説我願為瑪布乍巴•温波作服侍，説後迎請温波到仲瑪，作了現需服侍和整理了業普哇的諸法門；並傳授（温波）以勝樂耳傳法和無身空行法類等。嘉喀哇逝世後他住持業普寺，對諸僧眾弟子以教授作培育，最後在須色寺寢室中發現稀有瑞相而逝世。

次説桑傑温的弟子乍布哇的史事：

武官卻垛有五子中，次子達熱有子三人為桑傑多傑（法金剛），季日卻季喇嘛（法上師）和乍布哇。乍布哇從童年時即在桑傑温座前親近依止，從師出家後，命名仁清綳（寶塔）。他在垛温等寂靜處猛利勤修方便道教授，獲得生起暖樂修悟。繼即主持須色寺。當卓貢帕巴（即帕思巴）去到上方時，前藏諸法師都前來謁見。因此他對仁波伽（指仁清綳）暖樂徵象生喜而聽受其教授秘訣；並在仁波伽哲嘎哇座前求得《垛哈三法註疏》等。扶持廣大利他事業的弟子出有武官卻垛的第四子貢波生有兩子中的長子傑温日巴；及桑傑多傑的長子瑪雪仁波伽，喇嘛香敦•袞嘎嘉波（普慶王）；喇嘛日巴等許多善巧持戒，饒益教法的弟子。

次說乍布哇的弟子須色日巴的史事：

此師誕生在瑪雪喀曲的下部，族姓魯。父名吉巴伯（樂吉祥），母名扎喜敦（具吉祥）。給他命名迅魯多傑（童金剛）。在須色寺中乍布哇座前親近依止，出家後取名迅魯仁清（童寶）。土普哇為作親教師，烏康巴為作羯摩師，壩嘎哇普為作屏教師而受比丘戒[17]。他在乍布哇座前求得《言說獅子義傳教授》《甚深根本》等息結[18]法類、《緣起如意珠寶》等緣起法類、《勝樂耳傳》《垛哈三法》巴宗註疏等、《上師關連》《智慧輪根本釋攝義》等教法。此外在卓貢帕巴（即帕思巴）、嘎穹哇•迅魯絳秋（童菩提）、曲桑哇、阿闐黎朗嘎里巴等許多上師座前聽受了許多灌頂、顯密教授、修法等類。他又在咱日[19]和朗惹等寂靜處勤修心要。此後他任須色寺的寺主，對僧會中塔嘉的許多弟子等隨其各自根器說法使其飽餐法味。喇嘛日巴的弟子壩惹哇•絳稱伯（幢吉祥），他從拉薩前往業普，路遇大雪，以此受極大辛苦，而和喇嘛日巴相見。因此在僧會一起的行列中有對他細說章巴阿闍黎（指喇嘛日巴）班首，此師是一殊勝人物。開講法門時，果然舉出（章巴）為一切僧眾的班首而傳授了《息結義傳教授》《垛哈三法》《緣起》等所有須色法類。此師到法會時，特設最高座位，作極大承事恭敬。此師（章巴）說：“阿闍黎絳稱伯你是獲得我們須色的一切法類者，因此你應對求導釋者傳導釋；對求講釋者說講釋。”極為鄭重地說了三次。此外喇嘛日巴座前還有法王上師勝士索朗絳稱（福幢）也曾前來聽受《垛哈》巴宗傳規諸法。壩惹哇座前由章巴洛桑巴前來聽受麥•嘎哇金巴的義傳諸教授後，又由洛桑巴傳授給堪欽•釋邂扎巴（釋迦稱）。統計從丙午年麥•嘎哇金巴誕生起直到而今（著者當時）丙申年，當知已經是三百五十一年了。以上係索宗的階段。

次說崗宗：崗師係格西扎巴的弟子，身為比丘，有一知曉《波羅蜜多》的友人係扎巴的弟子名叫康貢•楚稱敬（戒嚴）和他結伴作格西扎巴的唸誦僕從而起程上道，那邊扎巴正為一被魔祟的施主作金剛手壩哇瑪的灌頂法，此後則由兩弟子燒護摩百遍。但是魔留戀不走，而崗師被痞症纏繞，康貢也患內臟水腫，後來得了麻風。那時蕩巴在嘉寺中為僧眾作了很久的僕役，他在竈中示現不點火而自燃的奇跡。有一次他背來很大一捆禾稈放在門欄口，誰也搬之不動。以此傳來很長閒話說他將嘉寺僧伽求法信門阻塞了，他遂去到中土漢地。當蕩巴住在嘉寺的期間中，有一天蕩巴去到嘉區草坪消遣時，康貢也在那裏正發作病痛。因此蕩巴問道：“修士你有病麼”？答：“不是我病，你有病麼？”第二天相遇蕩巴仍如前問話。答道：“甲是病者，你有治方麼？”蕩巴說：“你是一個隱而不露才德的人，治方你自已有吧？”以此康貢生起了定解而說道：“無論如何求你傳教授秘訣。”蕩巴傳授他以《波羅蜜多教授》後，病頓時全愈。他生起驚奇而寄信給師兄喇嘛崗說，這裏有一印度的稀有成就上師，我的病已得他治癒。你也請求他吧。”因此喇嘛崗派遣哥哥來上書請求，蕩巴在為施主枳垛敦的佛塔作開光法事，雖得見面，經請求而未允。復再三請求後，蕩巴才問："是叫何名？"答："是叫崗·耶協絳稱（智幢）。"蕩巴說："那麼，有效益。因此我後天去到他那裏。"哥哥回到崗的那裏說："是一位奇異稀有的上師，後天要來，預備一下吧。"那晚上下雪，天剛亮屋內來了一印度遊方僧。問："是上師麼？"答："是。"又說："你們想請我到內面，又顧慮生災障，所以自動來到內面。天降雪上師辛苦麼？"答："無妨！我足未觸雪。由於門還未開，好在牆壁對我無阻。"說後也就住下。那裏有關的親近人等都對他頂禮和承事恭敬。在僧會的空隙中，蕩巴對他作了一次認識本性的暗示，以此喇嘛崗生起了定解。他想這是在人叢隙中拋出的一次暗樂時，蕩巴說道：暗示是具慧眼人才能得見，無慧眼者是不能見的。而且没有他人能知。蕩巴在那裏共住了十四天。在第五天安排講說：在第九天令入聽法座中而說為之說法。初段中圍繞其病症和修行方面，各兩次講說認識本性；中段講說四諦[20]和皈依及零散諸法。到第十四天蕩巴說："現在我當走了。"請求他繼續住下，未得允許。衹好請求以後能見面。蕩巴說："在漢土五台山我同智慧空行母住在一起，向那裏祈禱可得加持。"又問："以後發生不安時，向誰請問？"蕩巴說："極明智者是善知識，以此有一能解決增損的上師將從香區而來。著作是聖者的善知識（聖者也依經論為師之意），以此應閱般若廣、中、略三種經教。凡庸的有情也是善知識，如果和我不能相遇，可以和有修悟的師兄相談論。八年勤修，此後顯現神通。繼後寫作廣、中般若經的講釋。崗徒你不可能如我這樣長久的修習，而且你房中有許多痞魔，神通僧對你預言三月後將死。因此你修《般若波羅蜜多》後，不消說是死就是頭痛也不可能發生。"說後蕩巴也就走了。繼後喇嘛崗運用修力諸痞魔立即消散；果然修了八年而神通顯現；並能解説八種現觀；他在略本般若的基礎上引據廣中兩種《般若經》來作講解。

此師傳出弟子復分上傳和下傳兩支系。

上傳支系：是由弟子昆、枳漾温巴•旺秋多傑（自在金剛）和江•協饒喇嘛（智慧師）二人傳承。由於他兩人都是病者，以此緣於病苦而使見本願心性。初期所説經論，係講授四諦[21]教授；實踐零散集等。由昆、江二師傳授温波覺袞，温波傳廓師，廓傳其于廓達瑪，達瑪傳若敦真波，若敦傳若•協饒峨（智光）。

又一支系是由喇嘛崗傳授拉傑哲，拉傑傳廓達瑪，廓傳章巴垛，章巴傳嘉哇袞交，嘉哇傳若•協饒峨（智光）。

又一支系是由喇嘛崗傳授喇嘛洽乍瑪哇，洽乍傳喇嘛略，喇嘛略傳嘛嘛廓隆巴，廓隆巴傳喇嘛香敦協饒，香敦傳喇嘛辛。由喇嘛香敦著作出耳傳四種九系的教授。

又一支系是由喇嘛崗傳授格西昆，格西昆傳洽乍瑪哇；洽乍傳那堆章索的活佛湯穹巴，湯穹巴傳甲敦•迅魯生格（童獅子），甲敦傳薩敦。

又一支系是由喇嘛崗傳授江師，江傳格格霍爾扎，格格傳喇嘛略，喇嘛略傳甲敦•迅魯生格（童獅子），而甲敦見得遊方僧得哇的四諦[22]心生信解後，依止三位上師意未滿足，遂去到那堆章索那裏在活佛湯穹哇座前依止而求得教授，以此解決增損而生起證悟。在湯穹哇和略師以前是没有論著的，後由甲敦•迅魯生格（童獅子）著作出崗宗教授廣集，命名為《般若波羅蜜多心法實踐耳傳寶鬘理據幻化鑰》。

又一支系是由喇嘛崗傳授甲嘎覺色，甲嘎覺色傳熱巴拉日巴，熱巴傳松貢兩弟兄。

又由香巴·格格霍爾扎從崗譯師古敦那裏求得諸教授，後來他又在昆漾温巴座前依止過三月，後來格格霍爾扎又傳授給仁波伽嘉察。

次說下傳支系：是由卓師傳承而出，但不緣於病者，而是分別漸、頓二根有情，以心要和現觀兩種教授令其認識本原心性，講説一切經教是以緣起四輪而説。下傳是圍繞修行方面而開示教訓的。

説到下傳的上師則是澎裕上區人氏，父名卓敦澎嘉，母名傑姆扎喜（吉祥母）。父母生兄妹三人，哥哥卓·卻准（法精進）：係童年出家，當他在格西傑更綳巴座前聽受《般若波羅蜜多》住下時，傑更患病，任用何方也不見效。侍徒們説："迎請喇嘛崗前來吧。"傑更説："我們兩人都是講説《波羅蜜多》的堪布（親教師），以此有損福德。不令人察覺而請來，也才可以。那麼，就這樣辦吧！"於是迎請崗師到另外的一所房屋中而求傳教授。崗師説："不喚我到你自己的房屋中，而喚我到此處來，是何緣故？"傑更説："我顧慮對我的福氣有損，所以為使人不察覺而這樣作。"以此崗師大為不悦！在未傳教授時，崗師去到傑更所設房中，見得以其他佛像來陳設和用其他供物來列供，因此崗師以灰撒在佛像畫軸上，將諸供推倒而安置。之後傑更來到問是誰這樣作的而發怒。崗師説道："你對佛也作了親愛疏憎之別，此後延誤了。"於是使傑更粗略瞭解之下最初傳了教授。傑更獲得病癒而生起定解。那時，崗師講説教授中，卓·卻准在一旁偷聽心生驚奇！後來他在傑更座前請許他去到崗師那裏。傑更説："是當需要這樣的一位元上師，他是一位稀有的上師，你去吧。"允許後，卓·卻准也就去到崗師座前。崗師授卓以心要和現觀兩種教授令其認識本原心性，又使他於廣、中兩種般若經教授中而得悟心體。他心生稀有。在那時，聽說蕩巴住在定日，卓•卻准打算前去拜謁。崗師說道："那麼你去吧。當知我的上師的手和足都比他人大，由修般若波羅蜜多而生起了智慧暖火，以此內部諸蟲外出使他上身發痛癢而東摸西摸的。他左足上有痣，頭頂上有一窟窿能容一大指拇頭。"於是喇嘛卓備辦了路糧而來到了朗柯，要在當天晚上始可達目的地，可是中午也就聽到蕩巴說的話是："晚上去到蕩巴面前時，蕩巴在市場上，他是不收納禮和禮物的，喇嘛卓你有一疋紫色綾綢，剪一方（寬度對折為方形）下來供蕩巴拴束頭髮蕩巴可喜。"他遂剪下綾綢供師束髮和作羊毛氅幔。蕩巴大喜！此後為示緣起扼要，蕩巴以青稞滲和各種藥物一包，骨髓塗抹的筋線一束，及升斗稱秤等物裝入稱秤袋中而交給喇嘛卓。卓不識何故而問於袞嘎，袞嘎說："此是表通達一切法皆融於一味中；當持傳承的精髓，是為建立法的衡量。"卓將藥物分攤時，袞嘎說："這是你自己的。"說後將藥物給卓。繼後蕩巴命卓送到烹喀去。一行僧人共五人送到烹喀。然後說：同伴四僧不會得到教授，他們也就前往業朗商場去了。命喇嘛卓前來，卓來後，蕩巴問他有何要問的？卓遂問過去思考過的許多宗派。蕩巴不答，而吩咐他到主人（或許是施主）的座前去。袞嘎（主人名）說："你當問自己的修悟或上師的教授。"因此卓再到蕩巴座前問："崗耶協絳稱（智幢）如是說般若波羅蜜多之義。"以此蕩巴大喜而問道："你是崗的弟子麼？崗耶協絳稱可安否？"卓識得是過去的上師而請求傳給教授並在那裏住下。蕩巴說："在僧會中需要一部《聖般若八千頌》不知誰有？"卓答道："索霍爾壩弟兄供養處有此經。我可以書寫來供師。"蕩巴說："當寫楷書的寫楷書，當寫草書的寫草書，要在一月內寫完就算好漢。"繼後蕩巴問卓道："現在般若八千頌怎麼樣了？"卓答：

“還没有寫完。”蕩巴大為不悦而説道：“不需要了。遊方僧（我）紛亂而失敗。現在快要遷移。”説後也就去到苦行室內。卓問：“八千頌如何處理？”蕩巴説：“銅號口發出斥責語，是向東方而吹的。”（言無用將向東而逝）此後作了七日苦行而逝世。蕩巴直至苦行往生時，依託卓徒二十七年。喇嘛卓在那裏將師遺體荼毗，收拾靈骨後，他返回家鄉和崗師相見。崗師問道：“我的上師是否還在那邊？”卓答：“不在了。”崗師説：“唉呀！我也將乘馬而去。”喇嘛卓遂在崗師座前住了兩年，之後崗師也就逝世。繼後喇嘛卓在倫巴色生精修二十九年，親見本尊觀世音。為達到最後的心願，他從七十二歲不斷地講説，直至七十五歲而逝世。

喇嘛卓的座前，前來依止的弟子曲巴達准（宏精進）：父親名曲巴杠波，母名庫謨准勒江。此師有兄妹三人中，他是長兄出家後聽受了許多經論和教授；尤其是以善於判決息結派[22]的所有根由而著稱。他聽受完瑪、索兩宗的教授後，去到卓師的面前聽受《般若波羅蜜多》諸教授。經十二年苦行後，卓師對他説：“我的傳承你當繼持。”繼後曲巴達准回鄉，修苦行七年時，空行母為他授記（預示）建吉德寺，在建築房屋工程中發生亂事而使苦行中斷。然而他已圓滿其最後意願。他親見救度母主侍諸尊；在夢中蕩巴五次示現；空行母給他豎起傘蓋十三柄；他在前後藏四翼建立起佛教的根本。他年屆七十六歲時，有一天收莊稼時，他況：“我到裏邊去。”説後也就走了。此後他的明妃來收取禾麥。他説：“現在我將死去。”明妃説：“不會真實這樣到來吧。如果你真逝去，你的遺體怎樣辦呢？”他説：“將遺體放置在這房間的穀芒袋中，用石塊欄起來。”明妃説：“這樣做將失落在有情手中。”他説：“對有情來説，搞到我的屍體上來是損福的。但這也無妨！有一時間我屍體的後背成了竈石那樣，那時將有亂石到來。”説後也就逝世。此後過了許多年，他的屍體果然後背成了竈石那樣時，雅隆大長官嘉桑的兵馬來到其地，他的屍體也就失散了，由大眾人們誰得著的誰就拿走了。

曲巴達准之子名曲巴准珠生格（精進獅子），他的座前由若•協饒峨前來在酒房中聽受崗宗諸教授。

統計蕩巴逝世時，卓師四十歲。崗師逝世時卓年四十二歲。他完成修行時年已七十一歲，此後他講説四年。他係戊午年誕生，比貢波哇大一歲。曲巴達準則係蕩巴逝世後丁酉年誕生，享壽七十六歲於壬子年逝世。曲巴比帕謨住巴年輕七歲。從曲巴誕生起直至現今（著者當時）丙申年當知已經過去三百六十年了。以上係崗宗的階段。

次説中期所出小支系傳承：此中有扎巴、傑宗和絳宗三支系。

先説扎巴傳系，扎巴獲得蕩巴傳授他《息結明燈九門》教授是：教授身明燈、教乘語明燈、秘密意明燈、清淨正見明燈、大寶修行明燈、菩提行明燈、平等性根本明燈、瑜伽道之明燈、悉地果之明燈等九類。先是蕩巴來到扎塘時，扎巴想是一普通遊方僧而未作禮敬。第二天有看見遊方僧所坐座上墊的所有麥稈，都没有壓扁的麥管，以此情況稟告於格西扎巴，扎巴心想此人肯定是蕩巴桑傑，急忙跑去在扎區外的溝頭擋獲。供以黃金不受，應允以後再來。後來蕩巴來到扎塘為扎巴傳授了明燈九門。遂由格西扎巴傳授生曲乍的松准穹，松准穹傳垛日梁敦垛巴，梁敦傳肖區的喇穹峨熱，喇穹傳香區的曲巴達准，由達准著出法門的註疏。又由達准傳曲巴准生，曲巴准生傳若•協饒峨（智光）。

次説傑宗傳系：係桑裕地方住有名格西傑巴的父子二人。父為粗•敦旺最初進入功德綱要的上師。中間有喀什米爾的達哇貢波（月怙主）來西藏宏揚《時輪》法門，略譯師也來到。於是由傑巴父子作施主，掌握有美滿的財物受用作基礎，供整塊黃金三十兩和散碎黃金三十兩作翻譯經典的報酬，一年中譯事完竣，而且也學懂所譯經典。最後蕩巴桑傑來到傑達杠時，傑巴因在閉關專修中而未得見。扎巴之子達哇扎巴（月稱）；係格西扎巴年屆三十五歲時歲次丙戌年誕生，出家為僧，具足研習的才能，而且擁有密法才能。他為蕩巴（的功德）所感動而尋訪蕩巴住所地址，聽說住在耶巴，又聽得空中有空行母為他授記（預言）說："善男子：至尊嘎瑪那希是具足三律儀[23]的瑜伽士，能無倒地通達佛的密意，是擁有由阿闍黎聖龍樹父子（即師徒）傳來的修行傳承未曾中斷的教授。因此你前往至尊座前去求法吧。"那時，耶巴那裏有名貢欽尼澤者在給蕩巴作僕役。喇嘛傑派遣他的叔父貢欽楚扎和庫布公貢的一位弟子一行兩人去迎接蕩巴。他們見到貢欽尼澤時，尼澤對他們說："我年已老邁不能堪任至尊上師的僕役。以此至尊走時，我當相機而離去。可是你們的喇嘛傑是大人物當然不是這般說法。因此由我去稟告說：'有一比我年輕的人，比我所作的服役能幹，已到此來迎請至尊上師。'這樣啟稟後，至尊上師未允前去。"於是傑達杠氏父子傾其所有黃金，以及明妃腰帶上的金飾和父親大喇嘛的服裝外用上緞，內用羔皮做的大氅和許多氆氌，攜帶着這些物品而來到耶巴，在至尊上師座前供上金曼遮[24]和大氅氆氌等物。至尊上師對於諸物一眼也不看，可是對傑巴如母子兩人相遇那樣笑容滿面而生起疼愛之心。此後至尊嘎瑪那希（蕩巴的梵名）向傑真扎甘地（傑巴的梵名）發問："願、行兩種菩提心和波羅蜜多之義，以及密宗四灌頂的語義。"還問了許多密教究竟之義。傑巴繼即答復："願、行兩種菩提心如何生起法和波羅蜜多之義。"並答復了密宗四灌頂的語義和密教究竟之義。法語漸説漸趨廣大，以此附近所有人等都來聽講。至尊上師説：“現在可以結束談論了。我月底起程。”貢欽尼澤問道：“格西傑巴他心裏能知若干呢？”至尊説：“再好的狗也要必須用棍再再地調教。”此後對耶徒尼澤秘傳教授後，命傑到拉日領波山口來。傑如命來到後最初問師關於心方面争論的史事，繼即求傳關於此類的教授。至尊上師依其所求對他講授了波羅蜜多共通道教授，繼傳授了波羅蜜多不共教授，並傳授了密宗共與不共兩種教授。總之，九個月的時間裏共講授了一百零八種不同的教授。此後傑巴請求蕩巴任到何處允許他跟隨作僕役。以此蕩巴將所有法語如瓶瀉水全傾給傑後，説道：“耶徒和我二人同行，不須你跟隨。為我之故而來跟隨，父母也不喜悦！你回鄉去勤修吧。”傑巴還鄉後，遵蕩巴之命，主要是一心專修。耶巴溝頭的嘛呢白瑪（珍寶蓮花）也是蕩巴親見的。當傑巴的伯父尼瑪絳秋（日菩提）在壩日哇座前聽法住在那裏的時候，在定日和蕩巴相見，除得着蕩巴的暗示法跡外，未獲得語句的講授。雖是得着信解，然而未得語句講授。因此伯父還鄉後，以馬一匹供於傑真扎甘地（即傑巴）座前求傳教授。以此傑巴對伯父講授了密宗身語意不共教授。唯一心性，一手印和四印，五次第；此心商榷等一些教授。他對自己父親，俠所和貢欽乍波等來求蕩巴教授諸人僅講授了不多的幾種。

次説傑真扎甘地的侍者阿闍黎惹呼那班遮：此師十七歲出家後，一直在上師真扎甘地座前直到上師逝世之前，一天也未離開師座。因此他獲得上師將至尊上師蕩巴的教授完全傳授給他。傑師對他説道：“你當如我一樣勤修吧！不能講授給他人。這腿肉你自己吃吧：內臟吸收這酥汁吧！當緘口如頑石。”説後立下這般保密誓願。

惹呼那班遮座前，後由比丘絳秋耶協（菩提智）前來聽受教授。最初絳秋耶協在格西漾格巴和格貢巴等師座前聽受甘丹派[25]教授和法行等許多教法而獲得領會，繼後領會《對法》和《中觀》許多教法，並領會新舊密宗許多教法；繼後又在邦達謨逝世的尼瑪絳秋（日菩提）座前求得蕩巴諸教授；此後他聽得蕩巴傳授傑巴諸教授不同名稱後，又在惹呼那座前聽受此請教授。他想到蕩巴的教授是法之最要而去到真扎甘地（已逝世）的靜修室中安住下來。由於生起極猛的敬仰，他在夢中見如昔日容顏的真扎甘地來到，住於空中對他講說教授。他心想這是由自己敬仰心而感夢，或許是伯嘎（一種神名）的神變。第二天早晨阿闍黎惹呼那班遮派來使者叫他到師前去。他去到師處，阿闍黎面有笑容並賜食剩食物後，而說道："昨夜我得上師真扎甘地給我授記（碩示）說：'我（甘地口吻）的一切法他是（指絳秋耶協）知道的，傳授給他吧。'夢裏我取出一切法當您的面前收拾好而給您了。"說後取出熱水將諸教授舊本拭去塵土而授給他。叮嚀說："不可傳授給退失三昧耶（誓戒）私惡劣根器者。"說後立下保密誓願。後來由此師（絳秋耶協）傳授給曲巴父子，又由曲巴父子傳授給若•協饒峨（智光）。

又此法門名為顯密合說教授，顯教是以《般若經略頌》和續部經《真實名稱經》配合而說的《波羅蜜多教授》；密法是指此法門中有五十八位男女大成就者的諸教授。

次說絳宗小支系：由（蕩巴）傳授波羅蜜多無字教授給青裕的絳•嘎擋巴，絳傳授絳穹哇，絳穹哇傳曲巴父子，曲巴傳若•協饒峨（智光）。據說諸師中没有一人未證見本原心性的。以上係小支系傳承階段。

次說由（蕩巴傳出的）零散傳系如下：

傳授座貢以真實名稱經金匙；傳故貢以業手印教授；傳曲貢以散文心語教授；傳貢巴瑪貢以舉一返三教授；傳業譯師以勝樂獨勇金剛教授；傳傑謨伯准以大成就修悟十六法類；傳梁堆峨•傑貢巴以一座俱生和合法；傳曲壩上座迥扎（生稱）以般若心經教授；傳說密師協饒絳稱（智幢）以時輪教授；傳香巴烏得以四字教授；傳業謨甲敦季哲以歡喜金剛教授；傳香薩穹哇以亥母密修教授；傳喇嘛貢嘎哇以金剛手教授；傳吉雪•本共嘉以勝樂耳傳法；傳瑪季姥准以"決"（音譯）能斷教授。以上諸宗支系屬於中期傳承情況。

再說蕩巴去到中原漢地，當他在登五台山的途中，遇見一位手持樵杖的老仙人，他是妙音（文殊）的化身。仙人對他說："此地發現許多瘟疫。金剛座[26]有能除疫的《尊勝佛母陀羅尼》，如果你今天能到其地而取來的話，此地的瘟疫還有可以斷除的時機。"蕩巴答道："金剛座很遠，我今天怎能到達。"仙人當即指示一山谷裏面有一山洞而說道："從此洞進去即可到達。"蕩巴鑽入洞中頃刻就到達金剛座，取得陀羅尼回來而消除了瘟疫。蕩巴在那裏也見着至尊妙音（文殊）。此諸圖境，漢地人士繪成圖畫而刻板，復寄到西藏者即此故事。在那裏（指漢地）蕩巴住十二年，講說宏揚息結派[27]諸法。普遍傳稱蕩巴的教授和修行傳承至今（著者當時）還未斷傳而存在。有些人說"蕩巴在漢地也示現圓寂情況"。不管是怎樣，總之，蕩巴是於丁丑年來到西藏定日的。在朗柯的塘吉住了暫短的一段時間，那地方的一些老人說："在我們這地方中後來不住，而且說，以後不來了而去。"蕩巴對他們說："你們看誰先來此地方？我最初來到此地時，有如此這般的情況，此後是如此這般的，再後又是如此這般的啊！"他們任何也不敢爭辯而回去。

如是蕩巴來到定日是第五次。在此以後所說諸法名為後期傳承。在那裏蕩巴以人參果（非人參之果，是一種野生塊根植物）為食而住修時，最初先和蕩巴見面者，是覺若溜巴（癲者），由於蕩巴的加持已入其內心，以此他和蕩巴僅一見之下，他即獲得解脫。後來溜巴在吉雪住修，普遍傳稱甲瑪哇•温敦（是一成道者）也勝不過他。

溜巴之後為洛甲熱巴金：他和蕩巴上師相見後，因此而生起不需衣食的三摩地（定力）；他雖是一個連字母嘎喀都不認的人（文盲），然而能答對所有教法的難問。

熱巴金之後為座•達峨（月光）：此師係一位已斷離實有執（即我執）；並離世間八法[28]者。

座•達峨之後是松巴庫操來和蕩巴相見，由此獲得除一切暗障而顯現晝夜無別的光明。

最早來建築房屋者係喇嘛洽清：他是哲得王的兒子，所以是一位王嗣由泥土中鍛練而獲得吉祥者。

交給緣起物最早者為瑪覺居謨薩更敦吉：此瑜伽母之後仍相繼交付緣起物，由此而出有許多修行成就者。

依承事供養為生最早者係傑赤巴：他完全不需要莊稼和尋求以過活。

聲張教授最早者為洽穹哇：此師之後出有許多大師。

此外還有守門的四瑜伽師是：東有蕩巴洽清、南有班遮卓達、西有洽穹、北有絳秋生巴袞嘎（菩薩普慶）等四人。

還有卓越聖超的大弟子一百零八人；息滅顛倒弟子二十六人；喜座弟子（喜在座上修行之意）十二人。對此諸弟子蕩巴不是以一流教授而作引導，而是按照其人種性各別地講授教授。

其中蕩巴洽清：從般若波羅蜜多有修和無修兩種（教授）獲得認識本原心性後，他斷離教命儀軌、合經和集義三者所生諸戲論。

洽穹是在密和顯波羅蜜多無二的教授中得證本原心體，而直入於四種念修道中，說此是班遮卓達加持之道。常時進行祈禱。

絳秋生巴袞嘎（菩薩普慶）：上師說他是漸根器者（與頓根相反），而傳授以修心教授，使由苦行直入五道相合中。

喇嘛仲巴：蕩巴說他是頓根者，而授以大手印唯一灌頂中得悟本原心體而入於道。

喇嘛甲貢：蕩巴使他入於無垢正直道中，而傳授以持明教授。

喇嘛居；蕩巴傳授他由暗示而得解脫；並以四灌頂作修道之用，使入四灌頂對治之道。

烏巴卓敦：蕩巴引導他依心要之義和現觀兩教授而入於漸道和頓道兩途中；並對他講授能起決斷作用的義傳三法門。

喇嘛耶思壩熱：得蕩巴教導依離思心鏡入於大手印之義中而認識本原心性。

夏瑪江絲：得師教導依《垛哈》經典，而於漸頓二者兼有道中，證悟本原心體。如是等不同諸教授大都為自修和解脫而勵力。因此未普遍傳揚。

蕩巴在定日從丁丑年起直至丁酉年之間，共住了二十一年，對不同的民族作了許多饒益事業而逝世。由守門四弟子中的絳秋生巴袞嘎（菩薩普慶）撰集蕩巴諸教語立名為“教語軌則法類”約撰有三篇。

又由喇嘛洽穹撰有名為“鱗爪列編”一篇半。

又由洽清撰出的書冊名為“教語合經法類”。

又由班遮卓達著出的書冊名為“義集法類”有半篇，這是攝略教語而撰出的。

於此諸師中得蕩巴單獨傳授者：是說俠曲衮嘎方面得此傳。這即是指絳秋生巴衮嘎（菩薩普慶）。是由絳秋生巴衮嘎說出托心的覺謨（指明妃、貴婦）二十四人的史事如下：

覺謨桑傑：係希日區的曲桑人氏。是其父麥•垛得約巴的愛女。由信心和八九個少女結伴而來到蕩巴的座前，後來去到許多地方精修九年而獲得證悟。蕩巴知她將死而說道："衮嘎！今天你的附近有一遇着桑傑的人將死，那人你能認得。"他問："豈不是蕩巴自已麼？"蕩巴說："不是我而是一位和我相似的。"不多時覺謨桑傑死去。荼毗時虹光遍佈諸方。

色准瑪（金尼）：係夏瑪帕珠人。她在父親面前商談說："我要前往蕩巴座前去。"父說："不要去吧！瑜伽者和女尼法規不相順。"但是她仍然去了，求得教授而證悟立名緣起，顯現教授功德。勵力修行，口中也說："來了盜賊平息時（言已息滅煩惱）。"壽滿百歲而逝世時，虹光滿佈虛空。荼毗時發現金剛薩埵像和許多舍利。

覺謨倫穹：係那堆達得人。她在蕩巴師徒二人座前求得教授而修，獲得成就。蕩巴逝世後，她仍住在朗柯。享壽八十一歲而逝世。荼毗時發現許多舍利。

覺謨壩瑪（焰熾母）：係梁堆人。作蕩巴居的明妃，在蕩巴座前求得教授，入山中如野獸般三年中勤修而獲得證悟。後來在梁堆的澤邦薩逝世，荼毗時發現許多舍利。

覺謨日瑪：係章絨納區的姑娘，與人結婚後，丈夫是一兇惡的人。因此各自分離，她隨商人一行而來和蕩巴相見，七年中求得教授而修，獲得證悟。她死後安放屍體的靈堂，蕩巴作了多次繞行，一切人眾都生起驚奇！荼毗時發現許多舍利。

覺讓耶協江：係芒裕貢塘人。原是一位名叫傑讓的明妃享壽一百零一歲的大成就女仙的近侍女。她善巧上師供養法，尤其是對蕩巴敬信，獲得證悟。後來在貢塘逝世時，發現聲、光、虹彩許多瑞相。

覺讓卻准：係那堆峨巴地方的婦女。做了絳秋生巴袞嘎的明妃後，袞嘎在蕩巴座前依止很久的當中，她從啟情布覺拖（袞嘎）到土希伽，袞嘎負起上師責任百般忍耐不忍斥責，雖是帶斥責口吻說她"你這下心滿意足麼？"然而對覺讓來說，是已犯三昧耶的罪過。因此她臨終曾受痛苦。在二十四位覺讓中她算是最劣的一個。

覺讓瑪傑：係那堆芒嘎人。袞嘎取她作明妃，她在袞嘎和兒子（另一妻之子）二人面前求得教授而勤修，獲得成就。後來她在梁堆北方逝世。荼毗時發現金剛薩埵像和許多舍利。

覺讓卻交（法護）：係梁堆庫勒人。對師生起敬信而來到朗柯，捨棄所分許多財物，飲清泉修苦行十二年。由勤修而得證悟。逝世時發現光明和許多舍利。

覺讓卻吉：係雅翠柯勒人。結婚成家後雖是子嗣和財物都齊備，然而她志向於求法。因此她的兄長格西梁敦對她說："你欲求純潔正法，那堆定日地方住有蕩巴桑傑，你前往他那裏去吧。"以此她去到朗柯住了很久時間。在蕩巴逝世後兩年她也逝世。荼毗時發現許多舍利。

覺讓故讓：係那堆西日區的曲桑人氏。她在朗柯住了十年而逝世。荼毗時發現許多舍利。

覺讓拉讓：係堆隆日地方的婦女。種姓壩讓。她離開鄉土而去到朗柯住了六年。蕩巴逝世後她回鄉住了三年。後來又到定日住很久而逝世。臨終發現虹彩光明。

覺諉梁諉：係肖區的察絨地方人。她生起敬信而來和蕩巴相見，在朗柯住了十年而逝世。荼毗時發現有二面母像和許多虹光。

覺諉旺秋江：係堆隆東庫人。她去遊覽尼泊爾和蕩巴相見。在朗柯住了十一年而逝世。臨終時發現瑞相。

覺諉多傑敬：係定日涷巴的婦女。是一極為嫵媚的女人。她對於蕩巴的教語生信後，在朗柯住了十五年。最後獲得息滅顛倒。逝世時先作了和合修法（如中陰合修）的準備。因此有一股光明作前導而向北山峰頂逝去。為衆目所共睹。據說是依空行母的授記（預示）——明日拂曉運送（遺體）到北山。因此有光明前導引其屍體，經七日光團始消散。此為鄉人所共睹。

覺諉朗喀色（虛空明）：係前藏窩喀人。她面色白淨，天資聰明。在蕩巴近前住了六年，求得教授而修獲得成就。蕩巴逝世後，繼住四年，她的尿水也變成蜂蜜。繼後回到前藏享壽八十四歲，在北區逝世。荼毗時遺體完全成為舍利。

覺諉卓勒：她喜歡大法，推重大供食，擁有許多侍眷。蕩巴接受她的禮供時，起立而說道："嗨呀！難得！"說後很好地接受。她對蕩巴生起敬信而獲得加持。她離開一切眷屬而一心專修。後來成為一位優良的女修士。

覺諉澎諉：係澎裕地方人。她同兩位近侍女在朗柯住修，三人同時逝世，鄉境遍滿藥物異香，發生許多瑞相，一切人士歎為稀有。

覺諉傑烏瑪：係温波地方人。善紡織，便於役使，是一位聽從蕩巴所說的人。因此在定日住了很多年。在貢塘住了許多年後而逝世。送她的屍體到山上去後，發現成為一尊救度母像。

覺諉若勝瑪：係貢塘地方人。是甲貢瑪之妻。從上方蕩巴也就預言她要前來座前，後來生起證悟，獲得成就，斷離分別。最後在貢塘逝世。荼毗時,升起的一切燒煙全都變成光明。

覺謨香穹瑪:係香區人氏。她到德區和蕩巴相見,她生起敬信而進入法門,她在朗柯住了六年,蕩巴逝世後,她回香區安住。逝世後荼毗時發現許多舍利。

覺謨夏穹瑪:此一覺謨的史事早説訖(此不贅述)。

迅魯瑪:係定日凍的女兒,誕生地方為烏汝上區。她伴父去到商場和蕩巴相見,對蕩巴教信生起定解,由此獲得加持而證悟。她自禁語言佯作啞女而精修。不久即逝世。臨終之前蕩巴説:"明天我們這裏將有一成就者逝世。"有人問:"是不是蕩巴?"蕩巴説:"不是我。而是有一姑娘將要去到烏仗那。"第二天她無疾而終。

業瑪青巴波:係邦雪區的業瑪垛色人氏。她是一位兒子、丈夫、財物都不缺少的婦人,而且具足信心、精進、勝解和悲心好施的人。她死時全境普現虹光,荼毗時發現舍利。因此一切人士歎為稀有!以上係二十四位覺謨的史事階段。

再説絳秋生巴袞嘎(菩薩普慶):他五生中都得到蕩巴的攝受。此生於壬寅年誕生在定日東方察貢地方中,父名堆巴赤桑,母名覺謨達瑪。給他命名堆穹繃麥時,他説:我叫袞嘎(普慶)。此後也就叫袞嘎了。繼後娶妻名覺謨鳩謨薩,生子名色窩(金光明)。他在世間事務增多中,衹見妻與子二人外,所有財物也已耗盡。他年届三十九歲時,那時蕩巴來到朗柯已經三年。於庚辰年他對妻子誑語説:"我要去業朗山口幹盜匪的勾當。"而實際是去朗柯蕩巴的座前,第二天早晨蕩巴發出讚頌的聲音説:"寺眾們聽着!今天有勇金剛要來到。因此一切人等掃除垃圾,陳設供品,攜帶樂器,前去準備迎接吧。"一切寺眾都按照所説而作後,並在一切方隅巡視,也没有什麼人來。到了下午時,有一容顔憔悴,衣着破舊,有一下劣隨從，攜有極少路糧，躲躲藏藏地前來。眾人都邊作譏笑，邊作迎接。蕩巴大感歡喜！作面迎而說道：“巴窩多傑（勇金剛）來此，可喜啊！洽穹（弟子之一）你去給勇金剛設座敷墊吧。”洽穹未懂師語，蕩巴親自作了一土堆，在堆上交錯地放置四支箭而說道：“袞嘎哇布（皆大歡喜的兒子），你現在坐在這上面，可好啊？”在那裏絳秋生巴當即抓着蕩巴的衣服而啟問道：“什麼是生死輪回之相？”蕩巴說：“袞嘎！是狗屎堆中的蛆蟲。”袞嘎問：“生於其中的有情有安樂的機會麼？”蕩巴手指更番交叉而說道：“那是痛苦的連環套啊！”又問：“何時有從其中解脱的時間？”蕩巴說：“解脱二取（能取所取）險關的道中不受打擊（或不遭失敗），那時才有。”因此袞嘎對這些教語生起定解後，不回顧家鄉一眼，而一心修苦行，專一地向上師祈禱而獲得加持。蕩巴見他能持善行之本，歡喜說道：“從察貢而來的勇士你當從戰陣上而獲勝利。”袞嘎問：“我應披怎樣的鎧甲？”蕩巴開示說：“應睡在僅容自身的洞中；穿着僅能蔽風的破衣；依於僅能維持身命的生活；僅是不厭煩中而修行；僅於不熟知中而與人為友。”又問：“我於修中應如何取用而修？”蕩巴說：“當修到能運轉觀察波羅蜜多緣起的表示。”他一經勤修，熟練到不偏執智力，達到瞭解緣起的暗示徵象。因此蕩巴大喜！命他前來。袞嘎來到蕩巴座前時，蕩巴問他道：“給王種頂上灌頂（授權）時，能有壓座的重量（言能鎮王座）麼？使你登上神變梯（傳由此梯能升天）時，有壯年人的矯健身軀麼？使你和千輻轉輪王比賽時，能有權統四洲之力麼？”喇嘛絳秋生巴袞嘎答道：“看來是一個對世間事務知與不知，來與不來，能作與不能作，已作與未作的問題。但是我看對上師本尊的這一正法要有一段瞭解和毅力的問題。”蕩巴大喜而說道：“最初猶如是去盜取國王的寶庫，須帶有多種鎖鑰；中間好比舉燈照明暗室，須有燃燈用的火具囊袋；最後譬如渡河來了船夫，須備有很好的槳櫓。”説後也就傳授他由五道、三種苦行直趣般若波羅蜜多的“義傳”；並將灌頂法流和四種教語書冊耳傳等都傳授給他而説道：“與我等量唯袞嘎，坡中速降唯水流，空中明顯唯日月（言師徒倆如日月）。”（後來蕩巴將圓寂時，夢天空中日輪湮没，適合的傳徒們未完的事業，祇有一人在工作。）又説：“邊區有一遊方僧惡劣。”袞嘎請求説：“那麼請作一緣起。”蕩巴説：“在送祟中須有你袞嘎來此。”袞嘎去後，蕩巴手結五佛總手印放置在袞嘎的身要五處而説道：“日輪雖沉，還有月輪現起。”計袞嘎在那裏作蕩巴的助伴十八年，此後一直有四年在巴操寺中傳授諸教授。此後住世三年於甲辰年往生空行剎土而逝世。他在將示現圓寂時，去到珠垛崗哲有一切大法師的僧會中，念誦了一遍頌説：“善巧一切能淨治，無知垢穢諸釋續，修行傳承三苦行，已獲究竟到彼岸”等句全文。當天晚上也就往生空行剎土而逝世。

袞嘎的弟子巴操貢巴，係澎裕下區雍波底人。父名巴操敦繃扎，母名野謨伯正。貢巴於丁巳年誕生，年届十二歲時，在得貢勒穹寺搏多哇的弟子卓穹哇座前出家後，又在野·杜哇正巴（持律師）座前學習《毗奈耶》。年届十九歲時，在那空地方受比丘戒[29]。繼後去到博多哇座前受發起行菩提心戒；並聽受甘丹派[30]道次第。又在堆降甲瑪座前聽受《中觀》和《因明》略釋；又在巴操譯師座前聽受《慈氏五論》[31]和《集學論》等；又在仲·絳秋生巴座前聽受《對法上集》；又在容格旺秋扎座前聽受桑嘎傳規的《勝樂》法類。在那裏他想自己的聞、思暫僅如是，現在需要的是一種修法。因此問他人道：“誰有重大的教授？”答：“崗貢有重大教授。”他想起過去博多哇也曾説，般若波羅蜜多清淨教授，見到喇嘛崗的那裏有這一教授。他想僅此波羅蜜多一種經論，以《現觀莊嚴論》來説，是有如開慧眼般的功能，然而我想這一法門許是會有如密宗那般的一種鋭利的教授。因此他去到崗師座前，崗師傳授以八段於一座間識得本原心性教授。由此他獲得如暗室中明燈朗照的證悟。在那裏他生起了定解而問崗師道："創此法之主宰是誰？"崗師説："這一法門是我名叫蕩巴桑傑的大成就師所創。他前住中原漢地，據説現在或許已來到定日地方安住。我年邁不能前往，你年輕去到那裏或許會得見。"於是他將父遺田産换成黄金和綢緞而前往，一路没有同伴，以此耽延很久，將到定日的那天晚上，他住在察空，第二天早晨來到珠得崗一看有一大街集市，他想蕩巴住在市中，也就無暇細思地前往，將到市街時見升起一縷青煙，在那裏有一乞婆，他問乞婆這是何故？乞婆説："這是荼毗蕩巴遺體的燒煙。"他一聽這近前的消息，昏倒了多一陣，蘇醒時，乞婆已擁其頭於懷中。他多番痛哭！以此乞婆説道："請師傅不必這般痛哭！蕩巴雖死，還有許多和蕩巴相等的大師住世。你的目的能成而且可以滿足。東方那邊住有一位和你身份相同名叫蕩巴洽欽的人，你到他那裏去吧。"他慢慢地走去，那乞婆隨後跑來説道："前藏師傅：你不是洽欽的徒子，你應是袞嘎大師的徒子。因此你前往石屋那邊去吧。"他到了那邊，在門前念誦道："皈依啊！"並百拜頂禮。雖然裏邊的袞嘎無論如何是閉目而坐的，衹好開目注視而説道："野謨伯正（貢巴之母名）的兒子，你在路途辛苦麼？"他知道此人擁有前知神通，生起大信而得到加持。於是他在絳秋生巴袞嘎座前供上金曼遮[32]而啟請道："我因福薄未能和蕩巴相見，請上師您大悲攝受吧！"師説："未成熟之身使其成熟，必須灌頂。你是有條件的。"以此他以黄金一兩和綾綢一疋作供禮而獻。師説："緣起甚善！今晚你在白洞中睡吧。明天你到此處來吧。”次日他去時，已陳設好經卷在作修法。在那裏給他傳授了經卷灌頂。灌頂完畢後上師袞嘎說道：“密宗和顯教波羅蜜多二者中，密宗行者是由成熟道——灌頂已，然後開示解脱道的。此是成熟和解脱同於一時中而作開示，這樣作法過去未向他者傳揚，而是阿扎惹納波的特法，是將灌頂四法流揉和為一的。這樣法流我自己夠格麼？”貢巴説：“上師是夠格的。”在那裏的一年中將修心法修完時，在師座前請求允許返回前藏。師説：“還需準備路糧，你閉關專修一年吧。”閉關修完時，袞嘎説：“徒兒你過去也是具有神通者，現在仍然行善道，如前的神通是會來的。也可以傳播一切教授。你自己對於修行，應該懂得了。既來到此處，以此起好作用的修悟没有麼？你説吧。”他回答道：“在這下面，我是知道離一切法的戲論邊，而且比量道還有暗穴的支分。關於此點，由於我現證法性，以此獲得斷除分別邊。”師嘉許説：“善哉！”師説：“這上面拴有一紙註明此中有好鹽，那堆地方没有會品嘗鹽味者，這鹽也給你巴操吧。”吩咐將下面的印章啟開；並説到這裏來看吧。看時最初有扎根之法——問答九則；次為成卷樹幹之法——義傳三門；其下為分丫之法——喻法和零散法類；再下為葉辦之法——十六法類；再下層為鮮花之法——五種法類；又再下為結果之法——輔音和母音字內外密諸修法。都交給上師後，師説：“鹽你自己受用吧。”説後並將書卷和紙等都交給他。直經一年時間中，求得諸種直誦導釋，復經詳問決疑後而筆之於書作為定稿。其他諸大弟子前也對教授作了潤治而作出筆記作為定本。繼後他請求在定日住下來，師説：“你正適合回前藏的時候，你的母親也是我的女兒一樣她大概是已死了。”説而落淚！又説：“回去是適合的。”在那裏貢巴在師前立下了修行十二年的誓約。因此上師令他進入緣起室中；並將一切書本交給他而說道："你攜帶着這些書本行到大河右岸時，將有一書的主人到來，你交托給他吧。"貢巴以購路糧後所余黄金三兩供師。以此師說："阿扎惹（指蕩巴）的傳承人，雖是没有對黄金的需要，然而為了圓滿你的福資，我收納了。"説後將黄金向空中撒去。貢巴請求在回去的沿途和修行時能不生災障。因此上師給他鎮魔的青藍色卵石一顆和驅鬼魔的黑石一顆而說道："你應不離菩提心，祈禱上師可得如願成功。"上師並且送他一路短程。此後他東下歸來經三年中尋覓初、中兩期傳承諸法；並儲積修時的順緣（財物）。最後他在得貢和勒穹地區修行十三年。

修行完滿後，他所作利他事業：總的說來，由於他的教授聲譽極大，以此收集的徒眾也為數甚多。分別單傳中有名叫絳巴苯貢者，係講法相時的副座講師，貢巴傳授以教授。後來在朗措逝世往生空行刹土。

又有巴操貢納得師傳給教授後，由此去到中原漢地，後來在漢藏交界處逝世。還有他的骨塔等存在。

又有名叫布匈貢巴者：係靠近嘎哇尼當的人。他得師傳給教授後，去到木雅王那裏，王依止他為供養處（即供養培福之師），他廣傳"直誦導釋問答法類"，遍宏於北疆。

又有名香安倫覺巴者：此人係可受教授之主，他和巴操貢納相見，情不自禁地求法。他求得教授後，修而獲得成就，享壽一百一十八歲。

導師（巴操貢巴）近侍徒眷中，又有法門善巧究竟弟子為普遍傳稱的曲彌仁謨哇；僧德究竟弟子名湯薩敦楚，達官究竟弟子為香・裕廓拉康巴；神通究竟弟子為峨・生格。此諸弟子都是得師傳賜教授而獲得息滅顛倒的成就者。

導師年邁時所出弟子：有名叫辛貢熱土金者，得師傳教授後，息滅顛倒。後來去到康區身軀無遺盡化虹光而逝。

又有卓貢•索朗絳秋（福菩提）：得師傳以“空行母甘露瓶修法”，由此獲得無依託而解脫，諸空行母前來迎往空行剎土。

又出有一名叫鄔金熱巴的弟子善巧密宗教授，著作三道導釋，由般若傳承而得解，證現緣起而說神通事蹟。以上單傳教授所出敦勒諸人說訖。

總的說來，巴操貢巴年屆三十七歲在癸巳以前是勤於聞、思二者；此後從甲午年起即進入修行。年屆四十一歲於丁酉年去到定日地方，經四年中在絳秋生巴袞嘎等諸大師前求得教授後，於辛丑年返回前藏精修十三年，或細算起來為十五年。年屆七十四年在庚午午敦勒來到座前，敦勒享年三十二歲，而巴操上師享壽八十二歲於戊寅年逝世。

巴操的弟子嘉哇敦勒：其父從後藏的肖廓安遷移到雅達西邊的曲柯安住，名覺色交白，母名楚謨薩芒吉。此師係丁未年生人，年僅三歲時即能憶前生事，自說“我是麥•准珠的上師”。索•姑仁來到雅達時求索師加持。索師說：“覺謨：你的這一孩子將會是一大成就者。以此應住持我的傳承。”說後傳授了大悲觀音的圓滿次第和六字大明咒的誦授經文。年屆五歲時在謨麥曲喀和熱穹哇相見，熱穹哇也說：“此子將會成為一大成就者。以此應住持我的傳承。”說後傳授以底普傳規的《垛哈》法類。年屆七歲時，和雅達貢波哇相見，貢波哇也說：“此子將會成為得道者，這裏事完後，隨我之後將他送來吧。”說後傳授他以大手印法門。他年屆九歲時，在納措溫波•阿闍黎貢巴座前求傳救度母誦授經文時，貢巴說：“和我有緣份。”說後傳授他以羯摩喀察惹等廣法和阿底俠傳規的教授。他在十五歲以內學習父親所知法瑪、辛、普三法和白、鎖、章三法。直至十八歲，算來在甲薩的覺窩拉欽波和拉准烘波兩人座前任宰臣三年，並領會了《活人醫術精滴論》（龍樹著）等一些論著。他年屆二十五歲時，生起去看前生鄉土的意樂而去到雅卓，遇着兩位離世務修行者同來。那兩人問他到何處去？他說："打算到前生的鄉土，好像是妥扎絨去。"那兩人說："上邊雅卓朗布寺中，活佛色覺舍有供養處名細波細得，其中有一具神通能說過去未來的人名溜瑪嘉勒江（女性），那寺廟就在那一小山口，我們去看吧。"三人來到山腳時，有一穿着破舊披風的老嫗跑下山坡來，抓着敦勒的手說道："唉呀！哥哥真的還在，敦勒真的還在。比我這妹妹還能。妥扎絨不要去，由於朗康的戰亂破壞後，已非如常平靜。鄔汝北方有野謨伯正的兒子在那裏能相見，你到那邊去吧！他的名聲是普遍傳稱於世的。"老嫗繼仍停留在敦勒身邊。在那裏那兩人問老嫗的話，老嫗全無所答。敦勒遂返回家鄉，打算前往（鄔汝）其父不放他去。因此他心中不悅而唱出"歌手若需時，我願作僕役"的歌詞。他繼後在正浴汝哇座前受優婆塞戒（即居士戒）；並求得阿闍黎扎湯巴傳規的《教法次第》和大德卻卓哇傳規的《二諦》論說。繼後他瞞着父親拿了皮鞋底一雙、綢裙一條和顱碗一個而出行，在扎塘晚宿獲得一種悅意徵象。繼在傑瑪山彎住宿的中夜時分，他想那老嫗的話是否可靠？說不定死去了，由於已經耽延了兩年。鄔汝的佛徒說不定很多，在其中怎能尋得着野謨伯正的兒子？還是還鄉吧！他念誦了七遍救度母經文而睡下。在夢中聽得空中發出聲音說："唯！善男子：不要灰心！去吧。你希求的事將會成功。"夢醒注視天空有一藍綠色擋字如星燦爛地還在閃耀。他知道是救度母的授記（預示）。後來巴操也知道此情。在那裏他又想縱是阿闍黎需要的話，我也得先去依止有一位廣知息結派[33]法門，名叫金俠熱窩的上師，現住堆隆。可是還得最初去到澎裕達，在父親的門徒正嘎•拉若•魯真扎的那裏有一本《章真神變施法冊》，取得後再去尋訪上師。這樣想後他也就去到澎裕達，在正嘎那裏有一覺讓瑪（女尼）有一救度母畫軸，覺讓瑪問他道："覺色裕汝哇（公子裕汝氏）不是問中央主尊，是要問邊上的騎雁諸尊，你能知道麼？"他說："我最能知此諸尊。"說後他念誦出《清淨頂寶咒》。因此覺讓說："覺色：您念的這法門，請很好地傳授我，我無論如何要學習。"他說："我沒有空閒，我必須前往堆隆，那裏有一開示息結教法的上師座前去。"以此覺讓說："我有一舅父是息結派堪布，送您到那裏去我無論如何要學習。"他問："是誰的傳規？"答："是絳秋生巴袞嘎的傳規。"他又問："那麼，您能知他的母親名字叫什麼？"答："我特別知道啊！叫野讓伯正。"他得知後喜出望外，即刻前往，同時他也就獲得加持，當天晚上他夢中見有一豆大光團降到舌端感覺其味勝妙，咽入肚中頓時全身化光普照十方。第二天覺讓來指引他去到寺中，那邊上師不僅已經知道，而且來到前面迎接他。師說："覺色雅達哇你從細領而來夠勞累啊！今天走完途程而到此處，是可喜的啊！"敦勒說道："請求上師傳授我以大德袞嘎傳規的教授。"師說："你來此甚善！法也要傳授的。可是絳秋生巴袞嘎的傳規是：未成熟的身心上，是不沾功德露汁的。因此須當作輔音和元音字母的加持法；對於此點你是否有順緣條件（財物）？"答："此次我是來訪師的，我從家鄉取得一些順緣而來。"師說："大魔事多是外緣，現在當作解除。你根本沒有順緣條件麼？"在那裏敦勒取出鞋一雙置於顱蓋中，以一方綾綢穿在針眼上也放入顱器而供師。師說："覺色裕汝哇，以你的供禮來說，是適合佈施甚深法的法器的。但是斷送了具信的路頭；而且不會有大福德（財物受用）身的到來。”説後也就陳設經函而作加持。即於當時，他生起了定和後得和合的殊勝證悟。師説：“證見本性雖是如此，然而還須有成道的徵象和功德。因此直至七日之間都要誦持經文，直至徵象未現起之前，還須竭盡全力而作。又由於原先的覺謨瑪作障礙，以此修“修心法”耽延了八個月時間。此後敦勒問師道：“上師：還有和此法相似的麼？”師説：“阿扎惹（指師祖蕩巴）是認識無垢智裸然自現。因此無相似法。”繼後他求授上師的五種傳統作法。師説：“去尋求一些順緣條件來吧。”他去到北方求得蘭紙冊兩卷，奶牛六頭後，他將蘭紙和奶牛六頭供師。其中以奶牛兩頭作求法順緣條件，在一年中學習五道講釋和求得諸種灌頂；並在這段時間內將上師所説一切教法都作了筆記，而加以細審和潤治。繼後師將諸法類分為應機訓示、無垢、耳傳和垛哈四大類後，復漸次授與諸書冊。次將緣起法門分作櫝瓶（即袖珍之意）一類；而且名為各種神變類。師説：“由於你是瑜伽士對人世規則和旁用書本，掩蓋而不見；而且作風也不相合。”説後未給此類書本。在那裏對直誦而講釋書本作了審改和問難決疑等延時一年之久。他請求回鄉，師未允許。並説：“還須作教授的旁批潤治；須細審綜合；須和先前諸學類相揉和。”説後他又住了一年。在那裏如果需要他來時，請求傳教授是不允傳的。因為恐擾亂其心之故。後來他去到東隆在麥朗壩（願熾）和金俠熱窩座前也求得教法；又在澎裕梁穹哇和香安供欽兩師座前也求得一些教法。經過四年時，上師對他説道：“覺色裕汝哇：最初苦行道，你已直接走通。現在適合你去到雅達章喀的時候了。”説後召集諸大法師，並對他授記（預言）説：“你能活到將近百歲，子嗣澤烏、勒烏以下將出許多得道者。修苦行誓約定為七年；求法和允傳也須七次；修行的誓約也不須觀待較（七年）更長的時間，但是你口如不太緊的話，也會善於說共通諸法。對不幹練（不內行）的受法主人翁休要傳授四種教命的教授；你此生利他事業不會大行，但也不應放過緣起機會。修行不立誓約則不能進入緣起之室；如有弟子是大人物時，應以大手印大寶法門把持此心。你老邁時將會來佳景，在此階段中如衣食不足時，用各種緣起門（如僻谷、甘露）變化而受用。總之，休作在四眾（僧俗各二）中能起座而言以上的僧會領導者，應作隱修瑜伽士而盡力專修吧！”師說後，敦勒也就回到雅達，他對哲塘的一位老僧人傳授了修心誦授經文，以此老僧發現罪淨的徵象，心中生喜而承許給敦勒作僕役。他在哲塘的一小屋中修行立下七年誓約。甫修兩年聽得巴操逝世消息，而去到寺中一次。此後繼閉關專修兩年又因其父逝世在薦亡宴會中他去過一次。此後繼修三年，雖是一切道之功德獲得圓滿，而且獲得內外成就的名聲也大。但是實際對應化眾生來說，没有作出多大饒益。他說：“這似乎是修苦行時斷作三段的報應。”他雖是圓滿修起成道徵象的功德，但大都緘口不言，縱說一些也是零散破碎的。也有來求傳“奪捨”法[34]的，但他衹是在峨覺色的寺廟中示現了“奪捨”的遊戲。繼後他為了護養德行，穿着歌者的服裝，唱歌度過了六年。後來經甲薩•覺窩拉欽波，拉准烘謨和覺窩傑烏穹哇三人商決請他受出家僧裝而出任講經院的阿闍黎。但是他大都在閉關中對蕩巴的言教，著作了許多釋論。在那裏他原想託付傳承給覺色朗喀，但是覺色少年時也就死去。（有名少年雅澤者，被暴風襲擊，行到公波而死去。）由於敦勒擁有大教授的美名，烏約的許多大人物都來求傳授，但是他為了保護上師密囑，未允傳授教授。此外得傳教授的弟子有昂雪的章波六人；女尼和母子六人；格西六人；修密士六人；在家具信者六人：不守上密令販法的商人六人。共三十六人。前三十人没有得“語傳”；後六人没有得灌頂教法。因此都不符合法主（資格）。繼後由上師所授記（預示）的法主——若•協饒峨（智光）來到雅隆求得教法；後來迎師到傑區求法時有細波•尼瑪生格（日獅子）和兩昆仲，敦勒傳法後，此諸人也就成為法主。繼後在雅隆他想擺脱講經院的阿闍黎而丟掉職務，隨自己意樂而穿服裝安住下來。繼到雅堆將一部分書籍秘藏於播謨山中。又由勒穹格西迎請他來到勒穹和沙拉安住，在那裏他又將諸書籍秘藏在先脱山岩中；又在貢窩山和香布那山也秘藏了一些書本。繼後細波遊方給住在沙拉的敦勒送禮而來時，敦勒説：“細波你來了很可喜！勒穹格西將我叫到此地來，不給食物，而讓我苦死。現在你領我到寺廟中去吧。”説後流了不少眼淚。在那裏細波稟師道：“我遊方太久，以此無一定莊園地，我準備回鄉後，再來迎接上師。”敦勒説：“我的弟子你是有三昧耶的，盼你不失誓言而再來。最好是此次就將我領走。”細波回鄉後將一良田賣去，以售價買了酥油和青稞而來迎接上師，到了寺中隨適意處而住下。此中對師承事服役有時因吃食而受申斥；有時因衣着而受責罵。但仍然發生歡喜而敬信；並作忍受。敦勒晚年目光不明，享壽九十一歲於丁丑年在乍貢欽謨逝世。新建一塔將靈骨一些也不失散地奉安於塔中，至今（著者當時）仍完好存在。而此復仿效常啼菩薩訪上師卻帕（法聖）時，將《般若波羅蜜多經卷》建立七重標記的緣起，是以無著、世親、丈熱阿雅得哇、蕩巴•衮嘎、巴操，直至敦勒七代之間，作為單傳。由敦勒的弟子細波昆仲將全部教授發展於十方。細波對師所作讚文中説：眼前看來好像大貪者，然而實是定力善妙師，眼前看來好像愚昧者，然而確是智慧極深師；眼前看來好像難相友，然而若與分離難忘師；眼前看來身語似凡俗，然而內懷善行無亂師；眼前看來不修祇知睡，然而內開定門無量師；總之雖未廣作聞思業，然而內修慧火熾然師；眼前看來教法如蕩巴，然而是為修傳增長師；大哉至尊秘密隱修王，示現人相師前我祈禱！以上係單傳隱修三師的階段。

由大成就者嘉哇敦勒正確託付法傳人，是若•兩昆仲。先是藏傳佛教前宏時期中，出有名叫若•苯朗喀耶協（虛空智）者，具足通達和功能，歷代家族中，盡出殊勝的持密師。在第二十四代中出有名叫若•協饒喇嘛（智慧師）者，係廓絨漾達和伯拉日哇的弟子。以金剛橛為本尊修持極善，傳承至第八代，出有一殊勝士夫獲得授記者，係庚午年生人，享壽八十四歲於癸巳年逝世。他的兒子名扎喜扎巴（吉祥稱），也是具有其父一般通達的持密師，係於戊午年誕生。（戊午那年也是甲瑪溫敦誕生之年。）享年四十九歲而逝世。他配妃卻季格（法善）生子三人都是得道者為利他事業而來受生的。

其中長子名協饒峨（智光）：係印度東方的大班抵達名協饒珠（智成）再世受生的。他係丙戌年生人，年屆五歲時，由祖父協饒喇教他文字和演算法。年七歲時，已成為善巧唸誦者，一日間能唸完《般若二萬五千頌》一遍。其父有些不信，增加唸數而使唸仍能唸完，父合掌歡慶。一直至十歲之間在祖父和父親面前學習密宗諸法。父想應當使其子具有詛咒神力，遂命他從十歲到十三歲之間閉關念修金剛橛，發現許多成就徵象；尤其是親見極為明顯的金剛橛全身像。他說：“我完成了根那雅（金剛橛的梵名）的念修法後，我的身體已成為鐵塊般的堅固，縱有千百鬼魔圍繞着我，不消說難損我一根毫毛，就連我的眷屬也不能損害。”他年屆十三歲時，若敦真波策動他的父親將協饒峨送到他的座前去求學。他在若敦座前兩年中聽受了索宗的垛、鳩、生三法，修法三種，阿若秘法，毗瑪那，息結上傳諸教授，而且成為善巧。又在若敦魯敬座前聽受枳雅的許多修法和後來新譯聖傳法類，及瑪、垛傳規的勝樂法門等。年屆十五歲時，在討哲瑪貢哇座前求得覺宗垛、鳩法類和誦授經教六小支傳；舊譯五種續部；康宗甘露；馬頭金剛四尊法；幻化明燈等教法。他年屆十六歲時，對牙齒缺落者，能以鐵牙鑲補，普遍傳稱他叫鐵牙巧手。又在阿闍黎漾休歐珠座前從十六歲到二十歲之間聽受垛、鳩（經和幻變法類）樹宗傳規法類；並勤學細研。在那裏僧會眾中誰也不能勝過他的辯才。因此漾休師將他的原名甲謨改名協饒峨（智光）。年屆十七歲時在江波•達瑪扎（盛稱）座前聽受絳伯哲巴的四種法門和彌枳師傳六法。十八歲時著作《幻化道次第註釋》和《基、道大綱》。年屆十九歲時，他前往哲區最初去和倫達•索•達生（盛獅子）相見，僅一見面即生敬信，在師座前聽受了正法甘露、大圓滿總結和幻化徵相，以及《對法》諸學處等。又在副講座朗敦多白座前聽受《阿毗達磨雜集論》和季宗金剛橛法門。又在梁堆區甲•索朗壩（福熾）座前聽受甲宗甘露法門。又在妥扎西邊的喇嘛甲生嘎座前也聽受甘露法門。又在梁納垛波座前聽受經教和幻化法類。又在阿闍黎温垛座前聽受大手印寶藏。又在阿闍黎覺達座前聽受大圓滿隆欽法類。又在章納准珠生格（精進獅子）座前聽受因明攝要和繃巴傳規的略論。又在得道者歐珠座前聽受大悲觀音三法。當他在季拉傑索的那裏住時，其父給他送糧食來途遇仇方，父被殺害。這一悲傷使他病倒，衹好將所有剩下財物作超薦亡父之用。繼後他回前藏來到扎塘，見父死後衹有母親和兄弟，一門弱小，以此他生憂苦而想前往康區時，父族諸人齊來商議，使他放棄了前往康區的念頭而甚讚他的功德。二十一歲時，他作一般共通的聞法和講説。在這以後他在許多上師座前復聽受許多教法。在格西塔細座前聽受波羅蜜多和中觀，及因明，復求師傳授《那若方便道》以此生起殊勝的修悟而能粗解教授。他年届二十四歲中發現地神的争擾。因此他在珠果洽的姪兒珠朗扎來到桑耶觀察時，在珠朗扎座前求得珠師的甚深諸法記録紙卷，而在喀汝崗閉關專修制伏了地神諸争擾。繼後他前往堆隆在壩日哇座前求傳"義傳"時，正遇着壩日在閉關中。他祇好前往熊巴頂在嘉哇袞交座前求傳瑪哇生格(説獅子)的"義傳"教授。最初對教授發生重疊之感，有一天互相談論教法，師徒都不能勝他（協饒峨），以此覺色卓波説："這位格西（指協饒峨）在章思瑪以下一帶普遍傳稱他是善巧教法者。阿闍黎負責能勝，是未知如此底細之故。還希見諒！"説後也傳授他一些零星教授。此後他求得崗宗的教授；瑪宗修時精華；仲•耶協壩的真實名稱經金匙等息傑派[35]的許多教授後，他的病根也獲得拔除。在那裏他住了三月，到第二年他年届二十五歲於十二月十五日夜間修瑪宗修時精華時心中生起無倒智慧的證悟，而發現輪回涅槃一切法唯名安立中而獲解脱。繼後在昂雪甲熱座前求得大手印導釋，嘎哇金巴的"義傳"；方便道頌；故貢的方便道等教授。那時，他對於違緣災厄，憶念根本要義時，能清楚地回憶起，也未入於無記識道（無善惡可言的中立道），也未去到四明智中。他年二十八歲時，曲巴達准雖已逝世，但是聽説他的兒子曲巴准珠生格（精進獅子）仍健在，擁有與其父相等的教授和證悟。他遂穿着化緣者的服裝而來到羌清（酒店）中，最初一年中求得瑪、索、崗三宗的經教誦授極為尊重。他感覺認識根本的教授雖和嘉哇袞交没有差別，然而，直入修法的途徑和解説的效驗，應以曲巴所傳為善巧。當寺廟中曲巴來作紀念格西的薦亡班首時，對一切學派施主從份位中都作了尊敬的看待，因此他（協饒峨）歡喜而説道："去年我在傳諸餘法中作了服役；並請送師一短途程。此次我願來服役；並請傳授諸餘法（未傳的法），尤其是崇重索宗諸法。"上師傳付以波羅蜜多傳承而鼓勵他修三年苦行。他又想到過去已獲得索宗諸法的傳授，以此情稟師，師説："這次可以不傳索宗。"後來他接得師函命他作阿闍黎倫覺從季雪前來的嚮導。因此他對阿闍黎倫覺作了很好的招待，而一起來到師前，以此獲得傳授諸教授；此外還獲得傳授息傑派的救度母法門，明燈九法類，以及傑宗和江宗等的一切法類。師説："現在我和你對息傑派的法類來説，没有誰是智與不智的一些差別了。"此後他想修行崗宗法類三年，於是將所有財物都施捨乾淨連一點食糧也不剩。以此阿闍黎漾休也有些不悦作歌嘆惜而老淚長傾。此後他在哲哇崗的中屋中閉關三年而修，依僻谷為生，穿着破舊衣，緘口禁語，苦行勤修。以此獲得證道徵象和透徹覺悟，而斷漏流，有一月時間中現起無晝夜分別的光明。總的説來，最初是親見本尊諸佛；中間獲得空行母給他授記（未來指示）；最後能役使諸藥叉作諸事業。他年届三十歲時，與季昌細波相見，細波常從身中出現兩修女依傍其左右，旋濾製出甘露來餐服，以此身形美好而面帶笑容。令人一見之下即改變普通觀念，而不知應如何對他頂禮恭敬才好。細波賜以食餘的甘露，服食後頓覺全身充滿樂感。自已好像没有膽氣般稟告學法方面的話説："過去我對教法學也學過，知也能知，修也修過。現在我觀法與非法等無差別。"細波説道："你無聞法之耳，我也不善説法。你拿這點東西去吧。"説後從左手指甲中出一瑜伽女身給他。在那裏他在善惡、捨離、對治、修與未修等中所持的一切修悟，都獲得清淨。過去協饒峨在曲巴座前住時，聽說擁有的是敦勒教授，後來甲薩的覺窩倫覺迎請枳空法王和甲瑪仁清杠巴時，他去朝見諸師，因此和敦勒相見。獲得敦勒傳授他三種共通的無垢傳承。敦勒說："此法中有很多灌頂等法。迎請我到家鄉，當在那裏完成此法。我和你也有一種機緣。"協饒峨請求說："我已成為瑜伽士，無一定根據地，求不作迎請。"師說："我單獨一人不成事業，無論如何要迎請。護法諸空行母也說有話，應完成諸法。"於是約定十月間為迎請之期。此後他去到季昌求傳蕩巴傳規的真實名稱經等教授，及六種零散"決"法等。過去對他人衹傳三種，此次六種完全傳給若•協饒峨。可是由於上師年邁有許多詳細具體情況還須問其女兒嘎敦。繼後協饒峨到哲杠去時，由於未能達到過去苦行誓約，鼻孔出血七日不止，用藥和禳解都不生效。於是他對諸師禮敬，尤其是他憶念起索•達瑪生格（盛獅子），因此他見空中現起身着藍色大氅的達瑪生格前來用手撫摸他的眉間鼻血頓變成青煙般而截止。此後他為了作若敦真波逝世後超薦事務，而延務了迎請敦勒的約期。繼後他在邦仁住時，夢中見一有海貝裝飾的婦女對他說："嘉哇敦勒在等候你去迎請他啊！"於是在那裏他派遣了四人去迎請，至尊敦勒來住在温達施主甲壩的那裏和協饒峨相見而大喜！當天晚上將需用諸蘭本寄到他們面前後，第二天上去在焦區由雅欽熱烏格作好基本諸事後，在灌頂時細波也來了。求得輔音和元音字母灌頂時施主和福田——上師共有四十人。繼抬師到邦仁後，時經三月，得師傳授了"無垢教令"等共通諸法。後來走時，師吩咐陳設會供[36]，將要作法事。說後也就傳授了"不共教授"、續部大綱等和灌頂道導釋等。上師又說："過去未普遍傳稱的甚深教授，此法雖是歸我承受，然而有上師的密令——除單傳外，無權傳授。老出家人貢師是得交付單傳教授者，但他已死，其子不是法器不堪傳授。現在這一傳承是當交付於你，但是直至我未死之前，你應當緘口，不可說你有這樣的教授；我死後你自己揣度和適合而行。”說後將十六本小冊子都交付給協饒峨。在最後一次來時，細波和貢巴麥季巴，及敦巴朗喀等人也請傳授了一些教授。此外還傳授了夏瑪傳規的“垛哈”；以及洽欽的法語卻魯法類；洽穹的法語廣論；班遮卓達的簡略法類；索波垛得的瑪宗法類等。敦勒臨終時，侍從問他道：“你的弟子中你掛念誰？誰是獲得上師你的完全教授者？”敦勒回答道：“祇有阿闍黎協饒峨稱得上外，還有誰呢？他是好比失馬由外尋而判斷，失牛由內查而判斷者（言內外精明）。他是招來十支後裔而進入以下諸代所依靠者。”如是的問答也可表明協饒峨的超越修悟是空前的，而且他心中生起了至尊蕩巴的究竟密意，而心中獲得一種徹底的定解。他年届三十二歲時，迎請扎奇的阿闍黎若伯前來，他求得勝樂十三尊修法，頂布的垛哈法類，諾若哇的四法，往生合修法，修時安設，耳傳母法，魯宗摧壞金剛法，楚宗紙卷四法等。年届三十三歲時在麥季矯正道法。年届三十五歲時，在業塘的達貢細波座前求得印度辛底巴的“精滴密吸法類”的灌頂和教授等。年届三十六歲時去到喀曲親見勝樂金剛曼荼羅（壇場）。三十九歲時，蕩巴對他示現身相而來說修悟徵象。年届四十歲時，嘉察垛旺將業垛寺供獻於他，收納後將寺座託付給瑪尾生格。四十二歲時，修甘露法，獲得甘露下降潤濕了師徒們的衣服。他年届四十八歲時在牟底獲得天眼神通。繼後他在澤波隆住時，到一處郊區和阿里耶協扎的兒子多傑扎（金剛稱）相見，多傑扎有耳傳父法，因此他以父法交換了協饒峨的耳傳母法。年届四十九歲時廣作利益其他有情事業，而且敦勒上師逝世後密約解禁，遂由格西康巴・協饒准珠備辦許多求法禮物和陳設會供。於是他對具有殊勝因緣諸人傳法。此後發生極大災厄，後來直到六十五歲雖仍不順遂，但災厄漸微。六十八歲時，他為三十處講經院大眾，廣轉法輪（即講經說法）約半月之久。他享壽到七十九歲於甲辰年逝世。荼毗時發現勝樂雙尊和金剛瑜伽母等像及許多舍利。

次說協饒峨的兄弟法王細波：此師前生係鄔仗那王名卻季拉（法天），行甚深密行，證得道果的一位大德。此生係於辛卯年誕生。年甫三歲時，即能憶念輪回生死苦，並善於唸誦。到五六歲時他以唸誦《般若經》的酬資來作費用。他從七歲起行密行而佯裝啞巴。年屆十二歲時，據說喀惹僧人杜哇峨（戒光）說法，以此有許多寺中修士都要到來。但是其母將他派遣到他處去了，他聽得消息後，已不能去到說法院，他衹好於夜間也前往說法院，他想我今天到不了說法院而屢次哭泣！衹好向十方一切求法修法人士頂禮，以此在那裏他心中生起了真正依止處。他年屆十六歲時，因父逝世衹好解除密行而去給俗家誦經懺；並為母服役。年屆十八歲時，他單獨一人去到甲讓哲達洞中住時，最初聽到梟鳥叫聲，心中不安，繼後觀察心不安的本體，而現證自性空的心體。此後他在兄長面前求得許多教法和教授。此外他週遊許多地區在許多賢良上師座前尋求教授。他年屆二十五歲時，在一法輪會上講演“略論”。他見會眾不甚起信，衹好逃離講席去到麥季。在途中發生魔障，但未受損害。有一女地神前來迎接，並作服侍，他也就在朗喀堡中住下。二十六歲時，兄長來信說：“焦區上師大德敦勤要到那裏來傳灌頂，你來吧。”他心中大喜！前往那裏求得諸種灌頂。此後上師說：“須修學教法導釋。”他遂閉關念修《信心法》，廢寢忘食地修了二十三日完畢，圓滿生起徵象和一切功德。繼以現起的徵象問於上師，上師説："即是父親的話也不要隨聲附和，縱是母親的油脂也不要説是美味（言心中應有主見）……"開示了許多申斥的話。他想我不知修心的揣度（或判斷），這點是不傳教授的癥結。於是他作出道情歌道：

啟請至尊大寶師，慈悲攝受具信徒，具相上師如晨星，合器弟子更難尋。我是厭世一穹乞，心未奔馳於非法，現守山林住修誓，緊依美譽師尊前。勤奮積福作基因，竭力修心以為道，難於淨治之障染，此次獲現三淨相。經中所説諸道相，我雖無修此次現，雖是夢寐中習染，然現修中六珍兆。缺法無才乞丐我，雖對文字無需要，但希示我父耳傳，是否願聽我仍歌。

以此上師作如夢初醒的開示道："總的説來，求蕩巴的法門者雖多，能值遇修行傳承中無誤的教授者不多，縱能值遇，但最初未完全研習導修講義而空喊閱讀書本；這樣緣起失誤，以致不能獲得託付傳承的對象。你所現起的那些徵相和勳德，我過去也知道，但還未具足完全的因素，縱然全具，是否符合施給耳傳的承侍者（資格），還没有一定。關於此點是否有一受法之主須得商量。"説後唱出道情歌道：

計從無我母以下，到父巴操師以前，都是單傳之教授，具證傳承中未斷，修悟法流未過時。唯現徵相與功德，應機當傳是我身，但衹能傳單一士。過去求者雖多人，但多許誓願不清，師徒相合無一人。瑜伽本分我掌握，未向鬼魔求悉地，未向天神作祈禱，未將密語説出口，未向人前露隱藏。此一寶藏教授王，願能值遇善緣徒，我具正法賢名稱。

在那裏法王細波對師語看作無比的合量語，在師前獻上修行的誓約，並作合理的承侍服役。上師也對他關懷而將一切教法都傳授給他。他雖是有許多上師，但仍以敦勒作為根本上師。而且法王枳空巴雖是對他說："你住持我的傳承吧。"他稟告說："我必須住持我上師瑜伽單傳。"他年届三十一歲時，去到枳空，勒波壩地神也來迎接他。法王枳空來到僧會中和他相見。繼由伯欽故惹哇作親教師，章巴杜真作阿闍黎，甲日哇作屏教師之下，他受得比丘戒[37]，命名仁清協饒（寶智）。受戒後他身披寶衣和哈達[38]，顧盼上下左右四方而說道："極為善妙！"説後以手摩頂。此外他在麥季巴座前聽受初期法類和察宗法類，在曲巴准生座前聽受中期傳承，索達生座前聽受法淨一母法，洽布甲熱座前聽受索宗旺饒的法門，日措布頓座前聽受布桑傳規的救度母法，嘉哇食交座前聽受索宗法類，若敦真波座前聽受嘎噶尼、摧壞金剛、大甘露母等法，若敦魯敬座前聽受密集續，細波堆枳座前聽受大圓滿耳傳法，喀惹吉敦座前聽受五病等察宗法類，香巴絨伯座前聽受往生通道，諾貢和倫領波座前聽受勝樂十三尊灌頂，若協饒達哇座前聽受秘密一橛法和甘露一瓶法，其父座前聽受大手印耳傳等法，討哲瑪貢巴座前聽受妙吉祥友母諸法。後來他再到枳空時，一心傾向於修行，於是在咱日、喀曲、香布、牟底、波瑪、杠桑等處一心專修。繼後去作利益伯欽那裏的有情事業，地方諸神也前來迎接他。他年三十七歲時去到山林茅蓬中靜修，同時也教化上中下三種徒眾。此後金書（用黃金粉末書寫）嘎舉派諸論著。僅攜着所得一部《華嚴經》而去到定日，那時他已年届四十歲。也是日月風翅空行母迎請他到那裏去的。當他行到綳曲河邊時，藹巴大師和絳秋生巴袞嘎兩師（給他現身）先頭來迎接他而説道："你來甚善！"來到朗柯的晚上，夢去到寶島這是利他事業將會成功的佳兆。他遂在大菩提等塔像前作廣大供養；對瑜伽男女諸修士也作承侍供養，令生歡喜已，而講説許多朗柯的故事。因此朗柯人士都想他決定是藹巴的化身，而請求他主持寺廟，但他後來仍然歸來。他將動身來時在靈骨塔前告別頂禮，靈骨三次躍起，並出現許多舍利。他對諸弟子大降法雨；並著作了廣略兩種道次第和許多釋論。最後他享壽七十五歲於乙巳年十二月二十二日逝世。先在十二月十八日他登上獅子座，身端直而坐，好像絲毫無恙。一切徒從都來集會後，他説道："最初我重此世的心力微弱，勉強作了濁世眾生的阿闍黎。尤幸清淨思想之花晚開，而使眾生得到利益。我們師徒好像有一種甚深的業緣和願力聯繫着，以此你們對我關懷而信解；我也對你們慈念，我們師徒都與法相合而生起快樂，互相友伴也為時很久。雖是讚譽之下難度此生，然而與法聯繫的美譽名聲仍然普遍於十方。現在我將示現圓寂，你們莫作悲傷！由於你們和我的心願在一起，以此是沒有聚合和分離。對後繼的達到究竟證悟的大修士來説，是不需要徵相等遺跡的，然而空行母掃除設座後還可以留一些遺跡作為供養之所依。你們也應該猛利地祈禱，可得加持。"此外一直叮囑到淨治遺體和荼毗的事宜；並囑咐在此寺中一切人等應如法修行而安住，三年後將有好景到來。説後繼即逝世。果如他所説出現許多稀有的加持物和佛像等，直到而今（著者當時）仍存山居寺廟中。

細波之後為溫波・協旺巴繼掌寺廟一年而逝世。繼推選其弟達甲巴掌管寺廟也是僅一年而逝世。因此普遍傳稱此寺有凶煞誰也鎮伏不了。

後來是楚細巴主持此寺為期很久。

次說智者瑪尾生格（言說獅子）：此師前生係喀什彌羅地區持數論師[39]宗派一外道師，因喜辯論而來到印度東方，許多論師都敗在他的辯鋒之下。後來由班底達協饒珠巴（智成）破其辯論，而使他懾服。他遂以協饒珠巴為師，而求師傳授閻曼德迦灌頂，命名密號季麥哲（無畏力）。師徒結伴去到鄔仗那護法王卻季拉（法天）的那裏。經鄔仗那王請求協饒珠作僧會之主，季麥哲任羯摩師而轉大會法輪。如他所發一切生中都來聚會之願，季麥旨此生中係於丙午年誕生。年甫八歲時，學習文字和演算法，略指示即知。年届十三歲時，才能和身體漸趨圓滿，對於扎、垛、匈三種會中遊藝，他在市集中都能掌握。年届十四歲時，他在閉關中講說“基道大綱”，以此一切僧人和修士都對他敬信而墮下感動的熱淚。他十五歲時在曲羌清地方倫覺生格（瑜伽獅子）座前學習《中觀六論》[40]而成為精明的辯才。年届十七歲時，在扎奇達朗波的阿闍黎香敦袞卻座前學習許多《聲明》論著。他二十歲時，去到喀惹區克巴覺伯的那裏學習經部、幻化、心法三類，兩年即已盡知。他去到後藏各地遊辯論場所，在桑業烏喀右許多智者和他辯論都遭失敗。因此汝昌哇・索仁是一精於《對法》和密宗的人士，也是過去索巴座前的朋友，他說：“這位青年學者像似能破極廣而理智敏捷，和我的朋友格西協饒的談鋒相似。”繼後在格西乍窩欽波逝世法輪會上，他和一位名叫雅敦書謨、格西釋迦桑等誰也難勝者以“是否有本性利根（即天然性質聰慧）”為主題，相辯論時，經多次答辯，他使對方失敗。以此智名突出而獲得瑪尾生格（言說獅子）之名。他的真名叫准珠生格（精進獅子）。他二十二歲時，就業垛寺主位職，交付以書籍法螺等。但由於求法學業還未完成，以此由兩位兄長來掌管地址數年。繼後請求主持地址也未得允許，由長兄仁波伽建業垛寺；由細波承許説法以滿眾願。後來他掌管寺廟莊園；並且對兩師思念惠賜此世事業和正法二者之恩；尤其是法不他求而獲得，以及能識心即佛之恩。繼後他作説法和聞法事業；而且作了許多調解糾紛等事務，以此有些人把他看作純全是世務者。他年届二十三歲時，為圓滿喀惹覺伯逝世後的意願，供獻許多供物（以作祝福超薦等事）。他年三十一歲時，修入五道直徑中，現起如前輩上師所現的因——障淨之相，道——掌握五風之相，果——淨相現起之相等。並且現起無晝夜分別的光明，牆壁無阻礙等。實際是在斷離戲論之上，如火焰熾然地生起樂、明（無二）的修證。以此在無念中喜極而流淚。年三十三歲時，修真實名稱經教授，因此在開口雌胡蘆中親見文殊七尊。他年届三十五歲時，去到拉薩送供品，獲得從觀世音心間放出如君陀花（白色月出時開花）色光明合入於頂中。三十八歲時，仁波伽（長兄）逝世第三次祭期來到順帶細波的供品，他作隨從而來到桑耶寺中，以此獲得馬頭金剛像從心放出如珊瑚色的光明入於他的心中。他年届四十歲時，在業垛寺中閉關靜修中，生起如珊瑚色紅光而變為馬頭金剛後，紅光遍佈諸方，發出三次馬鳴聲，初次前後藏四翼都能得聞；後兩次合格的人（德範人物）都能聽到。這是一切智的美名將會到來的暗示。年四十一歲時，去到喀楚時，空行母前來為他指路，柳喀嘎得湖中發出吽字聲音。由清淨修力招來修行用物充滿容器；並降下甘露。他四十四歲時，建立登一切智位的法輪會，在充滿聞法會眾的地址上，大格西們説法聲音，坐在最後聽眾是難以聽到的，而他説法聲音，最後諸人都能聽得。他年届五十八歲時，送供品前往枳空寺至尊敬安座前時，敬安的話語中説：“過去如虛空般而逝去，是送到大虛空中了。”說後傳授他以大手印，以此他生起一種感想是：無分別的密意在三時（過、未、現）中是否不起效用。他年五十九歲時作了逝世積福（如供三寶和僧會等）的事宜，親見耶協貢波（護法名）為他示現笑容。他年届六十二歲時歲次丁未年十一月初八日在現起許多瑞相中而逝世。淨治遺體時充滿舍利，後來作為內供珍像塑造為金剛薩埵像，用水扮飾像身時，沐水中遍滿舍利，給像身塗金時，如降雪般降下舍利雨。如是如三怙主[41]般的三昆仲，從他們的法流而出的弟子雖是難以數計，然而住持其法種傳承的主要弟子確是楚細仁波伽和湯切欽巴（一切智）兩人。

先說楚細仁波伽：父名德協欽波協饒峨（大善逝智光），母係喀曲的瑜伽母名絳秋准（菩提燈）。其母獲得空行母的授記（預言）後，她從喀曲而來到德協欽波座前告訴所得授記情況，德協欽波甚為得意而先作會供輪以為加行，懷孕期中其母發現許多淨相。於癸未年誕生楚細，命名達瑪生格（宏盛獅子）。年甫五歲時，能誦出其母常修的瑜伽母修持法和三瑜伽。年届七歲時已知許多程式的會供，就在七歲那年送他到業垛寺德協欽波座前。在父前請求學習諸種事業法類，父問他現在已會什麼？他將所會的最初誦讀和讀經二者誦出後，父大喜令他修持入於橛金剛的淨治事業中。有一次他在坐墊旁邊坐下而食包碗布，以此繼母發怒而捶擊他。他逃奔出門，在業下區將他抓着正在將他拋下岩邊時，被阿闍黎拉通將他抓到手而送到下區。瑪尾生格說：“對此子不可以這樣作，應當使他求學。”但繼母不讓他去求學，而命他去牧馬；在抬馬糞時，阿闍黎達烏杠巴將其馬糞筐毀壞而把他領到繼母面前斥責道：“這是上師得道者的兒子，也是不可以數計的徒子們祈禱的所依身。難道你可以這般造惡糟踏他麼？”他從童年時代即能知一切法如夢如幻；對任何東西都不起貪戀，以此自己的衣食，誰喜就給誰，他心中雖不執着所緣，然而他時常有一種喜氣洋洋的神氣，好像還清債務的心情。正由於他對任何東西都不起貪執，所以獲得楚細（意為息滅迷惑）之名。他年届十二歲時迎請索巴求得經教灌頂。父親對他說："至心誠意地修法，必須念修一尊本尊達到完滿。"說後傳授他以金剛橛上部羯摩灌頂，存積修行用物後命他進入修行。當灌頂時以觀察壽微的丸藥三粒置於瓶中，正灌頂時，丸藥增生為九粒。因此給他授記（預示）當得長壽。並囑咐說："生起利他事業時，應以此培入自利福田中。"他勤奮念修以此獲得生起殊勝徵象。續即聽受黑毒金剛橛傳統作法和金剛橛廣軌。十五歲時在曲區羌清格西袞嘎和大成就者季得哇座前聽受《現觀莊嚴論》和瑪宗教法等。年届十七歲時，對《密意集論》作認真研究。此外還獲得德協欽波擁有的一切經教誦授。此時娶來明妃名覺綳，他說"我不需要妻室"而遣回。父說："對修大乘密宗者來說，是需要具相（合格的）明妃的，此女是具相的。"說後復召喚來家。此後求得息傑派[42]所有法類，並生起超越的修悟。他二十一歲時，獲得德協欽波所擁有息傑派初中後三期傳承一切法類的傳授，並念修完成，以此獲得現起因、道、果的一切徵象。他將前往山林靜修時，父說："應求得細波的一切法門。"因此他去到細波座前時，細波說："此子將會是託付我的教法人，將會發生法在的效用。需要一人來到面前，今晚由我來作吧。"說後將以後期傳承為主的所有初中後三期法類都傳授給他。當在勝樂等虛空曼荼羅中灌頂時，他生起上師和本尊無二無別的信解，境漸消滅中而成為光蘊（即光團），於現相而無實有自性中而成為樂明無別境。他進入緣起室中著作出"傳承儀軌"。他年届二十二歲時，在德協欽波臨終時，他生起極大悲傷！因此德協欽波對他說：“瑜伽士將死時是不必悲傷的。以後對於尋思推理者來說，心縱未淨治而內修悟境的現起，當以你為最佳。你當勤奮修持，而且將會作出廣大的利益眾生事業。”在德協欽波逝世的那天，他雖是被悲傷所壓制，但晚上仍來殊勝夢境與事相符的是：荼毗時發現觀世首像，心臟未毀。他得到手中時，被繼母奪去；他也未生不悦之心。法王細波也屢說他快要逝世的話，他以美妙的松耳石和海螺，以及良馬七匹為首的許多供物送到枳空寺去，回來後為滿最後師願（即逝世培福）又塑造塔像，塑造未完工而業垛哇也就逝世。二十六歲時，塑造塔像等很好地完工，並派遣熱巴多傑伯（金剛吉祥）到尼泊爾南方去製造金傘和合金盆，都得到成功。多傑伯本人去到鄔仗那，以此普遍傳稱他叫鄔仗那熱巴。他年屆二十九歲時住在哲巴杠時，教化出有湯烏巴等許多門徒。三類寺廟的上師僧眾等多次協商，最後決定以楚細任寺主為合格。但是業垛寺的（寺主）湯切欽巴（一切智）致書於楚細說：“由你住在山林茅蓬中發揚修行傳承；由我住在業垛寺中宏揚講説傳承”等語。哲巴杠的僧眾和施主們對這種説法大為不悦！以此諸施主拿着承事供品而來到他的座前，談話時施主們本想説“不去那邊”，可是口中説錯為“去那邊”，使大眾都發笑起來。他説：“這是很好的緣起。”三十歲時他住在山林而撫育寺廟。他三十一歲時在雅隆地區班底達達納希那座前有善巧（指一切智）和修行（指楚細）兩師都來到，燒護摩中火焰圓光（一種占卜術）微現不吉相。因此班底達對楚細説：“對你無害！”那次他在湯區一些大德前求得發菩提心和一種小禁戒。他三十二歲時，去到枳空寺在至尊敬安和拉袞卻迫（寶增）座前出家，他供獻了不少供品，也獲得所有教法導釋的全部傳授。這年他在緣起室中著作了所有“五道灌頂導釋”全部。他年屆四十一歲時，去堆隆和喀曲地方作利他（即說法等）事業。在淨相（一種定力）現起中也親見蕩巴來到。四十二歲時他到帕謨住寺送諸供禮時，嘉哇仁波伽心中大喜也回敬禮品。他求得許多教法導釋，並獲得許多賜贈。四十三歲時，獲得大成就者麥隆多傑（明鏡金剛）也傳教授令他滿意。四十四歲時，他從帕謨住寺將自己的兒子住巴波（修者）召喚到山居茅蓬任為寺主。四十五歲時，他去梁區為乍瑪哇的塔像等作開光法事。沿途在梁區作了息病災和消除亂事的善業。就在這年他任命敬安伯欽•湯切欽巴為哲巴杠寺主。四十八歲時他派遣堆松欽巴到妥乍去。四十九歲那年他任命敬安察巴為山林修行諸寺寺主。他從五十一歲起直經三十一年之間都在樹堆地區專一修行，享壽八十一歲在癸卯年逝世。往生極樂世界蓮花中幻化而生，名絳秋生巴多傑彌舍巴（金剛無盡菩薩）。荼毗時所有舍利不令失散都奉安於內供塔中。

此師有子五人，長子住巴波•桑傑仁清（佛寶）：乙巳年生人，至壬寅年享壽五十八歲。

次子敬安伯欽：係丁未年生人，直到乙丑年享壽七十九歲。

三子堆松欽巴：係壬子年生人，壬戌年逝世，享壽七十一歲。

四子敬安察巴•釋迦絳稱（釋迦幢）：係戊午年生人，庚午年逝世，享壽七十三歲。

第五子堪欽楚稱絳稱（戒幢）：係己巳年生人，癸未年逝世，享壽七十五歲。

再說三子堆松欽巴（知三世）：係楚細和明妃覺謨繃敬（簡稱覺繃）兩夫婦所生。在樹普堪布卻絳座前受衣和珠鬘而出家。繼前往枳空親近依止於兄弟座前而生起修悟；並求得許多教法。又在堪布木雅和阿闍黎雲敦峨（德光）座前受比丘戒[43]。兄弟賜他僧衣後而遣返。在父座前同前來聽法的章乍納巴一起聽受所有後期傳承法類和許多舊密法類。又在長兄住巴波那裏也聽受了許多教法。業垛•湯切欽巴所擁有的才能，他大都具有。他從三十四歲去到妥乍頂欽寺中直到四十三歲之間，都在一心專修。他年届五十歲時，建造父楚細和長兄住巴波逝世後的像塔後，也就住持寺廟而廣作教化眾生事業。

敬安伯欽有子三人，長子敬安袞嘉係己巳年生人，癸卯年逝世。享年三十五歲。

次子雲敦絳稱（德幢）係庚午年生人，癸亥年逝世。享壽五十四歲。

三子喇嘛真金巴係癸酉年生人，乙亥年逝世。享壽六十三歲。

敬安察巴之子為甲扎欽波•袞嘎絳稱（普慶幢）：係己亥年生人，甲寅年逝世。享壽七十三歲。

真金巴的長子日措巴耶協桑波（智賢）：係庚子年生人，辛巳年逝世。享年四十二歲。

真金巴的次子珠金伊喜羅布•袞嘎倫珠（普慶運成）：係癸丑年生人，甲子年逝世。享壽七十二歲。

袞嘎倫珠的長子克准鄧珠絳稱（成義幢）；係丑年生人，享年四十二歲而逝世。

袞嘎倫珠的次子仁波伽卻嘉哇（法勝）：此師係於庚辰年誕生在哲巴杠地方中。童年時即較他人資質聰慧，習業敏捷，心中機智，是一位不觀待苦難而能通達一切才能的人士。他在八歲以前即已無難而知曉舞蹈、書札、星象等。從九歲研習密要續部和金剛橛法類，以此將密續註釋中內容綱要。批註、論談等都領會於心中。他年届十二歲時就寺主職位，在夏冬兩季法會中不斷地說法。他又在父座前聽受所有息傑派[44]初中後三期傳承中的灌頂、導釋、教授等，以及新舊密宗的許多經教誦授和教授等。他能從心中（不看書本）講説所表廣大法類。繼後由一明妃同衆商議後迎請他來，後來他有些厭煩時，聽得傑卻仁波伽的美譽名聲，師徒四人逃奔到住在甲乍的傑卻上師那裏和師相見。他一見傑卻師面即生無量敬信！傑卻問道："從何而來"？答："從扎山林茅蓬而來。"以此傑卻説道："啊！細波仁波伽的後輩還在。"説後合十當胸以表敬意。又説："需要什麼服裝等，裏面是有足夠的。"對他大生喜悦！他也就在師座前聽受了"義傳"的一些所緣法門和會供諸法類。住約兩三月緊急地前來迎接他，以此仍回原處。繼後他在父座前求得一切教授如瓶瀉水般全傾給他。他又在甲扎欽波座前聽受楚細傳規的各種傳統作法；以及達波嘎舉派法類和金剛鬘灌頂等為哲巴杠所無的諸法類。又在喇嘛阿謨嘎巴座前聽受新密的許多灌頂，以及章巴許多經教誦授中以《甘珠爾》[45]為首的許多經教誦授。此後他到麥季專修金剛手和威合修法。繼後他又閉關念修新舊密宗中許多本尊修法。此後他修習中期傳承中瑪宗修行導釋，因此獲得生起大手印修悟。此後閉關念修"五道"兩年之久，以此生起了許多殊勝徵象。此後修行"三道"修法一年，那時於黎明有一座修間親見廣泛觀修中生起的諸上師像。因此由信力增長而作祈禱中，得開三摩地之門（即定境現前）。又由於他修一尊灌頂六月，以此在夢中，夢見自身成為光團合入上師胸中。他在一段時間中也勤修初期傳承和索宗法類，而豎起修行之幢。總的説來，他的內證如陽光現起而使無明黑暗消除；能取所取的鎖鏈得解；並由他的慈心悲心廣大之力，而使一切具信者的信根得到發育和增長；祖及父輩等一切前輩法種獲得紹隆和補報。

這位大德一晝夜的修行次序也是不可思議的。他在黎明早座中：從持皈依發心為本起至天將明未明之前，修持五道，繼修長壽法，摧壞金剛，穢積金剛等的念修法。此後陳設諸供已，修供贊，常懺祈禱，素淨垛瑪（供食）等法。進食後繼修經類修法；很多供垛瑪次第，嘎舉派三世祈禱等。以上都是住在上午座間而作的。進午餐完畢後：經常是講説拔根和曜母陀羅尼等法類已，屬於下午座間。晚上修誦救度母二十一遍，初夜修百拜禮懺；七支供養；總懺，供護法垛瑪。繼於夜間修開虛空門和增益修持法，以及每日不缺常修的崗宗法類和行境二者。以上諸法是他每天從未缺少的修持法類。如是一心修持。以此發生許多殊勝徵象。他修護法酬願百次的一晚上在夢中見從自身出許多膿血，身肉隨即減少，繼而肉和骨分離而成為整架白骨。又他修和威合修法時，修境中自身住於妙高山[46]頂觀看三千世界，而自身也成為極大之身。又在求救度母灌頂時，親見上師即救度母。又在閉關念修金剛橛時，見從金剛橛身中出一如燈火般的紅光多日不散，在夢中夢自兩手各抓着一山如持鈸那樣互擊起來。又在閉關念修長壽本尊時，夢飲大江。又在桑敦嶺寺供隆十四日垛瑪時，黑色鄔摩天神降於屋頂而來到自己面前，繼往下方而去。此為眾所見。又在月蝕時修和威合修護摩時，作完世間護摩繼作出世間護摩時，他自身威光煥發；護摩火焰也較前焰頭長而明耀。當修完儀軌時，他説："我獲得一種決定。"問他是何原因？他説："在修前面生起本尊時，真實發現本尊來到火中；焚燒物和諸供品發現如人接引人那樣而供獻完畢；最後諸空行母和諸護法也都來到。真是取得一次福緣啊！"和威合修和金剛橛兩法也是前輩諸上師重要修持法，唯以這兩法灌頂時，加持力為最大；而求得灌頂者以此獲得祛病除魔，以及啞者能言者，頗不乏人。由於法中廣修藥物加持，以此藥效較前增長；而且發現許多加持的徵象。他的史事和作風完全是效法前輩諸師而作的。他所得諸財物，也都用作前輩諸師逝世供祭，塑造塔像；對貧苦弱小者散糧；對上下廟堂吩咐時供明燈；仁波伽珠金巴逝世五年後，他將珠金巴之子喇嘛峨熱哇等少數的人召集攏來，傳授以五道灌頂導釋等。繼後於夏冬兩季他都不斷地講授息傑派[47]初中後三期傳承諸法，而使利他事業增長。因此他的美譽名聲遍傳於大地之上。

卻嘉哇的座前有許多善知識前來親近依止，而其中最勝的弟子出有傑卻•仁清讓波（寶賢）：此師係英扎菩提的化身，他自己也承認。此外還有喇嘛扎鄧巴、章巴羅桑巴、垛敦扎通巴等許多門人。最後他（卻嘉哇）年屆七十歲時，於己丑年秋季患病時努力地作了廣大的修法禳解法事。有一天他對諸子說："你們各別地掌管此寺廟，而且應當如此這般作"等，作了許多談話。又說："網路內面的所有書籍，你協饒桑波（智賢，其子之一）保存。麥季的修行聖地不可荒廢，應盡力作教化眾生事業"等語。他也就在這樣作了許多談話中而逝世。

卻嘉哇的兒子是：絳秋桑波（菩提賢）、達瑪仁清（宏寶）、峨熱絳稱（光幢）、珠巴巴•絳央（妙音）、絳秋伯敦（菩提吉祥）、袞嘎協業（普慶友）、法王仁波伽協饒桑波（智賢）等七人。

次說七子中的法王協饒桑波（智賢）：係丙寅年生人。青年時即在父座前完全聽受諸教授；並擁有諸種修行傳統作法。此師從二十四歲起即傳授廊謨仁波伽耶協伯哇（智吉祥）等人以諸種修行導釋而成為上師。從此以後他在妥乍和扎寺兩處不斷地專作宏法利他事業。他也具足大手印的通達；而且從未犯過比丘的清淨戒行。在這位成為嘎舉派教主的座前我等（著者口吻）諸人求得息傑派[48]初中後三期傳承法類。

絳秋桑波（菩提賢）的兒子為喇嘛袞嘎多傑（普慶金剛）：係甲午年生人。青年時在父座前已很好地學會了幻化和威合修和金剛橛等的傳統作法。又在父和仁波伽協饒桑波座前先後聽受息傑派[49]所有許多法類。直到現在（著者當時）他仍然對許多應化眾生作饒益事業。

再説瑪尾生格（言説獅子）所生三子中的長子即普遍傳稱的湯切欽巴（一切智）。他先是和印度南方一帶有名叫諾甲枳納塔的班底達辯論，由於精通顯密教法，以此能破對方理論，究竟獲勝。出有殊勝弟子六人。此後受生為薩迦派[50]大師袞嘎領波（普慶藏）。此後又生而為那爛陀名叫般若乍瑪底希班底達，具有一些神變，運用神變力去鄔仗那，在那裏得見自然生出的佛塔，塔的四方有四大班底達在作淨瓶等灌頂；天空滿布諸如來在作加持；佛眼等諸佛母在作洗淨；色金剛母等在作供養。繼後他去白瑪哲巴等屍林中行密行，由於修行時期太短，以致成為災厄，四十九歲即逝世。此後再來受生即此世的湯切欽巴。這是此師親自説的。此世此師係於丙子年誕生，生後才九月，其母抱他到山林茅蓬那裏，正在淨治敦勒的遺體。因此繼後他能記憶起過去淨治遺體的真實情況。七歲時對於讀本僅略指示即能知道。他在梁敦倫覺繃座前學習《明智讀本》等諸種聲明論著，祇經七日即能將全文乾淨俐落地熟讀。後來對於牆壁上書寫印度、漢族、鄔仗那等字體的一切工藝他也能知。他八歲時迎請到嘎舉派傳統作法論本（對書論籍稱迎請表敬意），以會供（得到經論作會供）[51]餘供獻於父母，父母大生歡喜。十歲時他同父在一起閉關念修本尊法，他心中生起不感覺度過晝夜的三摩地（定）。如是許多才能使他成為猶如天生成就具足理智者，他總共依止了十六位上師。對於無邊經教的顯見，是從上師甲•湯切欽巴（一切智）而獲得，觀察的理智是從上師拉汝哇而得，合理的深信是從上師甲嘎班欽而得，內外曼荼羅的作法是從上師季日哇而得，對正淨密籍的奮勉是從上師凍惹哇而得，利他事業之法是從上師枳空巴而得；具威懾加持的暖火是從上師日措巴而得；知教授的要害是從上師邦仁巴而得，正見密義的真理是從日達尼（也可譯為種姓主本人，即他自己）而獲得。這些功德有些是經一次觀察而知，或僅一聽說之下而領會於心中。因此普遍傳稱他叫湯切欽巴（一切智，或一切遍知）。他的真名叫索朗伯（福吉祥）。此師著作出許多新舊續部論著和明處（即學術）方面的著作，尤其是從上凍惹哇得來智者哲窩貢波的諸論說，以此他對哲窩傳規極為善巧。他修行密宗也獲得很多悉地（即成就）。享壽六十二歲於丁丑年逝世。

湯切欽巴有子三人。長子名衮嘎桑波（普慶賢）：先是法王廓昌巴於戊午年逝世後，就在當年父業垛•湯切欽巴年屆四十三歲在業垛生子衮嘎桑波（普慶賢）。此子在六歲以前屢次說他是廓昌巴而再來受生的；也屢說他是彌拉惹巴再來此世的。他在三歲時才咿啞學語，四歲時也已精通讀本。年屆七歲時已能向侍眷等說法。直至十一歲之間他都在父前聽受了許多舊密續和修法，並能以所知法向他人講說，並作教授傳統作法的教師。十二歲時他聚集各宗弟子，而建立法座。父將一切書籍都交付於他，他講說許多顯密教理。他年屆十三歲時講演《密集續》，其說法令其父也生敬信。在十四和十五歲兩年間，他閉關念修，很好地親見金剛橛像，微示成相。他同香巴楚協一起聽受許多秘密心要的教法；以及息傑派[52]初中後三期傳承教法。又在香巴楚協座前聽受了《三摩地王經》等一些經教。阿闍黎朗喀耶協（虛空智）從芒裕來聽受"幻化大灌頂"等法時，他作羯摩儀軌師。他年屆十六歲時深信自己是壩日哇的再世受生，以此派姪兒卻季思季（法威光）送去許多供品。此後季嘎哇來後彼此互相講説聽受了許多教法。他又在父座前聽受《時輪灌頂》。十七歲時他在前往枳空的途中察區與色康巴相會，也就在色康座前求得許多教法。在拉薩朝拜了釋迦牟尼像。到了枳空寺中他也就出家為僧。十八歲時在業垛父座前聽受許多修法教導。他的修悟極大增長和父——根本上師無有差別。十九歲時仍具如是功德。丙子年王子阿若伽的兵馬來到。丁丑年其父去喀曲，法王壩日哇迎請其父到那堆，即於那年其父在喀曲逝世。他從後藏來成辦了極大的逝世後的送禮。於辛巳年他在業垛和大成就者生格扎（獅子稱）相會，也就在生格扎座前求得教授。二十五歲時於壬午年他和鄔金巴相見。於癸未年在漾桑和對喀地方他於珠欽巴座前聽受《時輪續釋》一遍。三十六歲時歲次癸巳，他在迴熱座前求得俠哇惹的論著言教等。於戊戌年他迎請扎哇•扎巴絳稱（名稱幢）來到，在座前聽受了《歡喜金剛》《那若大疏》《灌頂略示講釋》《教授穗》，及《聲明集分論》等許多印、藏的聲明論著。後來又聽受《不動金剛續》和易作事業。他四十三歲時庚子年壩日哇逝世。他享壽五十九歲於丙辰年示現法身大圓寂中而逝世。

次説次子袞嘎貢波（普慶怙主）：係乙丑年生人，庚申年逝世。享壽五十六歲。

第三子袞欽袞嘎鄧珠（普慶成義）：係辰年誕生，辰年逝世。享壽六十一歲。

又法王細波的弟子普遍傳稱的桑傑熱巴：此師生於普塘昆巴

區的辛扯地方中，枳是他的種姓。父名喀卓（空行），母名真吉。父母有子三人，此師係第三子，於己亥年誕生。在這亥年中枳空法王年屆六十一歲，恰是喀欽班欽到西藏的前一年。童年時能憶念死的真理，青年時代和敦勒大德見過暫短的一面。他在帕謨住的傑敬安座前求得《修行五分》[53] 的教授。他在細波饒行咱日聖地的途中和細波相見而生敬信，他年屆二十三歲時才去到細波座前，盡其所有的財物供師，求得優婆塞戒（即居士戒），命名仁清麥朗（寶願）。師給他授記（預言）說，他將來會有弟子約百人。繼後他在樹普哇的弟子阿闍黎敦巴座前受比丘戒 [54]，繼得師傳授息傑派 [55] 的灌頂和導釋諸法；繼閉關念修《修心法》六月後發現諸成相，而且各道的諸功德也直接生起。因此上師極為歡喜！他一直依止上師二十一年之久。繼後在他的兄長阿闍黎敦巴，又在捫嘎哇的阿闍黎敦巴、桑耶的阿闍黎雲准、枳空的温波伽、汝昌曲桑區的康貢細波、廓乍巴、措普哇、底斯的成就者生耶、妥乍區的阿闍黎古敦、喀曲阿闍黎日措巴、敬安得嘎哇、釋迦格江、阿闍黎本貢、扎巴敦迅、珠休拉日的阿闍黎德洛巴、梁區阿闍黎貢巴、阿闍黎魯貢、喇嘛桑謨哇等師前求得諸師各自的教授。

至於他的修行情況：在上師細波座前立下修十二年的誓約，修期滿後，又增加修了三年。

他的修行住地：計有崗底斯雪山、布讓區的兇險岩洞、巴卓達昌普（虎窩洞）、哈峨杠桑、覺謨喀惹、那雅、杠普、喀曲、洽隆雪山、夏伊乍安雪山、措納的雅措湖、俠鄔達閣的隆東、行過捫區那欽後來到一處叫熱哇底隆地方，又到措牟勒貢叫熱哇底真住地，又到附近有猛獸極大怖畏的一地方。此後見到恒河，來到印度扎伊季布金（有茅蓬城），想起是前生誕生地。繼在達拉貢波，又在與城相近的覺樹和貢嘎住過。他懷着無需任何功德支分的心思，而每日以風息呼吸運行為餐味；足結跏趺能騰起空中；成就神足神通；除對他者保密而不說外，所見境相難以盡述。後期他在洽瑪寺中作過短期利他事業。他享壽七十八歲於庚辰年示現圓寂。以上情況是根據他的直傳弟子梁苯波•達瑪悉地所著傳記而寫出的。

後期傳承的諸法中對於無垢大手印，立名叫"精滴傳統作法類"。應知大手印，由於蕩巴桑結是麥枳哇的嫡傳弟子，以此是麥枳哇的大手印。所謂無垢，是對蕩巴的諸教語而說的。所謂傳統作法，是指其他諸開示和略有不同的修行直徑而言。其本體性仍然要說是波羅蜜多隨順密宗行。在麥枳哇的真實性第十釋論中也說：彼宗是波羅蜜多隨順密宗行。這和喜金剛中有一相似的說法是："不是依於本尊瑜伽；而且沒有隨順四種手印，因此不是密宗。"顯見與此說法相符。這也是就共通傳稱的諸法而言的。普遍傳稱蕩巴傳授了《時輪灌頂》給洽欽和苯古嘉二人；並傳授了許多業手印教授。因此對於蕩巴的教法——杜恩息傑（能息滅苦）來說，不是完全沒有密法的。以所說隨順密宗來看，元音字母和輔音字母的加持等也是隨順密宗，但實際不是。以此關於此點不應誤解，當知般若波羅蜜多經，是和說四十二字陀羅尼門相似之故。這一法門中分共通與不共通兩部法門，共通法部中包括：經續傳統作法等；應機耳傳等；無垢點滴等；達察說集等。所謂經續：一般經：指《大河現前遊戲經》；特殊經：指《般若心經》。一般續（密經）：指《顯明經藏續》；特殊續：指《大河續》。所謂傳統作法：指灌頂廣、中兩種和廣略道次第共為三種。所謂應機耳傳：指四種應機；求道四耳傳。所謂無垢點滴：無垢是指卻樹巴的根本法門等六種。點滴是指巴操對袞嘎所問諸障難的教授。所謂達察說集：是指達察語教甘露法門等八種，巴操臨時談話而由敦勒筆之於書的。所謂説集：是指敦勒、細波和業垛巴等人所作的諸論説。

不共通法部：包括《密續大綱》等；灌頂、道、導釋等，三種密庫，八種手冊（即袖珍本）。所謂三種密庫：是指《上師密庫》《本尊密庫》《空行密庫》等三種。所謂五道類：是指毗汝巴的方便道四道門的道類；薩惹哈的方便道四境的道類；色嶺巴的八種道類；阿雅得哇的八種道類，那若巴的四種雙運道類等共五道類。所謂八種手冊（即袖珍本）：是指甚深灌頂手冊；認識根本手冊；耳傳導釋手冊；四門扼要手冊；各種神變手冊；甚深密教手冊；護法空行手冊；教授尊勝三分手冊等共為八種手冊。這些都是保密不共通的法部。以上是屬於息傑派後期傳承的階段。

**【註释】**

[1] 杜恩息結：係藏語，意為能息滅苦派。息結派：12 世紀初，印度佛學家蕩巴桑傑入藏首創，以修行般若經義斷除生死涅槃一切苦惱命名的佛教派系名。

[2] 四攝事：佈施、愛語、利行和同事。

[3] 三戒：密乘、菩薩和別解脱三律儀。

[4] [5] 金引座：或稱菩提道場，即釋迦牟尼證覺成道的古印度菩提加耶城。

[6] 咱日：係西藏珞隅地區一山名，12 世紀末，西藏嘎舉派章巴甲熱 • 耶協多傑（智金剛）倡言此山為密宗勝樂金剛聖地。創逢申年前往朝拜之例。

[7] 決：藏語音譯，意為能斷，言能斷我執。決法：係瑪季姥准傳出，

為西藏佛教各派共同奉行的斷我執密修法派。

[8] 俠峨達閣：後藏一佛教秘密聖地名。

[9] 會供輪：藏傳佛教中，每逢宗教節日或法會中，備辦各種酒肉食品，齊集男女信徒舉行的宗教活動。

[10] 呀噫：音譯，是一種歌調，意為懊悔的語氣，含有得罪了啊、刺傷了啊之意。

[11] 戒香：據説佛教中出家後嚴守戒律，特別是淫戒絲毫不犯，至三十歲以後，身發如檀如沉香的香氣，稱作戒香。

[12] 咱日：詳 [6]。

[13] 中陰教授：中陰又稱中有，即生有與死有的中間階段。這裏是指死前修中陰往生，乃至中陰成佛的教授。

[14] 比丘金剛持：金剛持是釋迦牟尼講演密乘所現報身佛像。比丘金剛持，意指受比丘戒後又進入密乘而成為傳密法的教主。

[15] 沙彌：佛教中男子初出家受三十六戒者。

[16] 世間八法：利、衰、譽、毀、稱、譏、苦、樂。

[17] 比丘戒：佛教中男子出家受具足戒二百五十三條者。

[18] 息傑：詳 [1]。

[9] 咱日：詳 [12]。

[20] [21] 四諦：苦、集、滅、道。

[22] 息傑結派：詳 [1]。

[23] 三律儀：詳 [3]。

[24] 曼遮：意為壇供，係以世界為壇場，其中所有山川大地受用財物，都以作供。密教中以陶、木、金屬製成圓形盤基，其上重疊圓圈代表一世界所有物相，以作壇供具。

[25] 甘丹派：係以全部佛語作為修行要訣的教派，11 世紀中葉，阿底

俠弟子仲敦巴所創。

[26] 金剛座：詳 [4]。

[27] 息傑派：詳 [1]。

[28] 世間八法：詳 [16]。

[29] 比丘戒：詳 [7]。

[30] 甘丹派：詳 [25]。

[31] 慈氏五論：傳為彌勒為無著所說《現觀主嚴論》《莊嚴經論》《寶性論》《辯法法性論》和《辯中邊論》。

[32] 曼遮：詳 [24]。

[33] 息傑派：詳 [1]。

[34] 奪捨法：據說使靈魂進入別人屍體的一種法術。

[35] 息傑派：詳 [1]。

[36] 會供：詳 [9]。

[37] 比丘戒：詳 [29]。

[38] 哈達：藏族一種作見面禮品的絲織物。

[39] 數論師：古印度一種宗教派系名。

[40] 中觀六論：係龍樹所著《中論》《破邪論》《七十空性論》《六十理論》《細研磨論》和《寶鬘論》。

[41] 三怙主：指佛部文殊；金剛部金剛手；蓮花部觀音。

[42] 息傑派：詳 [1]。

[43] 比丘戒：詳 [17]。

[44] 息傑派：詳 [1]。

[45] 甘珠爾：佛說經教的藏譯本，全書有分作一百函、一百零四函和一百零八函者。

[46] 妙高山：即須彌山。佛書說此山為此一世界之中心，其東南西

北四海中，各有一大洲，又各有二小洲。

[47] [48] [49] 息傑派：詳 [1]。

[50] 薩迦派：昆•袞卻嘉波（寶王）所首創。袞卻領波（寶藏）等五祖所宏揚的藏傳佛教一派名。

[51] 會供：詳 [9]。

[52] 息傑派：詳 [1]。

[53] 修行五分：修菩提心：修自生本尊；修上師：修無分別觀；修發願回向。

[54] 比丘戒：詳 [17]。

[55] 息傑派：詳 [1]。

# 第十三輯　能斷魔境行者及喀惹巴的概況

現在當說般若波羅蜜多能斷魔境（行者）的傳承：據至尊麥枳哇說，波羅蜜多復有隨順密行者，名為行境。是如何隨順的呢？《第二品》中說："獨木和屍林，鬼宅及夜間，或於蘭若旁，說為善修處。"又說："施身作施已，外行當正行。"又說："應先生決定，鬼神或帝釋[1]，縱來不應懼，由有獅身因。"當知與此諸說相隨順之故。又叫作波羅蜜多能斷魔境。《攝頌》中說："菩薩智力由四因，四魔難勝復難動，空見不捨有情眾，如說能作佛加持。"這是說當修四法，即住空性見、不捨一切有情之悲心、如說能作菩薩律儀和善逝（即佛）的加持。這四種即是修行的根本。善逝所加持的實踐，是指皈依，及向傳承等上師祈願。所謂如說能作：即不是狂妄吵鬧，而是受發菩提心戒已，決不違犯那時所承許諸戒。不捨一切有情者：是說對非人等（鬼神）也不作損害，由大悲心之門而行，對一切有情解除其損害已，安置彼等於菩提道中。所謂住空性見者：首先自心應捨離於蘊聚上（即身心上）執以為我的我見已，繼對他有情之境，也不作實有和有相之想。對於如是能作，何故說名能斷境？如《俱舍》中說："非離深與廣，境者是近住，非理從作意，生起煩惱"等語。所謂能斷：是說能斷煩惱。彼諸煩惱它是由深廣、境和非理的作意（即想念、思索）而生之故，以此瑜伽行者能斷入於彼境中而受習染，而起諸非理作意以為加行（即前導）的諸煩惱境。因此名能斷境。這樣的教授（秘訣）也是從蕩巴所傳而來，再由覺•索朗喇嘛（福師）和雅隆的瑪巴色波（二師都是男性）傳承而出的，稱之為波決（意為男性能斷門或稱男性決門）；由瑪季姥准（此傳者是女性）傳承而出諸法人，名為謨決（意為女性決門）。又如以蕩巴桑傑所說教語，雅隆若巴地方瑪覺卻勒瑪作為三句心語來修，她即獲得解脫的說法，看來她誠然是獲得解脫的，然而應知她是自性瑜伽母（本來已得道的瑜伽母），所以是迅速即可發現許多教授的。那麼，為什麼在一根本上，有不同的名稱叫“覺”（意為行）；及叫“決”（意為能斷）兩種名字？應知如像這樣的，在他處也可見到，如對於一財神，有稱作毗俠哇納，意為多聞子；又有叫作毗俠瑪納的，意為解疲勞子，即多聞子的藻飾詞。有些對於一人，稱作納嘎菩提，意為龍菩提；或叫作納嘎布提，意為“龍智”的。有個別的，如《教授穗》中，毗那壩那稱作“通覺”（意為行飲）或“通決”（意為斷飲）兩種名字。

瑪季姥准：她生於耶姥地區村莊附近的措麥漠村中。克烏格是其種姓。父名卻喇，母名隆漠繃江。據說她和譯師克烏格•柯諾扎（輪稱）是兄妹。童年時在扎巴烘協（神通僧）座前出家，由於善於念誦，也就作上師扎巴座前念誦般若波羅蜜多經的念誦者，住了很久時間。由於久誦般若波羅蜜多經而真實生起空性見，就在這般長勁時間中她和蕩巴相見。繼後有一次由於她善於念誦而去蕩布地方作念誦時，她的兄長也來到，村人名妥巴壩熱係二十三代都不斷地出生格西的人家那裏作經懺佛事，兩人相聚而成為夫婦。二人去到公波生一女子取名公江；繼在西上道路的那壩（山中）又生一女取名那江。繼後去到耶區在杠巴白季下邊生子領波珠巴（心要成就）、珠穹（小成）、漾珠（再成）三人。此後她復剃髮而着僧裝。當覺•索朗喇嘛（福師）去到康區後在回來的途中，她聽受到幻化灌頂，在受灌頂的座間證悟現前，以此她未聽完灌頂即退座而去。其他諸人說，這婦人造下灌頂未完惡業。師說："那婦人已得真義灌頂而去，你們祇是獲得語句灌頂而已。"後來她復出家後，何處安適，就在那裏對應化有情傳授教授而安住。尤其是在桑日康瑪洞中有一女尼為作僕役而住了很久時間。就這樣她將"決"的教授遍傳於藏、康地方。享壽九十五歲而逝世。

又蕩巴來西藏時，見有四隻黑鳥隨他之後飛來，四鳥成為四空行母即是：耶區的姥准、梁堆的瑪覺絳秋、後藏的香謨嘉所、拉薩的柳瑪等。

梁堆的瑪覺絳秋：她明曉真理的密意，以利益心宏揚佛教。

香謨嘉所：她被夫死的悲傷所壓倒時，蕩巴傳授以無關心物的教授，她以此而得解脫。

拉薩的柳瑪：他已消除作佛法諸事的不順方（即諸矛盾）；據說她是對阿底俠宣說國王使命的人。

瑪季姥准傳授教法的四大弟子是：雅堆•梁巴絳稱、雅麥安敦仁清壩（寶焰）、壩納•哲安覺色、須布譯師等四人。此外還出有嘉哇珠伯、垛敦垛波、桑傑領穹、洛貢欽波四人。以及甲敦魯珠、庫貢卻生（法獅子）、魯漠•朗喀色（虛空明）、扎巴哈敦、俠敦峨正、波巴貢欽、達波沖得•昂根旺秋（語自在）、澎裕的枳甲哇等許多弟子。

姥准之子珠伽（大成）：最初孤獨行乞，來了一個普遍傳稱他叫惹扎珠伯的人。有一天他偷竊了持咒者頂嘎哇的羊。因此他聽得咒師們作詛咒的消息，而且他的許多朋友都遭咒詛而死去。他想母親或許擁有阻止咒詛的方法，也就去到母親面前。母親說："你必將死去。"他聽說後，驚而逃走，繞行察塘山一週後，黃昏回到自己的洞中時，珠伯也來尋訪其母，他遂隨後趕去，也就在洞中母子相聚。母親説："你也不是没有善緣的。"説後傳授他以教授，並命他"現在到咒師供垛瑪（食品供）的台架下睡，他們來吃垛瑪你也吃吧"。他依照母親説的作後，將咒師們的咒詛遮止。那時他年屆四十二歲進入法門，此後勤修而得證法性真實義。他作有道情歌説："最初身心是母生，中間財物是母授，最後見真是母教，大恩母前我禮讚。"後來他在耶穹朗隆嶺寺中捨離一切資具成為破落者而住。可是他以加持力鎮懾一切鬼神，一切弟子都能生起智慧。他享壽八十九歲而逝世。

珠伽之子有澤旺、庫鳩、倫覺扎三人。至於得布、康布、雅勒是晚年所得子。

澤旺有子三人中，嘉哇敦松：依祖父所授記（預示）住達波日謨垛。脱柳桑珠：住香波杠，普遍傳稱他叫杠巴（雪山氏）。傑麥峨色（無生光明）：住梁堆阿翁若。

其中脱柳桑珠（如意成）：少年時代在耶區和雅隆地方造亂事，誰也不能勝。繼後他發生麻風病，以此去到壩裕的雪山修行，獲得如蛇脱皮那樣而麻風病痊癒。他赤身睡在香波的厚雪上，雪溶化而墮入很深雪中。他人以很多牛尾投擲給他，他以尾毛作衣、墊和作帽而戴。因此而有雪山氏黑帽的傳規。他以水為飲，在曲柳喀以死屍為食，尤其是在一麻風病死者鼻上有瘡泡的屍體，吸咂其瘡泡而生悲墮淚。從此以後福德也興旺起來。他作哈窩雪山和覺謨喀惹空行聚會中的會首。從思瑪山口起至公昂山以上一帶，他作封山、封河、封路（即禁在這一帶打獵捕魚等）。又修造旅館對旅客施食，而成為護持佛教的一位成就師。此師出有男女弟子二十一人；得道的女弟子有十八人。

其中壩勒杠巴牟雅：是一位無與比倫的成就師。他十四歲時想前往咱日[2]時，部多鄧敦（一神名）對他說：“你應住香波雪山，當效法你父而作。”他依所說而住。當他到察耶雪山時，遇暴雨浸透衣着；復涉水渡河。以此發生腹痛，肚腹潤濕後睡在冰冷的磐石上，而腹痛頓時痊癒。他在經函上作金緞的包袱以供養。他在牧户中專募化兩歲母羔羊，以此普遍傳稱他成為大富後，有上千數的牧羊童。他興立不斷地常説《甘珠爾》[3]之規。逝世後出現無量數的舍利。

杠巴牟雅之子杠巴倫珠（雪山運成）：他在香布山為人所不見而精修了九年，經行過一百零八險惡處所，以此可以膽壯而自豪。又可以手進入白螺中，眾人歎為奇異！逝世後靈骨發現許多舍利。

倫珠之子桑傑敦松（佛教護法）年甫三歲就到父座前作服役。年屆十二歲時人、神、鬼三者都為作灌頂。他通曉行境、清淨、隱秘等大圓滿法類；以及密意精滴等大悲觀音法類，和具密等瑜伽法類。由於他善巧長壽本尊等法曾遍傳稱他獲阻雹咒力成就。他在普貢扎（修行院），中間講説院中建立不斷地常説經教之規後，護持父母所創教法而成為教主。逝世後發現許多舍利。

桑傑敦松有最勝四子是：垛敦仁清生格（寶獅子）、珠脱卻卓熱巴、楚細格西絳波、色•居真多傑等四人。

色•居真多傑（持傳金剛）：年甫三歲即現神通，五歲知修行和説法。年屆十五歲時迎請他去掌管祖和父所創寺廟。十六歲時在南方一帶遍遊辯場，以此普遍傳稱為智者。應機講説許多教法。十七歲時去到香布雪山修行。此師出有許多住持他的傳承弟子。

此師之子杠措熱巴：真名格敦多傑（具緣金剛），年甫三歲知正法行為，七歲時父逝世，以此他為化身活佛吉繃之故而去到色傑雪山。十一歲時求得以阿若廣大導釋為首的許多“心性導釋”法後，閉關修苦行。十三歲主管父母所創寺廟。從十六歲起至二十六歲之間，他住在香布雪山。從二十六歲起十二年中他求許多掘秘藏教法；並略作傳授。後來作出無量利他事業後，享壽七十一歲於癸丑年逝世。

脱柳的子女有：垛•朗喀敬、杠巴牟應、敦澤等兄妹三人。此三人座前由格敦巴（具緣）前來求法依止；格敦巴座前由苯波•卻季生格求得法傳。

又一支系是：俠敦垛真、桑傑梁敦、格敦巴。

又一支系是：杜措窩巴•垛敦垛波；次傳章巴色卓巴；次傳妥乍悉謨協普的勒敦桑傑；次傳貢巴熊穹巴。

又瑪季娌准的弟子庫貢卻生（法獅子）：係業謨庫巴地方人。他聽受大圓滿等教授後，一心專修。後來在瑪季娌准座前聽受"空行修悟法類"。當瑪季年邁時，他給瑪季足上按摩，以此知她住世不久，而請求對他關懷傳所有教授。得傳教語傳承真義教授，並授記（預示）能利益他者。瑪季說："此一教授成就利義中也可再傳。"他想是對他詢示是否説此教授？他答說："若不意樂聽此教授，以此教語傳承真義教授，不能成義。"當發生麻風病時，在黑井泉中得見而前往龍蛇居處修"決"法，發現三天中取出心臟而拿走之相；六天中發現交付之相後，到第七天麻風遂痊癒。他享壽年五十歲而逝世。

庫貢卻生的弟子垛巴舍特：生於曲普地方中，垛是其種姓。有弟兄四人中他居最末。少年時在格西穹座前學習《中觀六論》[4] 八年之久，希望會有新説而來獲得。因此心灰意冷而將書本呈獻拉敦喇嘛，發心身穿白衣而獨自去到山林專修。他和庫貢相見，求得"決"法諸教授，經行險惡山叢而得證如虛空通達。在人群中他和誰相談教法，都是他得勝。因此眾人說：“有一白衣而理智透達者。”以此普遍傳稱他叫垛巴舍特（意為垛族透達者）。他晚年在魯麥安住而多作說法。享壽五十六歲而逝世。

垛巴舍特的弟子甲納傑布：此師生於察納地方中。總的說來，他多聞佛法。當雅隆覺峨寺正興講說“決”法的時候，垛巴舍特也來聽講，除聽得昏頭脹腦外，没有什麼獲益。後來他見得垛巴舍特是善巧（決法）者而對垛巴說道：“現在無論如何請將乳酪儘量售給對象吧！現在求你將你的諸法傳授給我。”他遂完全求得瑪季姥准的“決”法諸教授。經行險惡山叢，在雅隆的井泉邊如蛙那樣而修“決”法，雖雷擊三次也未遭傷害，從病中而得解脱。他運用“決”法降伏了壩惹納波（黑叫羊，鬼魔之一）。他到晚年在曲窩日廣作利他事業。年屆七十歲時有一天他對眾說：“空（法性界）明（明慧）雙合當如是合。”說後從自己頭頂出完長虹般的光明而逝世。

甲納傑布的弟子桑傑格通（佛陀比丘）：此師生於峨金地方中，壩希是其種姓。童年出家後，依所聞思能決斷增損（不正理即有增損）在桑傑饒敦座前求得“決”法諸教授後，遊遍諸方山林，以此獲得現證法性。他度化成熟許多眾生後，享年五十五歲而逝世。

桑傑格通的弟子松敦熱巴：生於扎奇地方的甲若昌村中。父名卻勒袞卻（供處寶），母名捫熱，兄妹二人他居長兄，名絳巴（慈氏）。年甫六歲時在扎塘寺喇嘛香座前求得三摩地灌頂。師說：“此子將來能利益眾生。”年屆十五歲時，父母雙亡，他心生極大悲傷，而在甲日寺中出家為僧，命名索朗耶協（福慧），又名達摩班遮（法金剛）。他依止阿闍黎嘎蕩巴、淩切巴、香譯師、桑日·甲熱巴、班欽釋迦西、康布雅勒、召譯師、若·協饒峨（智光）父子等上師四十餘人，聽受許多顯密教法；並學會了所有瑣碎理論。又依止上師一百五十一人，所有金工（金匠）以上諸工藝都全學會。依止喇嘛垛巴在傑熱生起摧毀疏離親愛執着的證悟；並聽受所有“決”法諸教授。

松敦熱巴的弟子桑傑敦巴；桑傑敦巴的弟子克准迅魯珠；克准的弟子色嶺巴・扎喜伯；色嶺巴的弟子乍波伽哇・多傑伯（金剛吉祥）；多傑伯的弟子卻廓哇・卻季嘉措（法海）；卻廓哇的弟子廓粗熱巴。以上諸人在前文説裏古階段中已説訖。我（著者口吻）在法王廓粗熱巴座前求得傳授。

此外由澎裕的枳達瑪傳授給朗措哇・彌覺多傑（不動金剛）；彌覺多傑傳授給讓迴多傑（自生金剛）；並著有論著。從讓迴多傑傳承到伯喀巴將教授筆之於書而對他者廣大宣説。又由讓迴多傑傳給阿麥・絳秋多傑（菩提金剛）；絳秋多傑傳給他的兒子法王日彌壩巴・索朗仁清（不下山者福寶）；索朗仁清傳授給我（著者）這是另一支系。

又有名叫蕩巴烏巴者：精通新舊密宗的典籍和教授；並擁有息結派[5]和大圓滿等諸教授。此師最初在瑪季姥准座前求得“決”法教授，瑪季逝世後，他依止瑪季之子嘉哇鄧珠十八年，而將教授筆之於書，成為法主。蕩巴烏巴將教授傳給喇嘛多傑鄧哇（金剛樂）。

多傑鄧哇（金剛樂）：此師先被咒師朗傑的詛咒壓制之下，變為惡劣身影，後來聽得蕩巴烏巴的美譽，而來求得“決”法教授後，一心勤修。當他住哲金乍普（鬼洞）時，最初同一黑人相搏鬥，由於他思念着空性，以此而戰勝。他夢見從自己鼻中跑出毒蛇，後來流出許多鼻血，頓時生起真實通達，身體也變成靈便而急速。

由多傑鄧哇將教授傳給貢巴・迅魯耶協（童智）：此師雖是原來擁有許多教授，然而他被病纏身而不能解。後來在多傑鄧哇座前求得“決”法教授後，經行許多險處，戰勝病魔，生起證達培養出許多擁有“決”法傳徒。

又由貢巴傳弟子喇嘛桑傑敦巴：此師誕生在貢瑪區的廓汝村中。在卓薩寺中出家為僧。他精曉波羅蜜多、二諦、瑪、索、崗三宗法類。在彌覺多傑座前求得“決”法諸教授；而且聽受了所有這些教授的“義傳”，生起了許多證悟。

桑傑敦巴將教授傳給喇嘛隆稱巴欽波；此師也善曉《時輪》和《般若波羅蜜多》。在彌覺多傑座前求得“決”法諸教授；而且練出才力。

喇嘛隆稱巴傳法給喇嘛鄧季巴•迅魯楚稱（童戒）：此師又名覺敦湯巴。最初他去塘薩寺中出家，學習《中觀明句論》。在枳伊隆巴那裏學習《入中論》和聖傳密宗法類，在喇嘛塔巴哇和甲譯師座前聽受《上下對法》，般若、因明、攝論三者，以及《時輪修法釋》及教授等，並《亥母甲傳六法》和紅閻摩等許多密宗經教修法。繼後他住在覺敦僧會中時，身患痼疾而到喇嘛隆稱巴座前求得“決”法諸教授後，在一屍林中勤修。過去他是冷也疼、暖也痛，在屍林處用涼水石浸腹，飲涼水，赤身睡眠，思想中放棄病、老、死、樂等觀念而修。修至第十一天口中發生一種不美氣味，到十二天的半夜嘔吐大發吐出一切穢物，第二天清晨過半，已吐乾淨。經過半座修法竣事，病痊癒和生起修證同時而得。其他熱病、惡瘡和阻礙等一切魔難任來何種，也都放棄病、老、死、樂等觀念，作猛利的高吊（如頭懸樑）而修，一切病魔自然消滅而無影。繼作廣大的利益眾生事業，而在江區的色隆地方安住。

迅魯楚稱傳法給喇嘛桑敦達（宏定）：此師生於耶區的勝西普村中，父名波惹苯桑，母名覺謨桑麥。童年時即具有不可思議的信心、悲心和智慧。在喇嘛覺敦巴座前出家後，精研《聖傳密集》《那若廣釋》《中觀》類的明句論、入中論、七十空性論等，《垛哈三法》《入行論》等。並求得《塔諾傳規瑜伽六支》《五次第直觀教導》《大悲觀音法直觀教導》《大手印恒河篇》《修心法》《沉疴境界品》《極密要扼》等解除沉疴法類。修驗也直接長養起來。他在色隆聽法還未終局，也就突患暴疾，會眾說：將他送往山中小廟以避此重病。因此法友們將他背送到險惡山林中，他在那裏養病，生起了修驗。又有漾桑赤本（萬户長）從北方而來，想在下方來迎接他和他見面，可是在須經過的一條路上，經常有天魔作害，以此來不了。僕役們衹好將他背送到一座小山林廟中說道："去請醫生來診脈，用藥治病。看是否能活。"他說："不須用藥，修善行吧！"於是又將他背送到枳垛下面的岩洞中，仍然去請來醫生診病，醫生說："現在已無法救治。"他說："你們不必為了我守在這裏。"說後把人眾趕走，而自己完全拋棄病喜死樂的觀念。因此第二天病勢稍松一點。此後經過三四天，漾桑人澤穹峨領來醫生；並攜帶三四個肉腔而來到。醫生診脈後說："希奇！病已好了。"他的身體較前更為健康了。他遂在塔哇嶺巴座前求得《白度母長壽法》和八大修法導釋；又在喇嘛洛卓伯哇（智吉祥）座前聽受《密集》《紅色閻摩》《金剛鬘等灌頂》《行續部等諸密續》；又在喇嘛仁清生格（寶獅子）座前聽受《時輪圓滿灌頂》和《歡喜金剛雙尊教語道果支分》等。他年届三十一歲主管上師覺敦巴的寺廟，直至二十年之間，一年四季都不斷地聽受和講説諸教法。他遍遊瑪若措納，及雅拉香布等險惡山叢而修"決"法。繼後因雅帕兩地攏亂不寧，他心中略生不安，以此而建敦喀嘎敦寺。又在喇嘛卻伯貢波（法吉祥怙主）座前求得《時輪圓滿灌頂》、覺朗傳規的《瑜伽六支》《鄔金念修法》等許多教法；又在仲•卻傑巴（仲法王）座前求得《堪欽布的瑜伽六支》《堅忍法規》《密集灌頂》《釋論》《五次第直觀教導》等許多教授，又在喇嘛垛敦巴座前求得坐山法、閉關念修法、方便道等許多法類。此師發生任何疾病等障難，素不作醫療和修法禳解，唯修“決”法。他素來不下山，常在寺中安住，美譽名聲傳遍十方。

此師將教授傳給法王木雅巴·仁清絳稱（寶幢）；法王木雅巴又傳給特卻廓安捫垛哇。以上係“謨決”女性傳出“決”法的階段。

次說普遍傳稱的“波決”男性傳出“決法”的情況：初由雅隆區的瑪惹色波（黃鬍子）去到印度東西方，也未求得如意的教法，遂同商人結伴而返西藏，在途中和一位阿扎惹（印度遊方僧）走在一起，也不知阿扎惹是何外道或內道。阿扎惹的助伴名叫格西歐珠，有一芭蕉手杖四邊都有許多花紋，阿扎惹說：“把杖放下吧。”放下後阿扎惹說：“這是外道神變師的武器。我也知作此物，但無意義。”說後將杖拆毀。於是問阿扎惹的助伴，此人是誰？答：“是蕩巴師。”在那裏兩人都生起敬信，而向阿扎惹求法。蕩巴對格西歐珠傳授以內心不取外相（境）等教授後，他獲得定解，遂以蕩巴為根本上師。瑪惹色波向蕩巴求法，蕩巴說：“你所欲求之法，稍待會得到的。”瑪惹遂追隨於蕩巴之後，來到了垛達日，蕩巴住在一家旅店裏，有許多人來求加持，尤其是有許多盲聾的人來求加持，立即得治。在那裏有覺·釋迦耶協（釋迦智）前來赴法輪會時，有梁堆的富家的兩個發生麻瘋的兒子交托給覺·釋迦耶協而來到。覺師由於有財福而放逸（即放蕩）對兩孩子也未能使其健康，在那裏他聽得蕩巴立起沉痾的事，深以為奇！於是覺師對蕩巴說：“我有兩個被鬼神食剩（言鬼病）的孩子，請求您作加持吧！”蕩巴對瑪惹色波說：“你所欲求的法，現在來到了。”說後遂對覺師徒三人和瑪惹色波共四人傳授了“決”法教授。這一教授名“六種散法”而筆之於書，語訣則未記於書中。兩孩子依教授勤修惡病得愈，二人都成為修行士。覺師未向他人宏此教授而自潛修。後恐斷傳而將教授單傳給温波•索朗喇嘛(福師)一人。温波去康區後，在西上回歸的途中，衹傳給瑪季姥准四種散法。瑪惹色波也未向他者宏此教授，而以嘿布的亥母法及“決”法二者作自常修法。直到年邁時，他才將教授完全傳給侍者柳巴伯熱，並叮嚀說：“你當自修，對誰也不施與。”那時，傑敦和普敦兩師都在普塘地區俠敦垛正的廟中，傑敦在病中向俠敦談問道：“柳巴伯熱的那一法門，是否有熟悉其修法的？”俠敦說：“前往他的座前去求法吧。”日措普敦說：“阿闍黎中斷法座而去，怎會得到傳授？我普敦是修行者會得到傳授的，我去求吧。”俠敦說：“那麼，我求我的朋友傑敦作求法助伴而去吧，當請求說，您有從蕩巴傳來無誤的般若波羅蜜多教授，請將此教授傳授於我吧。”普敦依照所教說而請求後，上師柳巴伯熱說：“我的這法門，誰也不熟悉，豈不是在談鬼話麼？”又說：“你是決定修此法麼？”答：“是決定修。”柳巴伯熱遂將“六種散法”和認識本性、語訣等都傳授給他。繼後普敦在吉倉地方靜住，修此法時，阿闍黎俠敦派人來請他去到普塘，傳授了三種散法。繼對一位康區的法師傳授了六種散法。法師的執筆者復將法門筆之於書。後期中若•協饒峨(智光)去到山中小廟細波那裏求傳《真實名稱經》和蕩巴傳規的《亥母法》時，尋覓瑜伽者(法師)的執筆者作旅店主人，因此從他(執筆者)而決疑教授的來源根據，遂向普敦求法。普敦開示說：“以一連接諸連接”等因緣說後，傳授了第一種散法。協饒峨問：“此法還有其他支分麼？”師說：“還有他種。但是我對普塘區的俠敦垛正衹說了三種，現在如果完全講授給你，恐俠敦將極不喜歡啊。”他說：“請求將教授完全授與俠敦。”師説：“教授極慎重之故，他那裏人太多，大家互相抄録也不起加持，心中無師，縱得任何抄本也不生加持。”他説：“那麼，求師將全部教授傳給於我吧。”師説：“你對眾生能作饒益，以此我當施與。”説後也就將全部六種散法和語訣等完全授與後而説道：“現在教授已無餘一法未説的了。諸語訣切勿筆之於書。”説後歡喜地將語訣也儘量授與。

後來由協饒峨傳授給松敦熱巴；松敦又傳給喇嘛淩敦。

又一支系是由日措普敦傳授於格敦色讓；格敦傳給章敦吉倉哇；章敦傳給淩敦；淩敦傳給温波·卻頂巴·達瑪協饒（宏智）；達瑪協饒傳給枳敦桑傑。

又一支系是由松敦熱巴傳給桑傑敦巴；桑傑敦巴傳給克准迅魯珠（童成）；迅魯珠以下傳承與前面相同。

總的説來，“決”這一法門諸教授傳播極為廣泛。此間係就所閲讀到的其中史事記載而編寫的。以上係“波決”男性傳出“決”法的階段説訖。

當知西藏諸士夫中有一位如頂上珍寶和兩位如耳上美飾般的人物。如頂上珍寶者，即白瑪桑壩哇（蓮花生）；如耳上美飾者，一位是喀惹貢穹（簡稱喀惹巴），另一位是至尊彌拉惹巴。

兹説喀惹貢穹：此師是一位運用教授二流（阿若、阿底俠二法流）和合而一心專修的瑜伽士。

教授的一流是從阿若·耶協迥勒（智生處）而傳來。阿若他是一位化身（活佛）。在長遠泉眼的沙隙中有一幻化而來的小孩，被一高貴女尼去到那裏梳沐身體而見着，心生憐憫前去抱走時，顧慮到會來譏毀的話，而向地方官説，有一如此這般小孩。地方官説：“那麼，是夠可憐的！抱來吧。”抱來一看如死屍般睡着（死屍藏語若）口中阿阿叫着，因此取名阿若。後來孩子會走路時到僧眾作佛事的廟堂中，僧眾問他道："阿若你到這裏來幹什麼？"他答道："我也到這裏作佛事。"僧眾説："你知教法麼？"答："我真正知道許多教法。"僧眾説："那麼，你知道此法麼？"説而給他一本《入行論》，他很好地唸誦完。僧眾説："看來未普遍傳稱的法你也是知道的。"他唸誦了一些名為阿若傳規的教授，那裏的僧眾都大生驚異！而都説："以阿若來看是擁有智慧的生源。"於是立其名叫耶協迥勒（智慧生源）。阿若住世很久時間中，以甚深教授教化諸眾生作出了廣大利他事業。

阿若的弟子出有；康區的雅思苯敦、喀惹的珠俠嘉布、前藏的仲新·協饒麥朗（智願）、後藏的覺若·桑嘎座庫等人。

其中由雅思苯敦去到前後藏將教授傳給後藏敬貢的珠古洛迴；珠古洛迴又傳給哲曲壩的倫貢·楚稱領波（戒藏），楚稱領波他曾説："我向死屍的耳中説法，死屍也要動起來，我向空中捉鳥，鳥也要到手。"繼後楚稱領波將教授傳給壩貢·索朗絳稱（福幢）。

再説這位壩貢·索朗絳稱（福幢）：生於澎裕區哲村的居巴地方中。他和阿底俠尊者相見，陳述他的修悟。尊者喜而説道："現在你的修悟上再加慈心和悲心而修吧。如果發生修誤，彌勒和觀世音菩薩會來給你糾正的。"阿底俠尊者閱讀一些西藏的著作，從未發生過喜悦，可是閱讀阿若著的《大乘瑜伽》時，卻説這一著作詞句典雅而意義甚善。説而表示喜悦。壩貢他是博垛哇父親的施主，博垛哇未到熱振之前，曾在壩貢座前求過修行教授。壩貢曾説："不作少量聞法的修（即多聞而後修），我是贊（多聞）為有根據。以此會得到一種徹底的決定。"後來博垛哇成為大善知識時，他想壩貢的法是怎樣的一種法呢？他在夢中發現一徵相，因此他説，壩貢的法也是一種正法。

壩貢的弟子即喀惹貢穹：生於後藏上部的涷須地方中。父貢巴•袞卻敦有子三人，長子伯波旺垛，次子俠旺惹，三子貢巴•旺秋洛卓（自在智，係喀惹貢穹的真名）。旺秋洛卓少時即有大信心，他想無論如何要出家也有此決心。在一位名伯烏•魯伊耶協（龍智）的座前以一長頭巾供而求得大圓滿的許多教授後，在奇普的修室中勤修，有伯波旺垛為作修中服役的時候，壩貢也住在乍嘎枳金，旺秋洛卓說壩貢有一阿底俠的很好教授，伯波旺垛聽說也就前去拜見壩貢，相談教法之下，想到壩貢是有尊者的教授而心生信解。於是伯波旺垛去向章布（意為後藏子，指旺秋洛卓）說了經過而催他前去。他說没有禮物。伯波說有一塊酥油以作供禮也就可以，二人結伴而去。章布和壩貢相見之下，情投意合。遂請求傳教授；而且說我須出家。於是在老索地方瑪貢座前出家。繼後在壩貢座前求得三類教授；並求得一些其他教法。上師將其他諸人分開，而祇留章布一人在近前。壩貢閉關專修七天而親見本尊閻曼德迦。在這時間中壩貢將教授寫在石片上，再看有遺失諸節由章布念誦出來。在那裏有一施主供來一馱麵粉，壩貢說魔來了，逃出而後回來。師徒二人去到熱振寺，仲敦巴[6]已逝世，由倫覺巴在教育寺眾。章布對於熱振寺諸大修士生起了信解。因此壩貢對他說："這些人都是羊毛小口袋（言没有裝有大東西），說到修還是我們師徒自己的好。"說後仍舊回來了。繼後他們轉道雅卓達瑪隆而去到南方雅巴讓卓金，壩貢在那裏對許多人傳授了教授，正想前往喀曲時，來了信使說他的母親病重，要壩貢快回去。到家鄉時母已死，宰殺了一些牛來辦超薦佛事，心生悲傷而仍出走。章布幫助他們辦了超薦佛事後，隨後追壩貢而來，當他來到匈區的烏居古寺時，見有焚屍後遺跡，問荼毗的是誰？答："這是逝世的壩貢。"他聽得後哭泣不止！此後他再到熱振，也就在貢巴哇和倫覺巴座前依止了七年。貢巴哇對他説："據説你的上師閉關念修七日而得見閻曼德迦。以此是有神通證知的。"繼後章布在匈堪乍洞中精修很久時間，那時博垛哇師徒也住在匈堪乍，以此傅垛哇説："章布貢穹（後來稱作喀惹貢穹）對於修有大堅忍，但是不作聞法，單修能得道麼？"章布聽得後來到博垛哇的座前陳述了四種厭離心的證達。以此有名勒敦嘉協者説："現在他的陳述使善知識（指博垛哇）得到一次回答。"博垛哇説："未得到回答而這人已成了善説獅子。"説後以他人所供來諸物部分送給章布後，説道："章布所修一日之法，我們師徒一年也不能修到。"既而大加稱讚！有一次論覺巴對於伯烏•魯伊耶協所示誓言作類推後，接到博垛哇的信説："我病了，無論如何你來一下。"以此他送供禮來到博垛哇座前，兩人難離難捨地流下淚來。繼後章布去到澎裕區嘉村時，來求法者和來供養送禮者極為眾多。此後章布去到上師喀惹那裏在伯烏魯伊耶協座前作了短暫的服役後，也就在喀惹黑洞中修行，他的美譽名聲普遍諸方。以此多來依止聚集僧眾約有千人。有一時間他想這樣多也散亂，遂從僧會中分出少數師徒們另住而修多年。最後作了一次齋僧佳宴，對僧眾説："這是最後一次飲食，我死後把我的遺體送到山頂上去。我逝世以後，不必建靈骨塔、像等。"説完而逝世。遺體依囑送到喀惹山頂，有一瑜伽士以刀斷手也在那裏死去。喀惹巴（即喀惹貢穹）的弟子出有妥巴•達瑪交（宏護）和杜敦•多傑仁清（金剛寶）二人。

先説妥巴•達瑪交（宏護）：係那雅麥達人氏。他在絨巴卻柔（法賢）座前聽受許多教法，出家後在壩嘎正敦座前聽受《集學論》和《慈氏五部》[7] 等許多教法。又在裕卻旺座前求得許多教授。他去到喀惹巴那裏供上酥油一塊而求傳教授時，喀惹巴說："有教授的其他人是有很多的，你去求吧。"即刻將門緊閉。妥巴衹好去到伯波旺垛那裏住了三年。繼後章布說："妥巴没有走的話，那麼把他領到這裏來吧。"來後也就將教授完全傳授於他，他和師相伴五年。他的名聲極大，以此出有雅色嘉捫等諸大導師，以及梁貢廓波、梁貢嘎波、梁貢細波卻協，即所謂梁貢三昆仲等許多弟子。

次說杜敦·多傑仁清（金剛寶）；此師也是一位通達許多教授的人士，他和喀惹巴相見後，聽得喀惹巴說他——那位教師如果修法將會有所得時，他想對我通曉許多教法的人，說這樣的話是何道理？後來他求得喀惹巴的三法而修後，方知說那樣的話，是有真實道理的。他遂從喀惹來到雅卓。

如是教授的泉流之一，是從高而流下來的阿底俠的教授，可是經喀惹巴和合二種法流而立名為"菩提心修法"；也普遍傳稱為"喀惹三法"，宏傳極廣。

阿若·耶協迥勒的傳承是：繼由壩貢傳給章絨的蕩巴正貢，蕩巴正貢傳給雅卓的壩貢欽，壩貢欽傳給裕卻季覺謨梁謨，覺謨梁謨傳給吉喀哇·拉傑拉康巴；拉康·巴傳給烏巴·敦釋迦；敦釋迦傳給細波堆积而發展出許多傳嗣。以上係喀惹巴的階段。

【註释】

[1] 帝釋：傳説是三十三天界之主，相當於漢族所説玉皇大帝。

[2] 咱日：西藏珞隅地區山名，嘎舉派喇嘛耶協多傑（智金剛）説此山為勝樂金剛聖地，首創年往巡禮之例。

[3] 甘珠爾：佛説經教的藏譯本，全書有一百函，一百零四和一零八函者。

[4] 中觀六論：龍樹所著《中論》《破邪論》《七十空性論》《六十理論》《細研磨論》和《寶鬘論》。

[5] 息結派：12 世紀初，印度佛學大師蕩巴桑傑入藏首創，以修行般若經義斷除生死涅槃一切苦惱命名的佛教派系名。

[6] 仲敦巴：名嘉哇迥勒（勝生）。宋代藏傳佛教大師，1005 年誕生，為阿底俠弟子，創甘丹派，宋嘉佑元年（1056）倡建熱振寺。

# 第十四輯　大悲觀音法門及金剛鬘等法類

傳説漢地是妙音（即文殊）菩薩所攝受的地方；而西藏疆土則是觀自在（或稱觀世音）菩薩摩訶薩所教化的土地。由觀世音菩薩加持之力所表現，即是那所有孩童以上的一切男子女人，以及出家等眾口中傳誦的嘛呢——六字真言的聲音。以此之故，祈禱所意樂的本尊而生起加持（護佑之意），也應依於觀世音而始能速成。觀世音化現為人王裝飾的松贊干布[1]所建成的佛像和寺廟，也成為西藏所供奉的寶藏；而藏王住的王宮所在山丘，也命名為布達拉[2]。普遍傳稱依於藏王語教而來的密法教授，而出有許多修閻曼德迦等的成就者，直到而今（著時當時）雖不得見依此法的教師所著釋本，然而部分修法的筆録文字仍然存在。

秘密藏在秘藏[3]中的觀世音修行法門，經珠脱歐珠（成就者）掘出秘藏後，這些秘笈在寺中由若・協饒峨（智光）求得後，協饒峨傳給其子和諸弟子次第傳承而發展。

又一支系是由珠脱歐珠傳給珠古梁敦，珠古梁敦繼傳的歷代師有喇嘛熱巴・彌覺多傑（不動金剛）、喇嘛釋迦・生格桑波（獅子賢）、拉傑・格哇綳（俱胝善）、江謨・耶協卻（智勝）、絳生曲貢、塔細甲扎、索朗生格（福獅子）、扎喜絳稱（吉祥幢）、喇嘛洛卓絳稱（智幢）、以上二師傳給廓楚・扎巴迴勒（名稱生處）。又由大悲觀音歷代傳出有：嘉哇嘉措（勝海）、朗哇塔野。又由大悲觀音傳白瑪迴勒（蓮花生）、次第傳出摩揭陀的帕謨（亥母）、底布巴、熱穹巴、桑日熱巴、桑傑熱欽、繃乍巴、嘎瑪巴希、珠欽鄔金巴，讓迴多傑（自生金剛）、康欽更拉巴、達敦迅魯達、壩敦迅楚巴、堪欽協饒多傑（智金剛）、卻廓哇•卻伯協饒，而傳到廓楚巴•扎巴迴勒。此外傳承還有許多。

又由雅隆譯師扎巴絳稱（名稱幢）所傳出的日季吉敦貢波（世間怙主）以修持灌頂等及密續五十頌釋等傳授給譯師對柯哇•索協（時輪師福智），繼由對柯哇所傳出的傳承是有很多的。

又由喀濕彌爾的班抵達蘇曼希傳給布頓的蓮網法門也屬於大悲觀音法類。

關於觀世音親自化現的成就士夫所說諸法如何傳承的情況是：由無可爭辯真是觀世音化現的菩薩達哇絳稱（月幢）所創作《發菩提心儀軌教導》，以及《中觀三摩地修習次第》等，和此外的依《禁食齋儀軌》而修使聖觀世音生喜次第是：由聖觀世音親自加持而出的比丘尼伯謨（吉祥母），又由伯謨加持而出班抵達耶協桑波（智賢），由耶協桑波加持而出泊波•伯業哇等。這些士夫盡都是得道成就者。

繼由泊波•伯業哇傳授絳秋生巴•達哇絳稱（菩薩月幢）：這位大德真是觀世音能使他者相信的情況是：在尼泊爾的勝樂廟堂中發現許多空行母，為管廟堂的香燈師所見，而問道：“你們從何而來？意欲何為？”答：“從黎喀惹辛迫（古印度一地名，意為甘蔗林）而來，由於黎喀惹辛迫的觀世音住在這裏，我們是來作供養的。”問：“那是誰呢？”答：“那是絳秋生巴達哇絳稱（菩薩月幢）。”又峨波譯師在聖哇底[4]廟堂中睡時，哇底觀音向他授記（預示）說：“達哇絳稱（月幢）即聖觀世音”等語。因此許多士夫都生信不疑。

達哇絳稱觀察淨治一切有情罪惡，以何法為有益時，他在聖觀世音座前修習一次禁食齋，以此消除大罪而獲得人身，最後往生極樂剎土等故事是有許多的，茲不贅述。

喇嘛薩欽在達哇絳稱座前作了很久的侍者，以此大師（達哇絳稱）是何時而來他是知道的。薩欽他是眾生怙主帕謨住巴[5]和珠脱（成就者）那雅巴的太上師，達哇絳稱的座前由珠脱里普巴（即薩欽別名）求得聖觀世音諸修法。這位薩欽巴的父母是香熊地方人氏，父母來到那堆時，於甲戌年在達鄧生格隆地方生下他來，父母說是去尋托一種姓人家而將孩子抱到布桑來。年七歲時即獲得業果的定解。年屆十四歲時，去到前藏後，來到桑嘎譯師的住地播東樹巴，在穹師座前出家，取名卻季扎巴（法稱）。繼在覺窩綳察松巴座前聽法一月。在桑嘎座前住了六年求得《勝樂》等法。在曲彌仁謨娶妻成家，後又在阿里絳央來到妥乍時在絳央座前受比丘戒[6]。又在哲•協饒壩（智焰）座前聽受《般若波羅蜜多》，而講了十五遍。在格西衮喀座前聽受補講諸法。在穹師座前聽受《中觀》和《因明》。在甲瑪師座前聽受補講諸法。在杜彌巴欽波座前聽受《現對法》。據說在達澤的瑪爾巴譯師座前求過法，但兩師是相倫比的（相等）。在格西江惹哇座前聽受真系傳規的《慈氏五論》[7]。在壩操譯師座前聽受《中觀六論》[8]。在格西協座前聽受扎譯師的六法。又在阿里吉敦座前聽講布桑諾穹的《勝樂》等法；在垛匈巴座前聽《喜金剛》；在甲衮嘎多傑（慶喜金剛）和魯•帕謨隆巴二師座前聽《喜金剛》和《亥母》法門；在塔細座前聽密法和毗奈耶；在這些求法的中間仍然在作絳秋生巴•達哇絳稱（月幢）的侍者而聽受許多教法。又在甲曲彌巴•喇嘛妥巴座前也聽受許多教法；在昆•格巴根底座前聽《五次第導釋》；在拉傑•章雪巴座前聽大手印；在泊波阿蘇座前聽大手印心要；在勒烏樹巴座前聽甘丹諸法；在達波拉傑座前聽《那若六法》；在色喀穹畦的侍者帕廓座前求得《道果》法類。總的説來，他不僅聽了舊密諸法，新密諸法也無一不聽。繼後他在達廓的雪山修了整的八年，又經坐夏坐冬這樣六年共修了十四年之久。顯現神通，達廓的拉真（一種凶神）也來向他求法而將命根咒獻上（即被降伏願聽驅使）。在那裏住時覺伯（神之一種）也來作僕役。繼後他去到垛區阿闍黎垛巴對他問道："你有神通麼？"他想在阿闍黎前不應説謊，當即答道："有！"阿闍黎又問："鄰居在作什麼？我的手中有什麼？"他清楚地説出後，阿闍黎相信了。説道："還須給你講説《般若波羅蜜多》。"講説到"虛空自性亦無邊"時，他的心中生起了與過去不同的三摩地（定境），他説今後没有修時和未修間的差别了（言修與未修時間中都不失定力）。繼後他在里普安住，常修禁食齋和念誦等。那時他自己和對他者現起的淨相（定中現境）是不勝枚舉的。薩欽他作出了廣大的利他事業後，於丙午年享壽九十三歲而逝世。

薩欽的弟子樹巴•多傑嘉補（金剛王）：此師生在樹區的杠村中。年甫七歲即已學完書法和讀誦。在里普有一優婆塞（男居士）來修禁食齋，他得到上師所賜的物品和沐水後，他想可以走了而去到里普巴（即薩欽）座前。里普巴説："這孩子將會住持佛子種姓。"説後抱置懷中極為喜悦！這位優婆塞他直住到受了比丘戒[9]；並精通戒經根本。他在上師座前自願從今直至未死之前修習禁食齋戒。因此上師大喜而將達哇絳稱的本尊水晶觀世音像賜給他。在那裏閉關專修禁食齋整五年，以此親見觀世音。有一晚上，他在夢中，見無量光佛和藥師佛等有許多菩薩從而圍繞的中間，他單獨在其中。諸菩薩眾説："我們諸眾中誰對那一子當作可悦意之子？"有一菩薩說："眾眷圍繞的中間，有一白淨孩子正值青春年茂。這孩子與我十七生中有業力聯繫因緣。因此他是我的兒子。"說後一切光明合入於他的身中而醒。最後他臨終時，由香敦乍季繼任寺主後，他也就逝世。荼毗時發現許多大悲觀音像和舍利。

多傑嘉補的弟子香敦乍季（仇敵怖）：此師係樹更地方生人。誕生時發生大雷聲和閃電、地震，因此有一仇敵說："來了這樣的真是可怖！"以此給他命名為乍季，意為仇敵怖。年七歲學習文字，在樣巴座前出家為僧，極守淨戒。後來在薩迦學習《因明七論》[10]後，年二十三歲時遊辯場，普遍傳稱為善巧者，繼後精研《慈氏五論》[11]《瑜伽師地論五分》[12]《上下對法》[13]等。他去到善知識信謨伽座前時，善知識對他說："你當作堪布，作導師事務。"說後傳授以行動威儀，他當了堪布後，教法也獲得大饒益。他能背誦《律經》而講說，以此聚集僧徒約五百人。他以藥師和救度母為主要本尊而修，以此他說："菩薩對末日（指教運末日）眾生，以此法為有利。因此應修此聖觀世音法門。"說後他精修此法而親見救度母，半夜時分親見藥師佛，天明時親見千手千眼大悲觀音菩薩，得菩薩給他灌頂授記。此後在樹巴師前請求允許他到山中去修。師說："你再主管寺廟三年。"說後將水晶觀世音像賜他。經三年後，他將寺廟託付給格西絳耶後，他去到誰也尋找不到的亂石堆集的山中修禁食齋三月，常修"決"法七月，示現上午飛到西山，下午又飛回樹區的亂石山隙中時，已是黃昏時分，並持杖登樹曲山半日即到山頂等神變事蹟。臨終時他說："我的心將不會焚毀，送到嘎絨去，舌也會存在，送到鄧謨山去。"享壽六十一歲而逝世。荼毗時發現舍利一升。

得此師法傳弟子為堪欽杜枳哇・土傑絳曲（大悲菩提）：此師童年出家，總的說來，他精通教法，尤其是善巧《般若波羅蜜多》；具足善巧、戒嚴、賢良三德的美譽遍於諸方。由此修建寺廟，安立僧眾，給僧糧，立僧規。聚集僧眾約有千餘人。他不僅精通一切法，而且能以戒律為首要。因此擁有美滿的戒德香風。他的修持是以藥師和救度母為主要。有一晚上在夢中見來一婦人對他說：“善男子：三世一切諸佛的本體性即觀世音。因此明天垛隆的香敦乍季在講授發菩提心，你去求傳經教吧，將來可以利眾。”說後也就不見。繼後他和香敦相見求得發心教授，並獲傳十一面觀音的經教、修法、閉關念修數量等。在極生喜悅之下，立誓修習禁食齋一千次，當修完三百次時，於四月十六日即親見大悲觀音，並對他談話。此後屢次與觀世音相見，而作出成熟和解救許多眾生事業。

土傑絳曲（大悲菩提）法傳弟子垛隆•釋迦絳曲（釋迦菩提）：誕生在垛隆地方中，七歲時出家為僧。年屆十五歲時已精通《般若波羅蜜多》和《毗荼耶》後，能聯合而講說：尤其是精於《毗荼耶》。他以藥師和救度母為本尊而修。他親見竭地洛迦林度母后，修建垛對寺獲得授記（預示）。繼去到枳杜如本尊所授記求得聖觀世音修法，並於醒後天明時立即前往和師見面求得經教。師命他說，就在我這裏閉關念修二十一次而住下。繼後他的財富福德增長後，講說《般若波羅蜜多》和《毗荼耶》的地點有二十一處，每年都有講說。他立誓修習禁食齋五千次，當修到三百次正行時的晚上夢見前面有一股白色光明中抓着其手而領他到了布達那[14]。聖觀世音對他說：“善男子，來此甚善？”說後白光入自胸中，全身充滿大樂。又說：“當於未死之前作利益有情事業。死後我將遣使前來召喚。”在談話當中也就夢醒。他也就在晝間講說經論，並且隨機隨所信解而說法。晚間則在聖觀世音座前聽受教法。由此現證無數三摩地。

釋伽絳曲的弟子堪欽曲桑巴·絳曲壩（菩提焰）：此師誕生在牟區的昂嘎地方。十一歲時在垛隆巴·釋迦絳曲座前求受優婆塞戒（居士戒），此後出家為僧研習《入行論》和《中觀》。年屆二十歲時受比丘戒[15]。有一晚上他在夢中見有一白色人來對他說："你和我有緣。因此和我等無差别的垛隆巴座前你去求授經教、修法吧。"說後而去。第二天他即去到垛隆巴座前訴說夢中故事。垛隆巴說："是聖觀世音，當皈依啊！我也夢見。"說後也就將經教和修法等都傳授於他。他請求在鄧哇金修完禁食齋一百次後而走。師說："還須再見聖觀世音面。住下去吧。"經過很久又向師請求他要西行。師說："你和他人不同，認真修吧！"繼續修到三百次時，於十五日夜已過半，發現屋內充滿光明，他想或許是眼花繚亂，定睛細觀親見聖觀世音週圍有甘丹派[16]傳承諸師從而圍繞。第二天他去到垛隆巴座前恭敬頂禮。師說："徒兒，昨晚悦意麼？"他答道："我從歡悦心中而得解救。"師說："我也歡舞！你走後當作利益眾生事業。"他去到牟區，從此財富福德增長起來後，他也就每月大修一次禁食齋。他親見許多本尊，享壽八十八歲而逝世。荼毗時發現許多佛像和舍利。

絳曲壩的法傳弟子業普巴·索朗旺秋（福自在）：此師生於牟區和瑪嶺甲交界處。五歲時即受優婆塞戒（居士戒）而學習讀誦。年屆十一歲時在堪欽釋迦貢和阿闍黎峨熱哲謨（光峰）二師座前出家為僧。十三歲時在垛隆的堪欽袞甲巴和樹卻香敦·居麥伯（不變吉祥）座前學習《律經根本》，又在牟欽巴座前研習《慈氏五部》，在阿闍黎絳生座前求授《定量論》；在阿闍黎協饒饒枳（慧劍）座前求授《釋量論》和《瑜伽師地論五分》[17]而廣遊辯場。他在夢中見一婦人對他說："你祇有七天的活命。"以此他以情告堪欽曲桑巴，曲桑説:"修延壽法衹有禁食齋為最善!"他依師語而修後,獲得延壽,也就在曲桑巴座前受比丘戒[18];並聽受了許多甘丹派[19]的教法。繼後他在牟特隆任卓謨伽寺的寺主五年。又在法王淩欽巴座前求得《道果》和蕩巴的法門。在阿闍黎扎楚座前求得許多內外曼荼羅和修法。他每逢四月即修禁食齋,這樣經修三年。繼後由諸施主出資修建業普寺而供獻於他。他以淩欽巴、曲桑巴、牟欽巴、絳稱伯(吉祥幢)諸師為根本上師。此外還依止過四十二位上師。他願廣宏聖觀世音事業而意樂修禁食齋一萬次,修到兩千次時,諸財物已盡,可是有佳夢發現後,財物資具復增長起來,又繼修禁食齋達到三年之久。此外還發揚禁食齋的無量事業。他者的淨相(定境)中見師為觀世音者難以數計。他享壽六十八歲而逝世。

業普巴的弟子堪欽•索朗桑波(福賢);此師的父母和出家及受比丘戒先後次第,以及童年時代具足如何財富受用等史事,於其他書中不難閱知。茲説他出家以後盡形壽(即一生)是以具足清淨戒行為主要,尤其是他嚴持唯一佛教和白金剛(即金剛薩埵)的誓戒,直至年邁無任何瑕疵,一生和淨戒為伴。他依止具足智能的業溫波袞嘎伯(普慶吉祥)等許多上師對於以《毗荼耶》為根本的顯教經論,以及以《時輪》為主要的密宗方面都是徹底精通;以辯論來説,如大智者雅楚•桑傑伯(佛吉祥)等人也難勝過他。他親見許多本尊,獲得《瑜伽六支》等圓滿次第的三摩地。因此成為法王(指業普巴)尊勝諸方的主要弟子。年屆八十余歲時,發現死相,他很好地修風息法一月後,獲得延壽。他係己巳年生人,直住壽到癸丑年享壽九十三歲無疾而逝世。他的弟子有法王德辛協巴(善逝)和瑪尾生格•絨敦等難以數計的善巧者如蜂飛來鮮花叢中而來集。他現世的財富受用如多聞天子(即財神)那樣的福德成就。旺•扎巴絳稱等一切領袖人物也都敬禮於他的足下。成就自在大師伯納季仁清（林寶）也說："西藏的瑜伽士唯以他為最賢。"

這樣的大善知識他將聖觀世音法門教授傳給聖大上座索朗達（宏福）：此師也清淨守持比丘學處，並以發菩提心和寡欲知足為主要行持。常修聖觀世音法門。他出有許多後學出家僧眾。因此直至而今（著者當時）還存在著烏帕（前藏聖宗）和章帕（後藏聖宗）兩系。有十五人或十人，甚至五人的小僧團住的小廟，常見遍於達公、烏約、那堆南北一切方隅。對佛教有極大饒益。以上係伯謨傳規的大悲觀世音法門傳承的階段。

又聖不空絹索（屬於觀音化現的本尊）修法傳承；有一印度南方人，名叫唉爾巴底的班抵達，他去到印南名叫信力的寺廟中，出家後學習一切明處（學術）成為大班抵達而還鄉，向其母說法。在那裏由於樓房破壞掉下一塊磚頭落在其母頭上，母親被擊而死。類同這樣的事不會是正犯殺罪，而且阿闍黎阿雅得哇（聖天）也說："為淨心中障，比丘勸其父，速走並供物，以此父死去，不是犯重罪。"但是班抵達對這碰巧的罪過，為了淨治之故，而修《不空絹索修法》六月，不見有任何成相到來；又修第二次也未見成相；再修第三次仍不見相。在那裏他一手持着檀香唸珠，口誦啥枳諾甲咒（不空絹索咒）而漸次睡去，手中唸珠也掉下來。醒來時見遍地光明燦爛，降下香水及花雨。繼細觀諸方又不見什麼，再看自己住在地的樹上，清楚地見着有不空絹索五尊來在樹間。他說："聖尊！悲心微小，我的罪障太大！"本尊說："我未曾和你離開。"說後對他說了許多教法，而且從此以後，他想求何法，也就可以聽到本尊給他說法。在那裏他想到須到其他地方去宏揚聖觀世音法門。他雖自認為是未作殺罪的有罪者，但眾人不聽從這種說法，而且如伯毗汝巴等許多成就者聚集起來在他的座前聽法。因此那地方的人王說："你們雖是成就者，然而卻在這樣有罪者的座前求法啊！"諸成就者說："此師是諸成就者中的主要人物，往昔也就是這一切人中的聖觀世音所化現。在那裏那人王也即時懺悔，一切人等都生起敬信。有一作僕役的優婆塞向他求法，他為利彼而著作《不空絹索修法》。

後來唉爾巴底傳法給南方的劣種倫覺巴（瑜伽師）：此師也就是得成就時，恒河上船夫不開船，他用喀章嘎（一種密宗器杖）擊河水，使恒河頓時切斷的那一位成就者。此師傳法給班抵達鄧約多傑（不空金剛），鄧約多傑即多傑敦巴（金剛座師）。

又一種傳承是：由班抵達達摩嘎巴在大悲觀音座前求得法門後，他獲得勝樂成就而傳法給索溜巴欽波（大乞士），索溜巴又傳法給鄧約多傑（不空金剛），鄧約多傑即多傑敦巴伽哇（大金剛座師）的別名。由鄧約多傑再傳法給喇嘛壩日。

又一種傳承是：在喀薩巴里寺廟中迎請來聖觀世音（像），播優婆塞（播居士）作聖（像）的承事供養人。此人死後另有一聖觀音前作供養的優婆塞（居士），觀音對他授記（預示）說："你須出家。"他遂另安置一優婆塞（居士）在觀音前作服役，他自已去到毗嘎瑪西那出家而受比丘戒[20]，命名叫西那阿嘎惹。繼由西那阿嘎惹傳法給毗若扎那，毗若扎那再傳法給壩日。

又一種傳承是：有一名叫卻敦的班底達，他去到喀薩巴里寺中聖觀音（像）前作供養。因此在夢中獲得聖觀音對他說法，後來觀音真實現身對他說法。就由這位卻敦班抵達傳法給班抵達鄧約多傑（不空金剛），鄧約多傑再傳給壩日。

這位壩日大師：生於康區凍澤地方中，於庚辰年誕生。這一辰年中至尊彌拉惹巴也誕生了。當喀濕彌爾班抵達來到康區時，壩日也去聽受《對法》和《二面母》教法，他想前住印度，攜帶所得的七十多兩黃金來到前藏。那時他年届十五歲在業塘和阿底俠尊者相見，求尊者加持。尊者給他授記（預示）說：“你到多傑鄧巴那裏去吧。不會有災障。”他來到那堆伯塘。見着牽去宰殺的羊約一隻，心中生起悲心而黃金一錢贖購後，到另一地土上去放生。他到尼泊爾後，前往印度心生怖畏，由於到印度的路線有長短兩路，短捷的這條路線不會有怖畏，這是本尊也有預示的。第二天將渡恒河，當天晚上在夢中親見四臂觀世音。他與廓薩那扎瑪扎彌相見時，以黃金一錢作供禮，供了兩次，廓薩那出示以毗須嘎瑪（天工）所造，佛親自開光的一尊佛家。他認識和夢境相符合，一見之下，頓生起很好的三摩地（定境）。繼後他在印度住的時期，觀世音常來給他說話，而且瑜伽母也現身來和他相見，也有叫他還鄉的。又發現一在哭泣的觀世音，他是否有何過患？菩薩說：“辛敦金（指國王）逮捕六十名牢犯，都囚在牢洞中，任蛇蛙蠍類嚙食殘害，以此發出慘叫聲，太可悲憫啊！”第二天他去到那裏看的時候，願供王黃金一兩，求赦諸犯。王說：“每一犯人不給黃金一兩，决不釋放。”他遂以黃金六十兩供王，獲得全釋牢犯。復以黃金一兩請醫來為蛇等嚙傷諸人治療。因此普遍傳稱他是菩薩的美名。又見一聖觀世音在哭泣。問：“有何不幸？”菩薩說：“居譯師的黃金被涅區人拿走了，以此譯師極困苦！”他去到譯師座前問有何遭遇？譯師說明情況後說：“我這樣的人是福薄者啊！”他即以黃金二錢贈給譯師，譯師極為歡喜！他剛開始打算回西藏時，在夢中見有許多餓鬼前來對他說：“大譯師你回藏，不會有怖畏。求你施我等以垛瑪（食子），我們也就走開。”因此他以十一人所背的米作垛瑪而佈施。又以剩餘黃金作招待阿里前來的許多人。他們說："班抵達巴惹嘿達已來到阿里，在講說《慈氏五部》[21] 和《中觀六論》[22]。"他遂從尼泊爾來到貢塘，又從卓雪來到布桑在班抵達座前聽受《中觀六論》。又去參觀過去由大譯師仁清桑波（寶賢）[23] 所迎請來的大悲觀音、妙吉祥、救度母等像。於當晚夢中見着度母足的拇指等說是補養衰弱。他即以黃金購得廓爾喀的死畜肉以作補養。他再到印度在多傑鄧巴座前聽受聖觀世音法門等許多教法後，復回西藏。在野撙芒波作利益眾生事業。

得壩日傳授聖觀世音法門的弟子雖多，但成為最勝弟子有：魯•帕謨隆巴、業勒妥巴、貢壩的堪布湯巴。這三人座前又由成就者香匈巴求得法傳；又由香匈巴傳給傑瑪扎楚；傑瑪扎楚傳給魯珠（龍成）；魯珠傳給喇嘛嘎細巴（四論師）；嘎細巴傳給鄧約夏巴•協饒准珠（智精進）；協饒准珠傳給鄧約夏巴•桑傑仁清（佛寶）；此師在察區任司徒格洛哇的堪布，以此名堪欽•桑仁巴。他與金野的堪布相見後，也就在金野以聖觀世音法門度化眾生。他前往上下其他諸地區後，在臨終時，吩咐仍送他到極精僧戒的寺廟金野去。送他到金野後而示現圓寂。將他的靈骨建石塔以供奉，至今（著者當時）還存在。由此師桑傑仁清傳給阿闍黎迅魯麥朗（童願）以《不空絹索法類》；迅魯麥朗傳給堪欽桑傑繃伯此師事業法流直至而今（著者當時）還未斷傳而存在。

又有一種傳承是：由名叫達•絳秋生巴係阿底俠的姪兒據說是賢劫中的一位菩薩，他直接在聖觀世音座前聽受法門。這位達•絳秋生巴又名班抵達西達納，是一位善巧者，後來他晝間在大菩提道場（釋迦成佛處）作供養；晚間在屍林中修行。繼由阿里的譯師帕楚迎請班抵達來到尼泊爾時，由絳生達嘉（月勝）在班抵達座前求得灌頂和加持，並聽受聖觀世音法門。繼由他人彙集供養黃金七兩，班抵達説這已足夠，遂同譯師一行二人前往印度。

計由達·絳秋生巴傳法給珠脱香匈巴；香匈巴傳給傑瑪扎楚；傑瑪扎楚傳給喇嘛絳伯繹稱（妙吉祥幢）；絳伯絳稱傳給細波袞卓；細波袞卓傳給諾謨巴·桑傑敦巴；桑傑敦巴傳給桑傑温波；桑傑温波傳給迅魯洛卓（童慧）；迅魯洛卓傳給扎巴絳稱（名稱幢）；扎巴絳稱傳給扎巴桑波（名稱賢）；扎巴桑波傳給喇嘛多傑絳稱（金剛幢）。而對法源立名叫不空絹索。他對許多僧俗大眾廣作饒益，普遍傳稱其美譽名聲。

又一支傳承是：由絳生達嘉（月勝）所傳出歷代法傳有：尼普巴、傑瑪扎楚、珠脱袞卻扎（寶稱）、桑傑絳嘉（妙音勝）、土傑絳稱（悲幢）、卻季絳稱（法幢）、傑卻魯珠（勝士龍成）、四論師袞卻迅魯（寶童）、絳央土傑協饒（妙音悲智）、袞欽·雲敦貢波（德怙主）、喇嘛迅魯絳秋（童菩提）、香巴袞欽（遍知）。

又傳出分支是：由丈波隆巴次第傳出有：喇欽巴、青·朗喀扎（虚空稱）、索朗耶協（福慧）、堪布扎巴迅魯（名稱童）、堪欽索朗扎（福稱）、嘉色妥默巴（佛子無著）、法王甲瑪哇·雲敦峨（德光）、袞欽香巴（和上面香巴袞欽是一人），由袞欽香巴傳法於我（著者口吻）。

又不空絹索五尊灌頂的歷代交付傳承是：聖觀世音、西那阿嘎惹、毗若扎那惹肯達、壩日譯師、傑瑪扎楚、納塘巴·阿闍黎鄧夏巴、堪欽覺、絳欽巴·索迫（福增）、壩敦巴、喇嘛楚嘉哇、袞欽香巴，由袞欽香巴傳授於我（著者口吻）。

至於十一面觀音的灌頂，歷代交付傳承也同上面傳承而直至於我（著者口吻）。

又大悲觀音的直觀教導修法，絳生達嘉（月勝）傳規的傳承是：

吉察•峨迴（光明生處）聽得絳生達嘉的美譽名聲後，而來到絳生座前時，見絳生即觀世音，有時仍見為喇嘛（上師）。復生起猛利信心後，又見為觀世音。絳生達嘉對他說："你以此法門可以作利益眾生事業。"説後傳授他以法門。他又將法門傳給香•烏嘎哇，烏嘎哇獲得加行法嘛呢（即六字真言）的功能，可以役使鬼神和成功真言（咒力）。他以此法門教化廣大眾生。後來烏嘎哇將法門傳給香譯師梁恩麥比薩伯（無憂地吉祥），此師在夢中常見大悲觀音，而且可以在觀音前聞法。香澤師將法門傳給堪布絳秋仁清（菩提寶），堪布於此法門獲得功能，作出了利益廣大眾生事業；而其所教授弟子也出有許多親見聖觀世音的人士。後由堪布將法門傳給傑貢•協饒多傑（智金剛）；傑貢又傳給珠脱哞壩，這位珠脱親見本尊；非人等真實前來領受垛瑪（食物）；珠脱吽壩傳法給堪欽絳秋伯，這位堪欽是一位親見金剛手和貢波護法；而且擁有無礙神通的大德。繼由堪欽傳法給伯•嘉哇珠巴（勝成），此師在土傑仲地方中念修五尊法，而親見十一面觀音，擁有無量功德。又由嘉哇珠巴傳法給堪欽正清，這位堪欽也是親見本尊生起修證的人。堪欽正清傳法給衮邦日措巴，衮邦也親見許多本尊。後由衮邦日措巴傳法給堪欽迅魯綳（童俱胝）；迅魯綳傳給鄧約迅魯（不空童子）；鄧約迅魯傳王法稱喀巴•協饒伯哇（智吉祥）；協饒伯哇傳傑卻朗喀桑波（虛空賢）。以上係不空絹索和直觀教導達嘉（月勝）傳規的階段。

次説從那堆瑪波傳來的大悲觀音法門如何的情況：這一法門的歷代傳承是：無量光佛、空行母桑哇耶協（密慧），由空行母傳那哇巴（即覺哇巴）、那哇巴傳對措巴（即毗汝巴）、對措巴傳多傑鄧巴伽哇、多傑鄧巴伽哇傳那堆瑪波。那堆瑪波誕生在烏裕地方，父名貢欽拉敦，母名阿謨悉安。讓是其族姓。童年時有童友六人以石擊斃一瘋犬，犬屍被修鎮魔術的咒師拿去作模仿物後，放在黑刺樹隙中焚毀時，觸犯龍族，以此童友等在一年中都死去，他也被病纏身。繼後他去到叔父格西的那裏依不動金剛為所緣而誦修了一段時間，未使他生信。由於他作出叔父的模樣，叔父極為不悦！而在教師前説："這是行為惡劣者，你到他方去吧。"他想那怕是死我當前往印度去，他有一姑母是富户，有一帶紅彩的松耳石，他説："借來暫作陪送另一小姑的結婚禮物而將松耳石藏在剖開的刺藜樹手杖中，帶着杖而來到那堆，在定日住了一天，繼往前走了一段路而始知遺忘了手杖，仍回原地。蕩巴桑傑將手杖還給他。他來到貢塘時，瑪爾巴譯師身着黑衣牽着黑狗而將前往印度，他遂請求結伴作帶路的嚮導。以此給他説："在南尼泊爾不必獻出松耳石，應以石換作黃金。"於是他在那堆將松耳石售出得黃金四十六兩。他知瑪爾巴譯師是依修貢波的，他求得傳他貢波（護法神名）修法。來到印度的湯考地方時，晚得一夢見日合入自身，自手捧着月亮，向空中飛去，醒來時有些驚懼而在瑪爾巴前陳訴此情。瑪爾巴説："不必驚恐！日與自身合，是將領會到甚深教法之徽象，手捧明月是將能作利他事業之兆；向空飛行，是威光勝伏一切之相。"繼後來到多傑鄧巴（金剛座師）座前以黃金一半供上而求傳一此生災厄消除；以後（來生）獲證菩提的方法。多傑鄧巴遂傳授他大悲觀音修誦法。以竹管插入耳中後，而誦説嗡嘛呢叭咪吽六字真言。因此他想此法在西藏是婦孺皆知的，如此法門是否可信？多傑鄧巴已預知而將黃金交還他，面現不悦之色。他以此情告瑪爾巴，瑪爾巴説："這是上師不喜！現在當求懺悔，懺悔之法也當在上師座前請求。"他遂向師請求，師説："服食大香（即大便）和香水（即尿）吧。"他遵命而作已，上師傳授以三摩地灌頂而修。唸誦六字真言一月後，在夢中夢見許多毒蛇從身中而出。醒後臥處遍滿黄粘液，清楚地想來真可驚異！但是又没有瘡疤和病傷，前後疑慮！第二早晨去到上師座前以黄金一兩作曼遮（壇供）供獻已，上師傳授他以大悲觀音續（密經）、修法和教授等。他也就在金剛座[24]精修，在夢中見救度母來對他授記説："你到寒林（即屍林）中去吧。"他向上師多傑鄧巴告訴此情，師晚："不要去。"復親見救度母仍授記（指示）説："去吧。"又問於師，師説："現在你已善巧，去吧。"他去到寒林坐在納雅卓達樹下，見一大黑蛇將樹幹纏了多圈似乎没有呼吸出來。他即時入定，蛇立即解開而變成多聞天子（財神），供出自己命根心咒，問他欲成何種，願助成功。繼後他去到恒河畔和外道諸師比賽神變，外道師不能勝，都改建為佛教。

那堆瑪波大師的法門，包括多傑鄧巴傳他的諸法；以及去到寒林時，由空行母傳授他為了消除身體不順因緣和災障的贖死教授；以及五道同時進行的五加行道；為了淨治罪障並具足功能而作的四灌頂；為了同一時中修一切法而於大悲中揉合十八空而修的教授秘訣等。他依多傑鄧巴的言教修密行六年；繼在達昌生格洞中修行七年。在特地區示現許多成就事相，有十五天路程的覺若正昌地區，他半日即到其他。那時他身着一件紅褐色的衣服，頭上纏一頭巾，普遍傳稱他叫蕩巴瑪窩（紅大士）。他去到甲瑪附近的鄧泡舍日和洛窩之間，在那裏有嘎洛（突厥族）戰亂的恐怖，他射出一箭直透磐石，嘎洛人見而引兵回去。他在正昌附近的堆措和哲穹時，有供以白色毛布的，他在那裏安住下來，措麥（有説是海神名）供以海羊為衆所見。如是他以其功能和教授作利他事業，經過很久時間，最後他在柳姑隆被一門徒下毒，他預知而服其毒，以此逝世。荼毗後發現祇留少許靈骨，但有極多的舍利。嘎瑪巴希親自說他即是蕩巴瑪窩（的化身），這是不可思議境界。

那堆瑪波有二子，其中克巴・索朗仁清（福寶）未授父教，年屆十二歲時，在傑巴・敦交座前求學。他學到一年後，父親以十六馱糧食運送給他而叮嚀說："現在你學習吧。望你最後作為一名能人。"此子在香唉巴的學法寺院中也住過很久。他從十二歲到三十二歲之間，作研習事業，直學到通曉所有顯密教法。研習事業完成後，依止許多善知識，最後不廢所學而徹底生起三摩地（定）；並成為最善巧者後，著作出《業鏡》等論著以利益他人。逝世後荼毗時發現勝樂雙尊像和許多舍利。

次說次子壩汝：年屆十七歲時，父親那堆瑪波對他說：我也是將逝世的時候，你當求學諸甚深教授。"說後也就在敬曲垛洞中傳給他以空行母諸法門；在芒嘎達傳授以大悲觀音諸法典導釋；又在敦薩寺附近傳授以一切修法後，叮嚀說："你當以修為主要。將來能作利他事業。"作了這樣的預言。他繼即勤修，獲得如虛空般廣大修證，示現如瘋癲行而作利益眾生事業。

又有柳巴涑穹（瘋狂小乞）：係梁堆區的首領嘉嘎甲哇的兒子，童年時前來為蕩巴瑪窩作僕役而求得諸教授，獲得證悟後，作乞討者去到後藏各地和拉薩、桑耶等地，每處都住過一段時間。後來去到卻區修築一間小屋而住，土人對他生嫉妒，以此修好又自己折毀多次。繼後他建日窩寺而在那裏作了許多利益眾生事業後逝世。由此師將蕩巴瑪波（即那堆瑪波）的諸教授傳給阿闍黎袞業。其教授的經教誦傳至今（著者當時）還未斷傳。以上係那堆瑪波的階段。

次說至尊彌扎卓根所演說諸法的史事：至尊彌扎誕生在印度東方惹扎哈疆土的大城中。由底里巴的嫡傳弟子若比多傑（遊戲金剛）攝受他為徒後，他修喀薩巴里觀音十二年而感得觀世音和聖眷等親自前來為他說法。這是初次獲得的成就。那時名叫阿枳達彌扎古壩。又由獨髻母向他開示方便後，衹須祈禱隨所希求的一切即能來到面前。那是二次示現成就。又在阿爛陀布日寺住有僧從一萬二千人。有敵方布辛王領來大軍時，他擲出輪械使敵軍大驚而逃，使僧眾和寺廟絲毫無損。這是第三次示現成就。當辛得澎王在位時，哇惹納色（古印度鹿野苑）的征塵如遮蔽陽光那樣使摩揭陀佛教將遭毀滅時，他裸其身體發出大笑聲，霎時地大震動，一切人馬都僵直不動。因此王請罪求寬恕後，使諸僵者復行活動。這是現示第四次示現成就。又請名稱王召集四眾作證，有能移動木座者賞黃金千兩，而且佛教徒都歸在外道的教下。如不能移動，則外道徒歸入佛教。立約後，在廣場中他將木座丟倒場中，外道徒没有能移動木座者，遂盡歸佛教門下。這是第五次示現成就。又烏巴扎王在糞坑上面蓋以錦緞，使上師彌扎坐其上而墮入坑中後，坑口以木材和石塊嚴蓋作阻欄。可是彌扎突然來到大眾會中，對王說："你將我從這裏迎回王宮去。"到宮後，王生追悔，敬禮其足下而生誠信。這是現示第六次示現成就。最後國王將彌扎安住在樓房上，其下滿積木柴和禾稈，縱火燃燒三日彌扎未毀絲毫。這是現示第七次示現成就。對哇惹納色（鹿野苑）國王開示甚深五頌；並示現天雨瑞花，天子獻來甘露瓶。這是第八次示現成就。又國王請求灌頂時，他說："布塊用的彩土必須用珍寶來作。國王疑其是用幻術騙取，後來心生追悔時，他示現騰身虛空坐於雲端。這是第九次示現成就。繼後國王生起猛利的悔過心，七日中誠心祈禱。因此他示現安住在池水上。這是第十一次示現成就。繼後國王以十六俱胝城供獻上師作資具時，師為修供施房後，作供施三年，三年過後，誰也不知他到何處去了。這是第十一次示現成就。此後在南方古汝毗哈惹附近有二藥叉每日取食城中一老一少。他將藥叉降伏；並修建寺廟。這是第十二次示現成就。又他為了使一切僧眾增長信仰之故，而作遊戲神變；並示現使空中一切飛鳥飛來手中，吩咐眾鳥以差事，鳥盡聽命。這是第十三次示現成就。哇惹納色（鹿野苑）的八十四位主要人士，他雖未向他們傳法，但彼等對他略生信依，即能生起白骨等觀想而去到山林，從世間思想中此心獲得解脫。這是第十四次示現成就。繼後乍雅色納王和班抵達阿爛陀二人對他不信；並對他身體作摧殘，他入於定印中，使他們心依一頌偈之義，以此未起座當即獲得解脫。這是第十五次示現成就。他對哇惹納色王說："你對我有懷疑。因此此生雖不得成就，但在中陰時可得成就。"作了這樣的授記（預言），這是第十六次示現成就。哇惹納色（鹿野苑）國王想不讓上師彌扎他去，將彌扎安置在寺廟中，寺門嚴閉，而在寺外磐石上，故作遊戲歡笑。可是禁閉在寺內的彌扎對寺外情景仍然能見。這是第十七次示現成就。繼後彌扎在達巴薩的廟堂中住時，有二比丘歸來，必須住在廟內，他們從縫隙中看見彌扎在向天龍八部[25]說法。這是第十八次示現成就。這些示現名為十八稀有故事。二十歲時在峨瑪嶺（光明寺）中得德哇扎根（空行母名）攝受他而和觀世音相見。觀世音說："善男子：未來時中為利益有情，你在一處為眾生作四部密續諸灌頂吧。由哇惹納色（鹿野苑）王七日祈禱。因此當於一曼荼羅中，同時授續部一切灌頂。"如是具足稀有的大成就者彌扎，當譯師絳比伯在班抵達布達西座前聽法時，聽得彌扎來到帕巴辛袞的消息，譯師攜着禮物前來供養，並問侯安好！彌扎作了很好的問答。由於彌扎面向西藏方向而坐，以此譯師想迎請彌扎前往西藏或許能去。遂啟求彌扎前往西藏，彌扎未允，譯師在師前聽受了一次發菩提心略義。在那裏譯師被致死的熱症病倒，那時大成就師由尼泊爾前往印度。在那裏病初愈身體還未復原的譯師隨彌扎之後趕來，彌扎住邊地的一碉堡中，被底惹吽底巴來迎的兇惡可畏的軍隊圍起來，幸而在那裏有一熟識的阿扎惹（印度遊方僧）引譯師進到裏面，在碉樓上和彌扎相見。譯師再啟請彌扎到藏仍未得允許。在那裏譯師心想這樣的大成就者，我已見到又不能迎請到西藏，與其這樣回藏，倒不如死還要好些。想後他多次祈願來生能得此師攝受後，毫不猶豫地從碉堡頂往下跳去，大成就師以手抓着他而說道："哈哈！不要這樣作。"說後將譯師安置在自己面前而說道："我前往西藏，須你迎請者的罪障清淨，你患熱症後，以病苦消除了你許多罪障。這次為迎我之故而願捨生命。因此所有罪障皆已清淨。我應允到西藏去。"於是彌扎來到西藏，在後藏上部住了十八個月，對許多善巧持戒的法師們說法；又為措普寺和建造大佛像地基作加持法事。此後譯師作彌扎的僕役直送到芒裕的那脱地方。此後將在藏所得黃金分作兩包束於兩肩，負荷如霍爾巴（藏北蒙古族）肩披披單那樣而前行。譯師說："我所說之法，若以類分，則是開示所知的支分——一、共通法類；開示內修方便，為二；修行不同法類，開示入於秘密加持，則是三，特殊法類。一、共通法類中有：《佛教航主解救纏縛法》《七瑜伽定相》《如意摩尼》《四種合入教授》《寶鬘論》等法典。二、修行不同法類中有：自所信奉本尊《大悲觀音修法》《依大悲觀音法作自他二利事業次第》。

又一類中細分有：《根本修法二十種》和《成就悉地的修法二十種》共四十種。

又一類中的《如意摩尼》的修法中有佛尊和侍眷等共二千零三十尊；智慧輪有佛尊五十五尊，調伏眾生中有佛尊三十九尊：轉輪聖王有尊眷共三十三尊；布達拉山頂有佛尊二十五尊；鼓聲有佛尊十三尊；身輪焰修法中有佛尊十一尊。

還有五佛修法、空行修法、四無量修法、賢劫千手觀音修法、十一面觀音、世間燈六字真言、喀薩巴里四頌、喀薩巴里世間自在主（觀世音別號）、不空絹索、獅子吼、仙人修法、報身三身修法等。

又二類中還有：受用無盡修法、虛空寶庫、如意寶樹、如意摩尼、妙寶瓶、如意牛、金剛寶、大寶庫、寶劍、甘露瓶、不種香稻、沐池、妙藥僻谷、悉地丸、仙人明論、元劫雲、點金精汁、駿馬、具力金剛修法等。

還有對於自利方面：加行十法、正行十二法、臨終需要七法共二十九種。

其中加行十法是：養護三昧耶、上師修法、加持無盡、修習空性、捨離忽怒、淨治心毒、生起寂止（定）、速生三摩地、雙運要扼、智慧焰等十法。

又二類中顯明生起次第的六法是：蓮枝修法、花座修法、依花修法、影像修法、無垢修法、無字修法等六種。

圓滿次第的六法是：三輪修法、輪結解法、智慧焰、輪焰、輪清淨、金剛焰護輪等六法。

特殊法類中有：自己守護法、除病法、贖死法、奪捨法[16]、往生法金剛流星、夢網重重、受生禁制等法。

屬於利他方面：有加行十法、正行十二法，特別是弟子所需七法。

其中加行十法是：增長名聲、生起威光、能召有情、生咒語力、速成密咒、願力自在、摧滅矜驕、心中常樂、心得安息、坦然無悔等十法。

正行十三法是：降伏凶頑、尊勝他眾、遮止損害、啟發部眾、攝於權下、語重令嚴、吉祥儀軌、救撫他眾、無畏佈施、治療疾病、能療龍病[27]、超薦亡者、荼毗（焚屍）儀軌等十三法。

弟子所需七法是：能示夢兆、能除惡夢、能生智慧、菩薩加持、自我加持、禪定灌頂、召入慧尊加持等七法。

共通中應需之法二十四種，其中積資糧（指福慧）之法十二種是：身體儀軌中大寶身業、供奉佛塔、不可思儀供、曼遮儀軌、法行四支、法行百種、飲食瑜伽、佈施身軀、垛瑪儀軌、水施、供水垛瑪、燒護摩等十二種。

次為離五種違緣（即不順因緣）是：制縛盜賊、防護疾病、治療麻瘋、求晴阻雨、防護死厄等五種。

成就五種順緣是：開光（像、塔等作開光法事）、護輪（用作護身符）、護緣（用咒加持之緣，作護身符）、治療小兒、求雨等五種。

如是根本修法二十種和悉地修法二十種共四十種。又自利之法二十九種，及利他之法二十九種共五十八種。以及共通之二十二種共一百二十種都屬於修法門類。

至於開示入密加持特殊法類：是指《大樂獨髻母灌頂》，及《觀世音教授二十五頌》識別等。以上係措普哇•譯師傳承法類的階段。

次說大手印能斷生死流法類：是在鄔仗那法庫洲的自然靈塔中由袞朗欽波（大日）獲得《空行五部》而傳授給具德薩惹哈；薩惹哈傳彌扎；彌扎傳瑪季•桑傑熱瑪以《三綱領》《五差別》《二十回向攝釋》等法；瑪季在鄧瑪日山傳給具相（言合格的）楚細欽波，楚細欽波生在桑日地方中，童年在梯寺中出家為僧。他曾在底斯雪山等大聖地修行，住在覺朗時和瑪季相見後，得傳能斷生死流諸法。繼和彌扎相見獲得特殊功德。住世到八十一歲。後由楚細欽波將法傳給成就者紅帽係扎巴生格（名稱獅子）；扎巴生格傳給克珠•達嘉哇；達嘉哇傳給法王喀覺巴（空行），喀覺巴復著出修法導釋。

又由楚細欽波傳授汶區的哲瑪（美女），哲瑪生在後藏上部，她曾和許多成就者相見，青春妙齡時，來到汶區的貢嘎曲喀（雪水河口），由於熟練風息和脈絡，以致蓮房不瀉（不泄精），縱瀉也使引生樂後，她發光熾然將使他者致死。她著有許多修悟法門，享壽七十多歲而逝世。荼毗時心臟和兩眼不毀，一眼奉安在貢嘎，一眼奉安在峨窩崗的甲嘎寺中。心臟奉安在伯日山的白補，或許是岩形如（蓮苞）中。後由哲瑪她傳法給甲扎欽波，此師生在雅隆地方中，他大半是住在公波，逝世地方是在汶區。最初他由於極愛清潔，對誰也不喜悅。後來他於無所寄託中而得解脱，以此食自遺糞便而污穢滿身。有時他供養三寶，有時又供養鬼神而示現瘋癲行。他也是在梯寺中出家。他在壩乍和彌扎相見，在貢波和拉傑相見，在窩喀和彌拉相見，享壽七十多歲在汶區的措奇捫康逝世。

甲扎欽波傳法給弟子桑傑日巴：此師生在雅隆地方中。年二十歲時和敬安•澤細巴（甲扎別名）相見，依止許多賢良上師聽受能斷生死流法門，在底斯作金剛上師五年，獲得温波•伯敦扎（吉祥稱）和堆霍爾的喇嘛及帝師名號。到公波後在俠貢寺修行能斷生死流法門，繼在汶區伯惹哲謨修建寺廟，取名為伯日（吉祥山）。他親見許多本尊。享壽七十九歲逝世後，受生在後藏。

由桑傑日巴傳弟子活佛洛敦（具慧）：此師誕生在雅隆區的朗嘉地方中。童年時在新澤細巴座前出家。年二十歲時修金剛手有成就，從二十歲到二十四歲之間作利他事業。後在江諾金逝世。

洛敦傳弟子喇嘛達巴："涷"是此師的族姓，他係薩巴之子。具大信心從嘎瑪巴座前取受嘛呢——六字真言誦一億遍之約。直至年二十歲仍是在家俗人。從二十歲到五十歲之間居住山林茅蓬一心修行。二十二歲時離一切世務而出家為僧。三十五歲時在堪欽•扎生哇座前受比丘戒[28]。求得大圓滿等修行導釋約有百種，漫遊曲壩等山林小寺約有百處。總的説來，此師誕生於己未年，年十六歲和嘎瑪巴相見，二十歲時在妥巴仁波伽座前受優婆塞戒（居士戒）。享壽八十二歲於辰年逝世。

如是等諸師顯見傳出還有許多傳承，而且還有名叫卻敦繃的瑜伽母所傳出者，在上區東西等地區也見有不少人士。以此定知其為甚深法門。以上係能斷生死流法門的階段。

又由大成就者彌扎卓根化名為泊熱瑜伽士來到西藏傳授出《空行念修法》：原由阿闍黎措傑多傑（蓮花金剛）傳授給白瑪柳溝（蓮苗），此師係一位精通五明[29]的班抵達，他獲得這一清淨教授後，修行成就不死金剛身。即由此師將法傳給瑜伽自在大師彌扎卓根，又由彌扎卓根向住持紅帽教主扎巴生格（名稱獅子）傳授以“命根精滴摧壞”等風息和脈絡教授等，以及其他許多簡略教授，特別傳授了《空行念修法》的教授正副法典、灌頂語教支分等。繼由扎巴生根將耳傳一切教授如瓶全傾傳給克珠日措哇•達嘉（宏勝）；又由達嘉傳給伯喀覺旺波（空行王），並作出法典。又由扎巴生根傳給絳央卻垛哇，此師復著出修行教導廣釋。以上係“空行念修法門”的階段。

又由彌扎將“六法教授”傳給班抵達俠日布扎，班抵達又傳給木雅•扎巴仁清（名稱寶），由此傳承直至而今（著者當時）峨乍柳察地區還見有修此法，及許多説此法的教導師。

又普遍傳稱的《彌扎百法灌頂》的傳承次第是：金剛持[30]、

觀世音、大成就者彌扎卓根，由彌扎傳給班扺達鄧約多傑（不空金剛）。繼由班扺達將這些灌頂語教送到桑達察隆的卓松貢波座前去時，行至垛康地區時，在哲區的嘎乍有一次著有灌頂語教等法典。但是到後期這些灌頂語教傳承中斷，由垛麥的一些善知識去到季麥察隆尋訪傳承人時，那裏的人説："有一修善者係淩·峨松貢波的弟子名叫廓空覺色，此人是否在澎裕的嘉村中？"聽説後他們去到澎裕尋訪時，遇着嘉村的善知識絳巴生格（慈獅子）前往桑普聽講《慈氏五論》[31]，以此他們向他探問廓空覺色。絳巴生格説："廓空是我的同鄉，我是没有想到他有這樣的灌頂語教。有一咒師覺窩桑是一修善的老人。在你問我的順便中，我向你説出此情。"一些對於絳巴生格所説話不相信的人説："我們要去和廓空覺色本人見面。"於是絳巴生格和壩朗巴·仁協二人作出《金剛鬘》和灌頂語教的備忘録。後由雍敦·多傑伯（金剛吉祥）在楚普的壩朗巴·仁協座前聽受灌頂語教，繼由雍敦傳給壩敦迅楚，壩敦傳給納塘巴·喇嘛楚嘉，納塘巴傳給喇嘛貢波珠，貢波珠傳給班欽·絳央熱枳（妙音劍），班欽傳給衮欽·丈嶺尼俠（贍洲日出），衮欽傳給法王金季巴·協饒桑波（智賢）。這是就一派傳承而寫出的。如果就各别傳承來説，則宏傳更廣。以上係由大成就者彌扎所傳出法門的階段。

次説普遍傳稱的大成就者稱布巴的《直觀教導》這也屬於大悲觀音法門：此法原由無我母傳授給大成就者稱布巴·達瑪峨熱（宏光）。這位稱布巴誕生在肖廓達地方中。峨准嘎謨以敦謨隆的寺廟供獻於他，他未接受而去到野汝山中，一心專修，獲得成就。

得此師法傳的弟子有六人，正昌體隆的善知識淩師，及裕那寺的敦巴導師二人得傳後，二人都獲得成就。後來給師送三次供禮。稱布巴又傳其弟季波哇·旺秋扎（自在稱），及其侍者伽乍巴和峨准嘎讓。此三人修習此法也得成就。又有季波特巴·絳秋窩（菩提光）雖是閱讀了許多經典和論著，然而他不知揉和在一起而修之法。以此他去到拉薩在釋迦牟尼佛像前祈禱求加持。也就在那裏和稱布巴相見，他知道這是一位成就者而向稱布巴祈願。稱布巴也觀察他是法器，於是將外乘道聚寶教義導釋，及內而密宗直觀教導二法傳授於他。絳秋窩得傳而勤修也獲得成就（以上共成就六弟子），繼由絳秋窩傳給達鄧乍瑪的堪布絳秋楚稱（菩提戒）；絳秋楚稱傳奇綳新寺的堪布絳秋生巴·拉准巴；拉准巴傳給香袞邦巴，此師係覺朗派[31]四大指導之一。香袞邦巴復將此法遍傳於諸方作出了廣大的利他事業。又正昌淩師傳規有一部分顯見與大手印相同，其餘是符合《瑜伽六支》的別攝而編撰的。

此外（觀音法門）另一支是由比丘尼[33]伯讓（功德母）傳給伯季桑波（吉祥賢）；伯季桑波傳給仁清桑波（寶賢）；仁清桑波傳給覺窩傑（阿底俠）；覺窩傑傳給約卻旺（法自在）；約卻旺傳給若敦；若敦傳給哲敦覺色；哲敦覺色傳給香敦卻旺；香敦傳察敦細波；察敦傳給倫覺交色；倫覺交色傳給仁波伽·勒彌巴；勒彌巴傳給堪布仁迥；仁迥傳給堪布勒迅；勒迅傳給喇嘛袞索巴；喇嘛袞素巴傳到克珠卻伯哇師徒之間都有大悲觀音直觀教導。以上係直觀教導稱布巴傳規的階段。也屬於大悲觀音法門。

又有由仙人尼瑪辛達（日車）次第傳出有：對夏伽穹（大小對夏師）；阿毗裕嘎達；尼泊爾嘎雅西；又從阿闍黎夏巴哇傳出甲日哇和倫伽巴等人；並傳出有《虛空三法教授》和《攝各道教授》，還有一種叫《正見底面》；尤其是有聖觀世音的教授。

又大成就師達惹巴納：此師換齒二十次，享壽一千二百歲。此師著有《枳雅薩牟察曼荼羅廣大儀軌》，這一傳承是：金剛持[34]、智慧空行母、達惹巴納阿扎惹、薩捫達壩扎、連納卓雅底、西哈魯捫扎、西曼殊壩扎、西那肯芒壩扎、達摩卓雅底壩扎、捫枳哇壩扎、學張西壩扎、西毗乍雅壩扎、西瑪達納壩扎、西納肯芒壩乍、嘎嘎納壩扎、烏達雅枳哇壩扎、西哈惹喀壩扎、阿壩嘎壩扎、尼泊爾耶讓的班抵達乍嘎達阿爛陀枳哇壩扎，及其子班抵達瑪哈菩提、薩桑帕巴迅魯洛卓、法王袞嘎桑波（普慶賢），直傳到法王瑪敦•絳稱峨熱（幢光）之間，都獲得圓滿灌頂。

次說此法（枳雅薩謨察）得來的情況：往昔西藏未譯有此法，後來在具德薩迦寺絳央鄧約絳稱（不空幢）的手中獲得一本薩牟察的梵本（古梵文），是從尼泊爾商人的手中而來的。繼後此本到了袞邦卻扎伯桑波（法稱吉賢）的手中，由他策動和籌辦順緣（財物）請毗扎瑪西那的大班抵達曼殊西，及西藏譯師薩桑巴•洛卓絳稱（智幢）譯成藏文本後，在還未尋得聽受此法灌頂和講經處所時，聽得阿里人多傑伯（金剛吉祥）到耶讓聽受薩牟察灌頂的消息，於是帕巴迅魯洛卓師徒七人去到尼泊爾耶讓，在班抵達瑪哈菩提座前聽受了此法的圓滿灌頂和經教後，而作廣大宏傳。

又一傳承是：薄伽梵閻曼德迦能滅金剛，毗汝巴、種毗巴、丈熱伯正、瑪底嘎爾嘎、達惹巴納•阿扎惹，繼由達惹巴納將紅色閻曼德迦的法典和導釋，及許多教授傳給洛窩譯師，譯師又傳給洛欽桑傑，洛欽傳給譯師卻敦（具勝），卻敦傳給十論師迅魯生格（童獅子），可能還傳有他人，而且由布頓仁波伽等人精修此法並教化許多眾生。以上係達惹巴納的階段。

至於阿闍黎阿壩雅：他是一位從小五明[35]直到無上瑜伽續，所有顯密教理都無不通曉的人士。他往昔生中，多修金剛瑜伽母，以此金剛瑜伽母在他此生中，飾普通凡俗婦人裝而來到阿闍黎阿壩雅的面前，可是他守持比丘戒學，有堅定意志不依婦女而修。以此索日哇等諸上師大德屢次開示他說："你這樣作，反而不善，當知真實生起俱生慧的方便須多次取用（手印母）之故。"因此他多次向瑜伽母祈禱，在夢中清楚地見瑜伽母來到，對他說："現在你在此生中没有和我配合的功能。你應多著甚深續部（密經）的釋論，以及許多曼荼羅儀軌。可得迅速成為有緣份者。"他依此開示而著出《教授花穗》和《無畏論釋》，以及《曼荼羅儀軌金剛鬘》。喀濕彌爾大班抵達來到西藏時，三次傳此金剛鬘灌頂。據說一二兩次，一切都作為無上資糧。末後一次由於西藏諸人士有極大疑慮分別，如不分拆各別續部，不能獲得灌頂。普遍傳稱是分拆續部而作灌頂。洽譯師卻傑伯是從熱伯朗扎座前聽受此法，依二十八種曼荼羅而灌頂。許由此其他一切也都獲得。澤師扎巴絳稱（名稱幢）是從喀濕彌爾大班抵達布彌西座前聽得此法，依四十五種曼荼羅而作灌頂。印度東方的大班抵達伯納季仁清（吉祥林寶）在國王的勒烏凍宮中，兩次傳授金剛鬘灌頂，一切都是依密宗無上瑜伽傳規而傳灌頂。當時有一些人問說："分作各密續部來灌頂，是否不好"？答："分作各別續部是好的。"問："那麼這次為什麼不分呢？"答："此次對你們，是依阿壩雅的傳規而作的灌頂。阿壩雅是不分開各別續部的。"這一金剛鬘灌頂，由許多譯師各別譯出，以此有許多不同的譯本。直到而今（著者當時）大都隨喜洽譯師所譯本。其中由阿闍黎阿壩雅所作三瑜伽，即加持和遍觀，及色——圓滿等三瑜伽。這是依續部經典而作出以圓滿瑜伽修曼荼羅儀軌。又見有部分人想到各別的續部和各別的阿闍黎所作的修法，如不全修則儀軌不成為圓滿完成。如果是這樣，則正等正覺的佛將成為一種曼荼羅也未修成。以是無分別之故。說此種想法是太過分，誰也不能反駁。

如果是這種想法的人士，最好是不用阿闍黎阿壩雅傳規的金剛鬘來作灌頂，而應以其他儀軌來攝受此類人士。如像這樣對於依阿壩雅嘎惹古巴、格尾迴勒壩巴、珠脱通夏，班抵達甘地真扎、譯師扎巴絳稱（名稱幢）諸師所傳來的《修行法海》而作隨賜灌頂，也不應誹謗；對於進入此（金剛鬘）大曼茶羅的人士，是否合法器則祈觀察為要！

由多傑鄧巴傳給壩日譯師的《修法百種》等也應和上面説法一樣來看待。以上係金剛鬘等如何而來的階段。

如是等顯密諸法門，是僅由我（著者口吻）親自閱讀到的，以及從上師而聽得的和見到的傳記、故事等而寫出的。以我（著者）淺薄的才智欲説盡一切，恕我無能。

此外由秘密主金剛手傳授給堪欽·勒季多傑（羯摩金剛）的許多甚深法門；及至尊文殊傳授給喇嘛鄔瑪巴的許多教法。對這些由本尊所傳和由自己具足空性瑜伽，而作出等同續部密經般的法典，及修悟道情歌等一切論著，也應當是：如果它與三學（戒、定、慧）不相矛盾，則不當依其中詞句好惡而加以誹謗。如《吉祥時輪續釋》中説："縱從方言訛語出，瑜伽士應持其義，水中滲入乳精汁，鴨可善分而吸取。諸大師對勝義境，恒常不依於句文，地方名詞若知義，論著諸語何可説。"如頌所説應是合理。

又聽説有一大成就者名連納巴傳授達隆·桑傑温以《歡喜金剛續釋》及許多修法，還存在於類五齊（昌都一地名）寺諸人中。

又相近於阿底俠來到阿里的前一些時間，也有叫阿底俠為阿扎惹瑪波（紅色印度遊方僧）的。

鄔仗那的班抵達名協饒桑哇（智密），他依止喀濕彌爾的仁清多傑（寶金剛）的一位弟子，得到《大手印精滴》等精滴法類的續部密經和經釋等件，顯見這些經教對西藏已有恩慧。這位班抵達後來復來到西藏後，成為薩欽的上師。普遍傳稱從他傳來的圓滿次第教授，至今（著者當時）還有，但未見這一教授的書本。

又對於教法證得大光明相的至尊捫隆巴大師獲得本尊所傳授“禪定修次”這一殊勝法門立名為“一知普解”。由捫隆巴傳給雅隆澤師扎巴絳稱（名稱幢）；扎巴絳稱又傳給業垛哇•袞嘎鄧珠（普慶義成）；業垛哇傳給十論師迅魯生格（童獅子）；十論師傳給吽欽•朗喀倫覺（虛空瑜伽）從吽欽次第傳承直至而今（著者當時）貢塘饒絳巴•協饒絳稱（智幢）都未斷傳。

又由尼瑪伯巴（日隱）所傳出的救度母法門：先是喀濕彌爾境內有一成就者名叫達烏達惹住在自然現起五尊（度母）的寺中勤修供養，普遍傳稱他能治癒麻瘋等病。那時寺門的西方阿闍黎尼瑪伯巴（日隱）是一位精通五明[36]，尤其是精於密宗的大德。他發生龍害（指麻瘋）等病，住在寺西的茅逢洞中修禮贊三月後，寺門變西向，救度母問他道：“欲求何種？”答說：“欲求病癒。”立刻除額上還略有一些未愈外，一切身肢都復原如初。遂問：“額上未愈的原因？”度母說：“往昔你生為獵人時，常殺野獸，最後縱火焚林，此一業力成熟墮入地獄，經受五百生報此為最後一生。”說後傳授給他依扎贊而作諸修法。並說：“依此法能成辦任何事業，並得賜悉地（成就）。”於是由阿闍黎尼瑪伯巴將修法二十一種，各別地定出（成辦）每種羯摩（事業），並作出共通的修業補充部分等。後由阿闍黎尼瑪伯巴傳給真扎嘎壩；真扎嘎壩傳給哲達日；哲達日傳給昂根根旺秋（語自在）；昂根旺秋傳給俠惹達嘎惹；俠惹達嘎惹傳給達塔嘎達惹肯達；達塔嘎達傳給達納西；達納西傳給麥覺譯師，麥覺譯師所譯藏文本，其中修法和成辦羯摩（事業）等都全有。至於措普譯師所譯本，是在每種修持法之下面，載明此法（成辦）的諸羯摩（事業），各各互相俱載。

這一法門的傳承是：救度母、衮嘎窩（慶喜）、扎絳巴尼瑪共巴（日中羅漢）、俠納廓金（麻衣）、枳喀納廓金（黑白斑衣）、喀濕彌爾尼瑪伯巴（日隱）、惹呼那西、毗納達西、班欽釋伽西、班欽傳給措普譯師、喇欽索旺、仁波伽巴、澤瑪伊傑布、澤瑪伊傑布傳給布仁波伽。

又一支傳承是：麥覺傳給薩欽，薩欽傳給哲謨，哲謨傳給傑准，傑准著出此一法門的許多論著。後來傑準將法傳給青·卻生（法獅子），卻生傳給卻傑絳色，卻傑傳給絨巴嘎譯師，嘎譯師歷代傳出有防饒生格（智獅子），伯敦生格（吉祥獅子），喇嘛蕩巴·索朗絳稱，堪欽協垛哇，卻廓哇·卻季絳措（法海），廓楚·扎巴迴勒（名稱生處），由扎巴迴勒傳授於我（著者）。總的說來，略有不同的救度母傳承是充滿西藏的。以上係零星傳承的階段。

對於此間西藏廣宏諸經教誦授法流，極有饒益的頂巴譯師楚稱迴勒（戒生處）：父名頂巴垛壩，母名達謨布吉。此師誕生於丁亥年。年届六歲時在一土洞外向內看時，但見有許多佛塔和地方。後來他去到印度時與洞中所見一般無二。他年届十歲時，有一段時聞他念修不動金剛，由此對他人任何病症，他以念咒加持都發生功效。他從童年起即對三寶一心信仰，可是繼母對他厭恨！以此他十三歲時，即去到達波給人誦經懺，所得酬資攜回父親家中，父親仍責罵不息。他心生悲愁，仍去到達波，在梗謨上座前剃髮而換著僧裝給人以極好的示範。年十五歲時在梁堆區甲杜座前出家。繼在青·湯切欽巴（一切智）學習“法行”。年届十九歲時，甲師為作親教師；梁巴·更敦交為作阿闍黎，吉波楚帕為作屏教師給他傳授比丘戒[37]。他意樂到印度去，奈無旅費，以此他給人書寫《般若經十萬頌》兩部，得酬資黃金十二錢，攜此黃金而前往印度，行至定日時，觀世音化現為老人給他說明行程路線。走到尼泊爾他祈禱古彩銅聖觀世音等護佑沿途一路平安！果然安然無恙而抵印度，在摩揭陀和扎彌桑傑扎相見，也就依止此師座前十年之久。他患熱症時，救度母賜以沐水飲後即愈。那時，他的兄弟卻壩（法焰）將家中田產賣後，獲得許多黃金，攜帶黃金從達波沿途問路而來到印度金剛座[38]。同兄長相談說："父死後由我行事，這些黃金都是你應得股份。現在回鄉去吧。"繼後頂巴譯師立志求學，獲得一位善巧的班抵達為師。可是班抵達患熱症而逝世。臨終時對他說："你將我的遺骨送到格日山去。并發不到西藏去的誓言三次。"繼後他回來時為紀念上師修建了靈堂；又將父開始製造《般若經》二十份未完的一份補完。此後攜帶黃金五十兩再返印度，上師扎彌已不在世，祗好在師遺骨前供養。繼後他依止大班抵達桑嘎達毗惹哇、達薩壩那西、真扎甘地、蘇達納古巴達、西那真扎、毗瑪那惹肯達、乍雅古巴達、悉底哈惹、壩薩嘎惹、西那西惹、壩薩納達底那嘎、阿爛陀得哇、尼泊爾班抵達納雅西等十三位班抵達為師聽受了許多顯密經教。又迎請喀濕彌爾金松巴的傳徒班抵達阿朗嘎得哇，復積存許多梵本法典，翻譯和改譯《攝修法廣本》《毗奈耶本釋》《二萬五千般若釋》，聖勇所著《釋迦往生世紀》《時輪根本續》，班抵達阿朗嘎得哇傳規的聖傳法類等。他那次住印度五年。繼後再到印度學習《大毗婆沙論》三年後，在西藏迎請來梵本後，他和阿朗喀得哇師徒二人譯出《大毗婆沙論》三分之二時，班抵達（阿朗嘎得哇）逝世。為薦亡者他建立有四十八位法座的轉法輪大會。總的說來，頂巴譯師親見勝樂六十二尊曼荼羅和許多護法，曾親近依止卓隆巴大師等許多善巧上師而成為佛教的主宰人物。他享壽八十四歲於庚戌年逝世。(那時，大譯師洛敦協饒（具才智）逝世已八十二年。) 荼毗時發現許多佛像和舍利。

頂巴譯師的弟子洽扎絳（洽羅漢）：此師在頂巴譯師四十七歲時歲次癸酉年誕生。係麥・扎喜嘎（吉祥喜）之子。生於洽城中。在卓隆巴的弟子古汝哇・洽敦大師名仁清楚稱（寶戒）座前出家為僧，依止頂巴譯師學習《聲明》和翻譯事業；並聽受聖傳《密集》和《時輪》等教法；求得四臂怙主護法修法，獲得護法隨侍其後。從絳生達嘉（月勝）的弟子麥卓杜真，及其弟子堪布達准座前受得比丘戒[39]。又依止後藏協業釋伽珠（釋伽成就）、章嘎、覺珠譯師梁恩麥比伯（無憂吉祥），及香譯師等西藏上師十五人。為了息滅去到印度的災厄而修喀薩巴里觀音，獲得成相後，路出尼泊爾而到印度。他每日從市中購得鮮花撒供於金剛座的大菩提佛像（即釋伽佛像），多落在佛像的耳上。以此因緣，後來供奉代替大菩提金像的耳上，也不須造作自然現出花朵來。他依止麥枳真扎、小金剛座師、尼喀嘎楞伽、西那阿嘎惹、釋迦西和菩提西諸師聽受了許多教法。尤其是以麥枳真扎的恩慧為最大。他依麥枳所授記（預示）在那爛陀的嘎洛達小山丘中精修後，於瓶上得見勝樂六十二尊佛會。續後他突然患一熱症，在納雅卓達的陰涼處睡時，聽得環鈴叮噹聲，定睛細看來一身色蔚藍的婦人以瓶水撒其胸間而病全愈，得見此一婦女即救度母。他親見印度的塔、像有八十尊是自然現出的（非人工製造）。他回西藏時，在恒河岸邊嘉譯師和其同伴等，正遭西吉的匪徒打擊，他急作照看，使眾匪僵直不動。繼行抵西藏在曲彌、嘉拉康寺、湯波伽等處作供養並小住一時，主要是應請而來達烏惹任寺主。此寺最初是由烏樹巴的弟子廓欽巴建立的，此後傳承似乎空虛無人，後來才由洽扎絳來主管。繼後迎請須達西來翻譯出佛道法典；

又依釋迦西，湯切欽比伯和惹達納西等人譯出更多的教法。當喀濕彌爾班抵達給他人傳授比丘戒時，洽扎絳用梵語（古印度語）作出羯摩儀軌，班抵達極為喜悅！他的身威儀是光頭赤腳並研磨善法等美滿的戒香遍於遠方。享壽六十四歲於丙于年在達烏惹寺逝世。（那時，洽奇瑪（後洽師）年届二十歲，即至尊扎巴絳稱（名稱幢）逝世的丙子年。）荼毗時發現顱骨上有勝樂圓滿諸尊像；頰骨上有輔音和元音字母。後來這些靈骨奉安在靈塔中。依於熱苯扎惹授記（預言）説："這靈塔突然存在，以此將突然向四方分散"的預言，由洽奇瑪（後洽師）再加修固。仍由尼泊爾請來熱苯扎惹作開光法事。在達烏惹寺作開光時，天降穀雨，雷擊骨塔。以此雅巴普遍傳稱為擋雷白塔，喀薩巴里觀音來臨塔上入於釋迦金像中。此師在印度復有班欽達摩西等許多弟子。

洽扎絳的姪兒洽卻傑伯（吉祥法王）：係阿闍黎達摩迴勒（法生處）和（母）卻綳的兒子。於丁巳年誕生。（這一丁巳年，措普譯師年届二十六歲。）年届七歲時，學習讀本、梵文對字、教頌、書法、彈線等。從十一歲到二十歲之間，緊依洽扎絳座前求得顯密許多教授；並求受發菩提心戒五次。總的説來，從十七歲到四十五歲之間，立誓不離筆墨工作；十四和十五歲時閉關念修不動金剛二十六億遍而得親見本尊面。二十歲時上師對他説："顧慮你前往印度，你學習《對法》吧。"後來洽扎絳逝世後，他才前往印度。在後藏薩譯師、措譯師、梁堆譯師、卓敦對枳扎（甘露稱）等座前聽受許多教法。繼後在貢塘的安准巴•貢波伯（怙主吉祥）座前聽受《阿毗達磨雜集論》和聖傳（指龍樹所傳）、峨師傳規諸法。在麥區住過十年。他在尼泊爾辛袞地區和惹達納惹肯達相見，他給那喀•達哇敦扎等求灌頂時作翻譯，以此獲得勝樂等灌頂。繼後在仍是居士身的大班抵達熱苯扎惹座前聽受聖傳法類，以及《金剛鬘》和顯密攝要等許多教法，並得師預示將來能利益許多眾生。他在尼泊爾住了整八年之久。繼後去到印度，從底惹呼底來到毗薩爾（古中印度境），在夢中親見金剛座[40]真境，他去到金剛座時，没有一人在那裏，由於逃避都汝嘎（突厥族，即今土耳其）的戰禍而逃空。他很久未能朝謁大菩提釋迦像，後來得謁時，也就在大菩提釋迦像前虔誠供養；並細觀聖地莊嚴景象。他在那爛陀和班抵達惹呼那西壩扎相見後，聽受了許多教法。嘎諾（突厥族）的兵馬來犯，國人和國王等都逃走了。惹呼那對他說："我是已到九十歲的人，是没有逃走的必要。你不逃走是痴人。"他稟師說："那怕是把我殺掉，我也不離開師座而他去。"以此上師想這是有三昧耶戒者心中甚喜。繼後他將上師背著請師到貢波廟堂，由於認為貢波是能對治突厥兵馬的。果然突厥也未加損害。在摩揭陀發生熱症，雖是脱險仍然身出瘡泡，後來底爾呼底也遭熱症為害，此後衹好漸次來到西藏。總的説來，卻傑伯共依大班抵達十二人，西藏譯師四人，善巧持戒師二十一人。在此諸師座前聽受教法。薩迦班欽對他讚説："大譯師仁清桑波[41]之後，就以你這位譯師為善巧者。"納措譯師的寺廟再三致書請他主持，他來寺住持四年。哈日捫達等八十處寺廟莊園的鎖鑰和二百函經典都交他手中主管。繼後他返達烏惹寺。後來他六十二歲時去到湯波伽。那時在達察地區他去到班抵達達納西那的座前，他用桑枳達語（古梵語）作許多吉祥讚辭，令班抵達驚服不已！在衹曉藏語一類中他集合了如智者日比熱枳（智種劍）等許多善巧者在柯垛夏季法會中説法時，僧眾陳設法典百函，每日吹法螺十三次。繼後他在雅隆區的居寺和卻村的許多寺廟説法，也就在雅隆方面住了五年。無帝（派使）來迎請他時，霍爾和西藏諸大人物商量後，託詞身體有恙，獲准仍住藏地。迎請他到薩迦後，俠巴•耶協絳稱（智幢）和大宰宮袞嘎桑波（普慶賢）尊他為師，他作僧會領導而對眾說法。繼後返達烏惹寺建立大法輪會。享壽六十八歲於甲子年逝世。

卻傑伯逝世後，由章巴•旺秋協饒（自在慧）負寺主名義，但寺務仍由章巴負責多年。此後繼任寺主者為洽奇瑪兄弟洽尼瑪伯（日吉祥）之子喇嘛敦真伯（持教吉祥）；繼為喇嘛之弟兩位名達哇的任寺主為時不久。在達哇任期中，甲色將達烏惹寺搗毀。此後由達哇之弟安達伯的兒子喇嘛仁清迥勒（寶生處）任寺主十三年之久；此後將寺廟交給一位年屆七十四歲的喇章巴•洛卓伯（智吉祥）；洛卓伯在當年委任喇章巴•釋迦伯（釋迦吉祥）為寺主。喇嘛仁清迥勒逝世和釋迦伯任寺主之年係丁卯年，經十三年係己卯年釋迦伯逝世。從卻傑伯（吉祥法王）逝世後直至委任釋伽伯的丁卯年，這以前已經過了六十四年了。此後繼任寺主為喇章巴•桑波伯（吉祥賢）；繼為仁清迥勒之姪洽卻伯桑波（法吉祥賢）任寺主，為時不久而逝世，此後喇章巴•桑波伯（吉祥賢）復任寺主；繼為卻傑尼瑪哇任寺主五年；此後由釋迦伯（釋迦吉祥）任寺主十三年而逝世！此後為法王耶協伯桑波（智吉祥賢），此師係丁未年生人，二十五歲時任寺主直至戊戌年任寺主十八年後，他委任喇嘛桑珠伯貢波（意成吉祥）繼任寺主後，他於甲戌年享壽八十八歲而逝世。計桑珠伯貢波從戊子年直至壬子年間任寺共二十五年。此後寺主為索洛哇，係癸巳年生人。他年屆二十歲時，從壬于到庚申年間任寺主九年。庚申這一年中索洛哇委任係辛丑年誕生的洛桑巴年屆二十一歲任寺主後，索洛哇享壽五十六歲於戊子年逝世。洛桑巴任寺主二十一年於庚辰年將寺廟交付繼任者後，他享年四十二歲於壬午年逝世。此後繼任者為仁清卻嘉哇（大寶法王）係丁卯年誕生，年十四歲登寺主位直到而今（著者當時）丙申年計已任寺主十七年了。以上係達烏惹寺的階段。

在梁•絨嶺地區有名絨嶺譯師多傑絳稱（金剛幢）者，係阿壩雅的弟子，是一位精通“時輪”的法師。他的寺廟名索喀寺至今（著者當時）仍然未衰存在。但未見有何記載，以此這裏也無從詳述。

【註释】

[1] 松贊干布：係吐蕃王朝第三十三王。貞觀八年遣使至長安朝貢，十五年，唐太宗以文成公主妻之，從此藏族子弟往內地求學，漢族工匠僧侶醫藥卜算之工應邀入藏，藏漢兩大民族之間，在生產技術和物質文化生活等方面，互相提高。唐永徽元年松贊干布死，年三十四歲。

[2] 布達拉：舊譯普陀意為系舟島，佛教徒認為是觀音菩薩剎土。拉薩的布達拉宮亦取此意。

[3] 秘藏：亦稱秘笈，係將法典、法器等秘藏在深山穹谷地下，後來經人發掘而出者。

[4] 聖哇底：尼泊爾南方所出聖哇底觀音像。哇底意為滿願。

[5] 帕鏌住巴：名多傑嘉補（金剛王），西藏帕住嘎舉派創始人。宋徽宗大觀四年生人，為達波拉傑的弟子。1159年，於帕鏌住地方，建鄧薩梯寺。

[6] 比丘戎：佛教男子出家受具足戒即比丘戒二百五十三條者。

[7] 慈氏五論：傳為彌勒為無著所說《現觀莊嚴論》《莊嚴經論》《寶性論》《辯法法性論》和《辯中邊論》。

[8] 中觀六論：龍樹所著《根本般若論》《寶鬘論》《回諍論》《七十空

性論》《廣破入微論》和《六十正理論》。

[9] 比丘戒：詳 [6]。

[10] 因明七論：即《量釋論》《定量論》《理滴論》《因滴論》《關係論》《悟他論》和《諍理論》。係法稱所著註釋《集量論》者。

[11] 慈氏五論：詳 [7]。

[12] 瑜伽師地論五分：無著所著《本地分》《攝抉擇分》《攝事分》《攝異門分》《攝釋分》。

[13] 上下對法：即《阿毗達磨集論》和《阿毗達磨俱舍論》。

[14] 布達拉：詳 [2]。

[15] 比丘戒：詳 [6]。

[16] 甘丹派：標榜以全部佛語作為修行要決的教派，是阿底俠的弟子仲敦巴所創。為 11 世紀中葉藏傳佛教中興時期的主流。

[17] 瑜伽師地論五分：詳 [12]。

[18] 比丘戒：詳 [6]。

[19] 甘丹派：詳 [16]。

[20] 比丘戒：詳 [6]。

[21] 慈氏五論：詳 [7]。

[22] 中觀六論：詳 [8]。

[23] 大譯師仁清桑波：譯意寶賢，是藏傳佛教後宏期中最初翻譯新續（密）者，又譯印度醫書多種。阿底俠到藏時，他年八十五歲，卒年九十八歲。

[24] 金剛座：又稱菩提道場，即釋迦牟尼成佛的古印度菩提耶伽城。

[25] 天龍八部：即天、龍、藥叉、尋香、非天、金翅鳥、人非人、大腹行。

[26] 奪捨法：據說是使靈魂進入別人屍體的一種法術。

[27] 龍病：傳說為龍毒所致皮膚疾病，有麻瘋、瘡疥、腫脹等。

[28] 比丘戒：詳 [6]。

[29] 五明：有大小五明，大五明：舊譯工巧明（工藝學）、醫方明（醫學）、聲明（聲律學）、因明（正理學）、內明（佛學）；小五明：修詞學、詞藻學、韻律學、戲劇學、星象學。

[30] 金剛持：是諸佛供主，佛書説釋迦牟尼講演密乘所現身相。

[31] 慈氏五論：詳 [7]。

[32] 覺朗派：北宋中，有名彌覺多傑（不動金剛）者，創他空見。六傳至吐傑准珠，建覺朗寺，自是傳承法嗣稱覺朗派。

[33] 比丘戒：詳 [6]。

[34] 金剛持：詳 [30]。

[35] 小五明：詳 [29]。

[36] 五明：詳 [29]。

[37] 比丘戒：詳 [6]。

[38] 金剛座：詳 [24]。

[39] 比丘戒：詳 [6]。

[40] 金剛座：詳 [24]。

[41] 大譯師仁清桑波：詳 [23]。

# 第十五輯　往昔僧眾來源及問答等類

略說西藏雪山叢中，正法來源情況後，當說修行正法的僧眾情況。西藏一切持律僧伽眾部，唯一是“根本說一切有部”[1]的傳規。其中第一部分是：堪欽細哇措[2]的傳規，由喇欽（大喇嘛）諸人所傳承；第二部分是：東印度的班抵達達摩巴那在阿里地區，度巴那三師等出家後的上部傳承；第三部分是：由喀濕彌爾的大班抵達釋迦室利所出的傳承。一二兩部分早已說訖，茲當考查第三部分係將成為未來第三佛明耀佛的喀濕彌爾的大班抵達釋迦室利班扎是何年誕生，以及何年來到西藏和作有如何利益眾生的事業。在大班抵達本人於丁卯年在西藏索納湯波齊作出的佛教流傳世紀計算法中有頌說：“十月上弦日，初八中夜時，入定月西沉，能仁般涅槃。此後經一千，七百五十年，兩月又半月，如是又五日。”這樣的年數是以六十週年分算後還餘十年之故，應知佛教的開始當是丁巳年。又應知那時的《時輪》諸學者計涅槃之初年為丁卯後，六十週年的三倍，當是已過一百八十年。從湯波齊所算的丁卯年起直至現在（著者當時）的丙申年，則是已過六十週年的四倍又三十年（共是二百七十年）。以此佛涅槃後，是已經二千零二十年。

這是佛教的年數計法，以此大班抵達的生年，應是丁未年。措普譯師所著讚頌中說：“涅槃後一千，六百五十二年，持教緇衣主，誕生師前禮。”這是說一千六百年，是以六十週年分算餘十二年，這第十二年即戊辰年，次年即己巳年，大班抵達年届二十三歲。此說極為明顯。因此說他二十五歲時是辛未年，是無可懷疑的。

吉窩特巴（頂辮）等人的著述中說，大班抵達是六十五歲時進入西藏的。此說是錯誤的。由於措普譯師說有：大班抵達來到西藏之年，是甲子年。因此甲子年大班抵達已是七十八歲了。從此直至丁酉年在西藏住了十年後，於甲戌年由西藏回去，經一週年為乙酉年，大班抵達享壽九十九歲，於當年（乙酉）的虛宿月初五土曜日示現圓寂。即百歲衹欠一年。如頌說：“酉年虛宿上弦日？土曜值星初五日，眾生之日示西沉。”所說的土曜日，極為明顯也是以大班抵達本人所著《五位算法》而算出的。實際是：大班抵達誕生於丁未年，己巳年二十三歲時，出家為僧，七十八歲時歲次甲子年來到西藏，直到癸酉之間在藏住了十年，甲戌年從西藏回到喀濕彌爾廣作利他事業後，於乙酉年享壽九十九歲而逝世。

次說如何迎請來西藏，及到藏後作出如何的利眾事業的程序：先是有名叫措普譯師的賢士，他為了學習翻譯而前往尼泊爾的南方，行至途中吉絨地方住下時，那裏有一仁波伽嘉察的弟子名叫鄧夏欽波（不空絹索大師），他以綾綢一疋半供獻而求示知三事：一，我前往南尼和印度，有無災障？二，對眾生是否有利益？三，如我所想願望是否能成就？鄧夏說：“這三事是否能成不得而知，唯一依聖者來觀察吧。”譯師自己也作盛大供養而祈夢中觀察，將近黎明時，夢見來一戴有海螺腕鐲的阿扎惹（遊方僧）從懷包取出一海螺獅子交給他。他問：“這是為什麼？”答：“你看背文吧。”他看背文有底壩西名字，又交來一菩提樹葉其上有一鳥面班抵達，背文有瑪哈麥枳名字；又交給他一面晶鏡，上有相似佛尊的班抵達，背文有曼珠室利名稱；又交給一外面是粗毛布，內面是上緞所製做的一白色人像，背文有嘛呢白瑪名字。他心愛這四件物品，而拿到供佛堂中去奉安時，阿扎惹說：“拿回來必須翻轉次第，海螺獅子表任到何處都能快速利行。將樹葉和晶鏡暫行放下，先取上緞人像；次拿晶鏡；最後拿樹葉吧。”醒來時不知此夢是否佳兆。那時也不知那四起文字。到後來他知道海螺獅子是表措普譯師他自己；白色人像是表至尊彌扎；晶鏡的班抵達即布達室利；樹葉上所畫的班抵達即喀濕彌爾的大班抵達。措普譯師依如是真實事記，他去到尼泊爾和接近印度諸地區，後來他迎請至尊彌扎來到西藏；繼後又迎請班欽布達室利；在此一切之後，他才迎請喀濕彌爾的大班抵達。由於他預備依漢地算法的甲子年正月初七日前往迎請啟程之故，他事前去到住在江若公穹的格西嘉甲哇•喇嘛香的一位直傳弟子座前謁見而問事，適逢此師在閉關中，可是此師聽到譯師到來的消息，立即出關前來迎接。譯師曾在此師座前求得許多香師法門。此師對譯師說：“你去迎請大班抵達，如果掩蓋和畏縮，反而不成。應大張聲勢地去迎請，日落西山後，再出現時也就決定成功。”繼後譯師漸次來到卓謨地方，卓謨的人眾對譯師極表崇敬，前驅後繼地供送糧食。此後譯師打算前往印度的白堵的商集地方，由於走錯路線而遊蕩於充滿盜匪、毒蛇、猛獸、非人的險惡森林中，幸而未遭任何損害而來到白堵商集處。譯師遂派遣印度人班穹乍雅室利和哇惹那色哇（鹿野苑人）二人，及覺色尼瑪和康巴絳扎兩位西藏人作為迎使前往東方乍格達惹迎請大班抵達。那時用印語寫作迎請書由迎請使者寄上中有句說：“佛陀義成前敬禮，釋教誕生釋迦子，釋迦名稱五明王，堅持頂寶無垢行”等句。供上禮品中有金書《般若心經》一部、黃金五兩、上緞衣服一套、上緞華蓋（寶座上方的方蓋）一頂等。由於去到珠哇山需要走三十四天才能到達，而大班抵達的侍眷等已知道將有西藏迎請者到來，也就去到前方山口那裏探看，没有迎請者，遂打算回來，正收拾行李包袱時，諸迎請使者來到也就呈上書信和禮物。大班抵達説："乍格達惹方面知道西藏的迎請者要來而喘息着跑去迎接，孰知没有迎請者來，正打算返回時，才發現有人。是否未説決定來迎請的話麼？現在應如何辦你們須商量一下。"這般話向班穹諸人吩咐後，班穹諸人説道："對這樣的事來説，祇有法王您能知道。以我們的才智怎能知道呢？"大班抵達説："我自有詢問和商量地方。"説後閉關修法五日而向救度母請示。此後東印的許多大長老前來請求大班抵達不必到西藏去。而大班抵達已迎請了龍樹作過開光法事的大悲觀音像和稀有的度母像準備應請而來，他們（長老等）對管供兩像的香燈師行賄，解開載像車釘，使兩像顔面轉向回途而擱置下來。繼後譯師來到白堵和壩勒俠惹法王相見，在那裏法王説："這位譯師通曉許多教法。"但有一有力建造大佛像的雅區老前輩心中想法是："這位譯師是一少年，恐怕真實辦不到翻譯法典，現在是否求傳發菩提心和一些修法後，我們都回去吧。"他説出這般意見，以此班抵達（穹哇）乍雅室利對他説："現此間師徒們對你有些蔑視，我運用方便，你來問法吧！"由乍雅室利作啟請後，分出問法時間，對九位小班抵達各提問兩種不同的問題，由下午直問答到半夜始竣事。雖是使法王的許多修持法有所失缺，可是（法王）他心中十分歡喜而説道："西藏有這般的説法者，極為稀有！"（看來是：使法王驚服能起不阻攔大班抵達到藏的作用）繼後有一小王（即酋長）來阻攔去路，並對諸小班抵達需要肩輿等作很大刁難，來到帕日山時，西藏方面聚集了難以數計的僧俗人等分作四股前來作無量的服役事務，來到大班抵達座前求法者，獲得向他們講授了許多零散的教授秘訣。從江若去到故謨之間，作了許多不可思議的財施和法施事業，又從商集處到曲彌之間，有極多的僧眾前來圍繞，使在家的人眾難和大班抵達見面，尤其是措普人以盛大莊嚴迎接的排場浩浩蕩蕩而來到曲彌，迎接到措普後聚集來許多千數的善巧僧眾，也就在那裏作夏令安居[3]，來取木籌碼[4]的僧人約有八百餘人，大班抵達為大眾說《般若八千頌》，及《別解脱戒》和《經莊嚴論》。繼後去到納區的特謨伽時，講說《般若二萬五千頌釋》，講到《真如性品》時，將法王的《般若八千頌》經函置於度母懷中，而供設許多供物後，(設供者)向東而去。因此師說，這是表將往前藏去的緣起，講到《常啼菩薩品》時，在有紋的曼遮供上奉安經函，而供設許多供品後，(設供者)向西面去。因此師說，這是表到老時將往喀濕彌爾的緣起。繼後前往納區的特謨伽作夏令安居[5]也就在那裏暫住一段時期。安居解制後，許多長老迎請大班抵達來到曲彌仁謨，講說《中觀寶鬘論》和《譬喻修飾法》。此後生波日(羅刹山)人來迎大班抵達轉道曲業普而來到楚普和拉薩地方，也就在兩尊覺窩[6]前作盛大供養。繼後由楚普人的許多馬隊送大班抵達前往生波日寺，大班抵達對迎送諸人說："我在你們寺中住時，那裏有《佛顱密續》中所説的三佛，你們的前輩上師雖知而未起深信。因此我將開示教授，將來寺中能出許多具足證悟的人物。"這裏所說的三尊佛是：位次互倒的勝樂金剛雙尊，釋迦牟尼化身像有金剛空行佛母，鈴杵和合諸尊。也就在生波日寺作夏令安居；並翻譯出阿闍黎耶協協業(智友)所著《阿毗達磨雜集論釋》；並講說《阿育王授記經》《百喻經》和《開示業輪經》等，又開示《慈氏五論》[7]的分類，及《中觀六論》[8]等。《慈氏五論》的教導法類，係由生波日寺的寺主請求而講授的。又講授《佛子道次第》的導釋以教化梁•桑波伽寺等大眾。此後有桑野方面的拉•細哇窩（寂光）前來迎請大班抵達來到桑野和青布等處，在那裏温敦•仁清貢哇也來謁見。繼後再前往生波日寺時有楚普寺人、甲瑪寺人、枳空寺人等前來迎請，但是和枳空寺人相見的緣起，先後都未適合。後來去到甲瑪仁清貢寺兩次，同時也去到熱振寺，此後大班抵達去到梁區，及諾若和妥乍等處，又到普姑垛和湯波伽，尤其是在湯波伽住了很長時期，講説了許多經教。在這以前為了觀察譯者的根器，大班抵達故作對於財物把持很緊的作風，然而繼後將所得財物大部分供助於措普建造彌勒大像以作回向。尤其是在壬申年彌勒大像將要作開光法事時，還有財物順緣不足，因此大班抵達再前往鄔約、梁、諾、妥乍等處所得財物都全供於彌勒大像，在壬申年從鬼宿月初三日起直至十三日由法王大班抵達作彌勒大像開光法事，發現無量的稀有瑞相。繼後由許多僧眾前來請求大班抵達長住西藏，但是大班抵達回答説："返喀濕彌爾的意義重大！"而未允如所請。此後起程時取道那堆的南路，沿途各地復作了許多度化眾生事業，並將手中所得財物都施給各地的僧眾，到貢塘時交付出黃金一百三十兩，吩咐説："作為派遣建造佛像工匠的費用。"此後譯師（措普）直送大班抵達到洛窩地方，大班抵達用方便將內侍一切人等打發出去，然後叫譯師來到座前對他説道："在這裏很快就要離開，你伸出手來吧。"説後以一大包黃金給他，放在他的手中，由於太重，壓其尋觸地。繼説："為了建造大像供施了很多財物順緣，現在所餘這點，我請求帶回喀濕彌爾去。"以此侍者説道："當獲得悉地時，樂於取受，施與喀濕彌爾酌認真諸人士，將生追悔！"説而取受餘物（這表示多取恐生悔意，仍給你們，祇取少許）。譯師復往下送了一短程而返。當進入喀濕彌爾境內途中時，來了兩股盜匪，由於没有黃金也就未受損害。安抵喀濕彌爾後，總的說來，喀濕彌爾的佛教，雖是宏昌，然而出家為僧者不多。法王大班抵達發展了難以數計的出家衆；並安置尋求顯密實踐的諸人士於無誤的正道中；發現有信外道的國王時，使他入於佛教中；並培修了許多衰敗的寺廟和塔像。大班抵達作出了這樣的事業，在喀濕彌爾住了十二年之久；於乙酉年發現許多稀有瑞相中而逝世。

由如是德高望重的大班抵達在西藏宣說顯密教理的許多教法，並導度難以數記的人士於別解脫戒學中。在大班抵達座前受比丘戒[9]，並承許持一座禁行[10]者，為多傑伯（金剛吉祥）和絳秋伯（菩提吉祥）二人。

應禮敬的傳承諸師是：彌枳納塔雅、牟尼納扎、俠日布扎、惹呼那甘地雅、納嘎珠納、古納瑪底、惹達納彌扎、室利達摩巴那、古納薩嘎惹、達摩巴那、烏嘎惹古巴達、瑪哈班抵達釋迦室利（即喀濕彌爾大班抵達）、班遮室利壩扎、菩提室利壩扎、惹伊瑪窣利、達摩達遮、菩提惹達納、布納雅室利、般若納塔、悉達達乍、布勒雅俠惹、摩揭陀希那、唏那惹達納、菩提瑪底、布達枳耶納扎、摩揭陀悉達、古納扎達納、布提壩扎、瑪底達乍、悉達惹室利菩提、布提甘地、摩揭陀菩提。從大班抵達乙酉年到西藏起直至現在（著者當時）丙申年，算來已經過二百六十四年了。

次列措巴傑丈哇（寺）降承：袞卻絳稱（三寶幢）、土傑伯哇（悲吉祥）、達瑪伯哇（宏吉祥）、袞嘎伯哇（普慶吉祥）、迅魯桑波巴（童賢）、楚稱伯哇（戒吉祥）、又堪欽•袞嘎伯哇（普慶吉祥）、桑傑迅魯哇（佛童）、達瑪桑波哇（宏賢）、楚貢巴（戒怙主）、索朗峨熱哇（福光）、仁楚哇（寶戒）、索朗協饒巴（福慧）、協貢巴（智怙主）、扎索巴（名稱福）、協帕巴（智聖）、協楚巴（智戒）、仁協哇（寶智）、卻伯哇（法吉祥）、協峨巴（智光）、袞協哇（普智）、扎嘉哇（名稱勝）、伯楚哇（吉祥戒）、仁珠巴（寶成）、仁協哇（智自在）、達仁巴（月寶）。

更敦貢巴（寺）傳承：妥乍哇・絳秋伯（菩提吉祥）、章巴・旺秋扎（自在稱）、迅魯絳秋巴（童菩提）、堵澤巴・絳秋桑波（菩提賢）、絳央鄧珠伯（妙音義成祥）、雲敦絳稱巴（功德幢）、伯珠巴（吉祥成）、涅普哇・雲敦洛卓巴（德才）、准嘉哇（精進勝）、生格伯（獅子祥）、卻珠巴（法成）、洛卓絳稱巴（智幢）、雲敦倫珠巴（功德運成）、朗喀伯桑哇（虛空吉祥）、伯雲巴（吉祥德）、又朗喀伯桑哇（虛空吉祥）、饒覺生格哇（富獅子）。

卻隆巴（寺）傳承：烏哲索朗垛（福力），此後為堪欽・鄧哇伯（樂吉祥）、扎巴迅魯哇（名稱童）、絳生索扎巴（菩薩福稱）、索朗桑波哇（福賢）、迅魯貢波哇（童怙主）、扎巴絳稱巴（名稱幢）、扎巴協業巴（名稱友）、朗喀絳稱巴（虛空幢）、仁清絳稱巴（寶幢）、協業嘉卻巴（友勝）、嘉旺扎巴（勝王稱）、達哇洛卓巴（月智）、嘉哇洽納（勝手）、貢波扎喜（怙主吉祥）、尼瑪絳稱巴（日幢）。以上係喀濕彌爾大班抵達及其傳出四部僧團的堪布傳承（即戒師傳承）的階段。

法王松贊干布[11]誕生後經七百二十餘年，一切智洛桑扎巴[12]（善慧名稱）出現於此世間。這位大師於丁酉年（元順帝至正十七年，1357年）誕生在宗喀地方（今青海湟中縣塔爾寺所在地）中，童年時由大善知識鄧珠仁清（義成寶）教導以別解脱戒和密宗法門，使其成熟後；並遣送他前往前後藏各地，同時教訓他說，應如此這般求學。最初他在吉學地方依止了許多善知識，後來在至尊迅魯洛卓（童慧）座前親近承事，他意識到清淨的解脱道，祇有大部分經藏，尤其是“慧學”而無他途。而且須依賴於“中觀諸論”，他察知此要後，勤奮修學。對於密宗方面來說，宗喀巴大師他見到《吉祥密集續》是一切密續（經）的首要，遂尋求其心要而無誤地鑽研深入。他又想到廣大的密法教主是布頓一切智（在宗喀以前著名大師，因已死故從其傳徒學法），於是從貢松鄧清哇·卻季伯哇（法吉祥）和穹波特巴等師前求取正法。又意識到成為一切佛教的根本，是正法《毗奈耶》（即戒律），於是從大堪布覺隆巴座前勤奮修學《毗奈耶》法類。他住在研習法相各僧院中時，雖已具足最美滿的教理辯才，然而他不願作輕視他人，嘩眾取寵，追求供養等如舞戲般的事，常住在厭離和悲傷，及最為調柔的心性中。這是我（著者口吻）從諸師口中而聽得的。繼後大師進入於以講說來利益他眾為主的行境中，而且有許多具足才智諸人猶如鳧群都來聚遊於大師的潔淨蓮池中，在這般的一時間中，來一名喇嘛鄔瑪巴者，在童年時略能見至尊文殊現相，後來修而真實得見文殊，縱是暫時小事應如何作，都獲得文殊對他指示。由如是的鄔瑪巴代宗喀巴啟問文殊後，得至尊文殊授記（預示）說："依閉關念修，他不久即能真實見我。"繼得親見文殊，而且如師徒那樣可以有問必答，大都是真實親近文殊而得其傳授。至尊文殊對宗喀巴授記說："你如果離世務而修，現階段對佛教將有極大饒益。"因此大師依（文殊）所教而行，同自己的一些侍徒一起到窩喀，及扪繃塘的極邊寂靜諸處，精勤修持。那時，宗喀大師從親自修驗甘丹派[13]的教授而獲極高證悟的堪欽·卻交桑波（法護賢）和秘密主的身語意所化現，而一刻也不動搖菩薩行的堪欽·勒季多傑（羯摩金剛）二師座前聽受從伯瑪麥哲耶協（吉祥燃燈智，即阿底俠）而傳來《道次第》諸教授後，而親身修驗。有一時間在梁區的山下夏哲巴給宗喀巴授記說："當知你猶如佛世尊再來此世間。"本尊也給他授記說："依於戒學對他者將有極大饒益。"因此最初宗喀巴諸師徒如律而作裁縫僧衣和持缽、敷具等行，他者一見都說："出家戒規完全是這樣。"而對他們師徒都生起誠信。後來前來聞法一年或一月的諸弟子不待説也都成為戒威儀（行為）莊嚴的人士，就連遥遠各區聞得這般德風的人們也都肅然起敬！美譽名聲遍於諸方而成為無與倫比者。大師對諸弟子不僅教以别解脱成而為足，而同時安置彼等於願行兩種菩提心中；並對依此學處諸人，著出應如何修學的論著。大師又意識到住於菩薩學處者，雖經俱胝劫的勤奮，如不具足通達真實性的空慧，仍不能越過生死大海。他於是著出善為導示此類修學的"三士道次教授"（即菩提道次第廣略兩論），如是道之支分雖已粗具，然而他意識到還必須入於即生（此一生）成佛的密道，於是復著出最初依止上師法，繼此應如何守護上師所傳三昧耶（誓戒）和戒律，及應先受灌頂等當如何修學的兩種（顯密）道次第。尤其是對於《吉祥密集本續》，他是以阿闍黎龍樹師徒所著論為主要教授，依此而著出許多論著。此諸作業最初復經考慮應以何方何處為善而行事；並在作利益眾生事業中，於已丑年（明太宗永樂七年，1409 年）開"大願法會"[14]，對前來聚會諸人，普施法雨。就在當年大師修建格敦朗嘉嶺寺（簡稱格敦寺，三大寺之一，譯意為具善尊勝洲寺，格魯派祖寺）。繼後在乙未年大師去到溫區的扎喜垛喀廣轉顯密法輪，並聚集一些三藏法師對諸經論難處作出抉擇。住約兩月余後，大師復返格敦寺增修外面的供殿和內面的用珍寶建造的密宗曼荼羅。繼於已亥年大師去到堆隆區的橋村。此後在哲蚌寺（有寫作哲蚌的，三大寺之一）中，為許多善知識繼講未講完的《吉祥密集本續》，並建一臺面向格敦寺的説法寶座。大師在講完《密集第九品》後，即起身前往格敦寺，行經途中在桑安喀（密法堡）作開光法事後，繼由拉布珠細哇迎請前去，在那裏住時空中發出猛烈的天界犍槌聲，以此大師即時回到格敦寺寢宫中，在那裏大師以自己的衣、帽和一大氅授給法王嘉操仁波伽，而使知授與寺座傳統的意義。於是大師入三摩地，一切侍眾都見其容光煥發轉變成十六歲孺童相，繼即入於潔淨法界而圓寂。以上僅是就至尊宗喀巴的事業中少分而說的。住在遥遠諸方的出家大眾，雖僅知至尊宗喀巴的教理，而未親見大師顏容，然而都遵循大師德風，保持裁縫僧衣、持缽、敷具等應需資具僧制，表仍可收容外道而着半月形大氅，帽色亦尚金黃。這些是僅就一般共通見相而說的，若以秘密主——金剛手對堪欽•勒季多傑（羯摩金剛）開示說："應知我金剛手也難知'瑪底壩扎甘地室利'（宗喀巴的密諱）的功德邊際。"又《量論》中說："（宗喀巴）此生以後，將往兜率成為菩薩名妙吉祥藏，將來成佛名獅子吼如來。"如此諸語是無歪曲的。因此當決知宗喀巴是一位住於最高地位的菩薩，為了利益有情而來到此世間的。

紹繼宗喀巴傳統的嘉操仁波伽（簡稱嘉操傑）：是一位厭離一切世間，具足一切顯密教理無礙智慧，身持清淨戒律不染絲毫罪垢，常勤於善法，刹那亦不放逸的大德。這位大德繼承寺位以來直至辛亥年間，計住持祖寺座統十三年。在卒亥年中，他將祖寺交付克珠•格勒伯哇（善妙吉祥，簡稱克珠傑）後，去到寂靜山林而修，享壽六十九歲於壬子年在布達拉宫逝世。

克珠•格勒伯哇（善妙吉祥）繼承座統後直至戊午年間，計住持寺座八年而逝世。

繼為法王勒巴絳稱（善幢）：係乙卯年生人。繼位後直至己未年，他年屆六十五歲將寺座交付洛卓巴後，於庚午年享壽七十六歲而逝世。

繼為仲•洛卓巴：係己巳年生人。於庚午年，他年屆六十二歲時繼持寺統，直至癸未年間他將寺統委任年屆六十二歲的壩索哇

（全名為壩索•卻季絳稱，意譯法幢）後，但壩索哇離一切世務而去靜修。

此後繼承祖寺者為法王洛卓敦巴（智堅）：此師住持寺座後，一直在作淨善事業中。（想來著者當時，是此師在位之時。）以上係格魯派（意為善律派，俗稱黃教）的階段。

次說言說獅子絨敦欽波（絨敦大師）；此師是一位菩薩乘願而來此世的大德，於丁未年誕生於嘉謨絨地方一家苯波種姓中。童年時即去到前藏，在桑普學習諸明處（即學術），以此年僅二十歲，時即已精通《定量論》，宣說理論，無與倫比。繼從卓薩•瑪敦欽波座前正受別解脱戒學處；又依止各別上師研習一切經藏而獲得自在通達。他在那堆南北和後藏上下兩區，及鄔約許多地區，作法師對許多具慧人士，觀察其適合何法而講説各别的經論；尤其是以堪欽•桑傑伯哇傳規為主，不斷地講説《現觀莊嚴論釋》等論著，此諸教授秘訣係以息傑派後期傳承為主。由於具大願力，他住在此地區時，雖兇暴的地神也對其師徒守護，以此瘟疫損害等任何災厄，亦不來侵，從未斷缺過絲毫財物和養生資具。他曾經說：“對諸弟子，若為了可得一兩斗（糧食）來作選擇，這不是善知識之規；對於普遍的善知識來說，則是必須選擇。對於內心誠信的弟子，那怕最初執着斷見也是可以的；自己心中樂持何派也是可以的。”就現階段來看，此師似乎完全勤奮於説法，然而他常住於瑜伽行，以此身出五種風息的彩光，常為各别人士所親見。此師足拇指掉下一指甲變為蚌殼。他在乙卯年建那納那爛陀寺。後來他為阿爾•絳秋耶協（菩提智）講説《般若波羅蜜多》未完而逝世。他曾預言說：“我將由弟子從説法座上把我遺體迎請而去。持三藏法師格哇絳稱對我示夢説，我今年身命有大厄，祈我修持和誦經禳解。但我不以阿闍黎格哇絳稱的卜詞為然，任來何種因緣我也將活到八十三歲。”果如所説他享壽八十三歲於己巳年逝世。繼從説法座上將師遺體迎請到瑪芒。以此因緣，對諸説法師，建立了供獻田地；對一般僧眾，建立供糌粑、茶飲、漿糊之規。

此師寺座由年僅十三歲的絳央釋迦絳稱（妙音釋迦幢）繼承，能誦説四部經論。他教化僧眾十四年後，年届二十六周歲而夭折。

此後繼承者為嘉色扎巴仁波伽（佛子稱）：係己丑年生人，於乙巳年他年届十七歲獲登寺位，於丁未年他年届十九歲時逝世。

此後阿闍黎絳烘巴在戊申年説法時，這一年底仁波伽索朗扎巴（福稱）誕生後，年甫十歲即登寺位，住持寺座直到庚申年間，在拉薩作法輪會，於辛酉年夭折。

此後繼承者為扎巴絳稱（名稱幢）：係甲寅年生人，年甫八歲即登寺座講説《釋量論》，年届十二歲時於乙丑未滿週年間夭折。

在乙丑年中由丁巳年生人絳秋多傑哇（菩提金剛）年甫九歲繼登寺位，住持寺座直至戊申年逝世之間，享壽四十四歲。在位期間，他發展了僧院，使財物受用都獲得極大增長。

於戊申冬季法會過後，由甲午年生人，剛滿十五歲的絳央扎巴迥勒（妙音名稱生處）繼登寺位，住持到壬子年六月間夭折。此後經十二年之間，無人繼任寺座。但是亡者即時受生於金樹地方中，而且在位時曾修建大佛像供堂；金書《甘珠爾》（藏譯全部佛經）；在寺院中立禁止飲酒之戒規；對説法和聞法諸人極為尊重。

此後於甲子年安置仲•袞嘎勒迥勒（普慶善生）於哲湯朗索（即該寺內部）安住，於丙寅年仲•袞嘎重新開始講説。在戊辰年夏季夭折。

戊辰年間雖請伽薩•桑傑絳稱（佛幢）任寺主未得允許，但他一直住在那納那爛陀寺中朗索（內部）十年之久，於丁丑年冬季逝世。

此後在丁亥年由多傑仁清旺根絳稱（金剛寶灌頂幢）在七月間來登寺位。當知這一大寺，是佛的教法無不全具的聖地；寺中諸人說法和聞法經常不斷；是一切士夫隨所希求的生源；對說法的對境（即聽法者）和境地（即處所）來說，都能成為無畏的皈依處。這樣的大寺，它是在辛卯年創建的，直到（現在）丙申年（著者當時）已經有一百二十六年了。以上係哲湯巴（即那納那爛陀寺）寺座傳承的階段：

依此《青史》說一些答案如下：

關於（西藏）後宏期佛教諸史事：一切說法中，末見其有一致的言論。用理智來觀察，顯見也難一致。因此衹好依於往昔舊典而說；尤其是由魯麥[15]對誰傳授戒律；及在前後藏作了如何的事務等？都是由壩、西兩位上座長老所作，他們即魯麥的嫡傳弟子。以此來想，這方面似乎略有正直論據，於是依照他們的文字記載而寫出，也即是列寫出他們所標記文字。說兩上座的親教師同是一人，這也是他們的文字中所記載。壩、惹二師（即壩師和惹西二師）似乎是知其為二而歸屬於一類編寫的。所謂前後藏十人（即後宏期傳戒律的十人），這也是布頓[16]等人依他們的所許而寫出的，如以自宗的正量來衡量，是難以成立的。

十人是：前藏地區有魯麥、松巴、惹西、壩師、鄭師等五人。後藏方面有：諾沖二師、窩傑兩昆仲，及烏巴•得嘎哇等五人。這是布頓所說的。

又有一種說法是：前藏魯麥、松巴，後藏方面為諾沖二師，阿里區的壩、西兩位枳嘎哇共六人，及加上壩、惹二師算作八人。又有將孜枳嘎哇不作為阿里人，而對鄭師許為孜枳嘎哇的。這些都是依他人所說寫出的,這一切不是依自宗所承許而寫出的。

以前藏方面來說：魯麥、松巴和鄭師，由這三人建立寺廟和僧團，這是完全有決定性的。壩、惹二師一起所傳出的弟子有嘎哇•釋迦旺秋（釋迦自在）（意在這也是事實）。在後藏方面：由諾沖二師發展寺僧也是確有其事。這些都是能夠承認的。其他雖有許多文字記載也僅是掛名題目,作為查考之本而已。

又大譯師仁清桑波（寶賢）[17] 年屆十三歲時，在阿里地區，從堪布耶協桑波（智賢）座前出家。這一說法是：澤塘連納所著《大譯師傳》中記載的。由此看來，庚午年大譯師出家，經過三年為癸酉年,布頓所著佛教史中以老嫗之言為可信，作為後宏期佛教的開始，而仲敦巴之規，是以乙酉年經五年後的戊寅年為後宏期的開始。仲尊者他是後朗阿底俠傳出的教主。阿底俠尊者到藏之年為午（馬）年,這是一切甘丹派人一致的說法,王統書中雖有不同的說法,但是細查甲瑪哇•庫溫、勒烏樹巴、敬安、博垛哇諸人的傳記中,都說阿底俠是壬午年到藏，以此這是絕對可信的。而且正是阿底俠尊者年屆六十一歲的時侯。這些情況與由瑪爾巴傳出峨宗傳承,及由彌拉傳出貢波哇的傳承等，詳細查考諸舊籍中，也是絕對可信的。同樣的薩迦派 [18] 的傳承，從昆•袞卻嘉補（寶王）以後的年數是無誤的；其餘的年數有許多是無誤的,也有一些僅憑部分人的說法,而無根據的記載。

總的來說，法王松贊干布的年代，阿底俠和仲敦巴等的年代,乃至教主峨宗的年代,這些都是無誤的。敬祈（讀者）留意於心中。

茲說使教法更為殊勝的作者的這一階段：

作者即甲區的赤本•扎喜達傑（首宰吉祥盛）：這是一位以無等福力、智慧、敬信、佈施等善為莊嚴的人物。當說其世系傳統：總的來說，此間西藏任何地區，人眾族姓，大都是以其所出生地區，安立他的族氏和名稱。例如或以若巴；或以傑巴來安立那樣。在雅隆地區下部仲區的村頭，出有許多名甲的族氏，以此普遍傳稱叫甲區，是一隨求來集的地方。這一地方中出有名甲•卻季嘎哇（法柱）和兄弟名脫巴裕咪瑪金（翠緣顱眉）兩昆仲。兄弟有子二人為堪布•雲敦卻（功德勝），及甲俠嘎•堪布•雲敦卻在鄭德寺中出家後，任象寺堪布；並培修杠巴寺。出有四徒是：耶區的洛師、絳區的俠塔、達波的卓達、梁區的頂謨彌等。由此四徒掌管杠巴寺。次子甲俠嘎有子二人為多傑勒巴（金剛善），及多傑旺秋（金剛自在）。此二子當事期中修建大海城堡。多傑旺秋之子，即喇嘛甲納欽波•仁清峨（大師寶光）。此師四十一歲時和喀濕彌爾大班抵達相見，而求得淨治密續（經）十二曼荼羅等許多教法；此外還依嘉哇脫堵巴、覺峨迥、香達彌巴等許多大德研習經典和論著成為善巧者，並以悉地（成就）而為莊嚴。尤其是他能役使利劍三法等的金剛護法神等。因此他的美譽名聲遍傳於西藏一切方隅。此師有四法徒是：甲下區的察貢•卻那嘎哇（樂法）、諾若的鐃嘎哇欽波（勝喜大師）、達波的壩措熱巴、後藏的烏裕巴欽波等四人。還有四根本僧團（即寺）是：梁區卻卓仲喀（法城寺）、耶區色窩（白寺）、達區納謨學（南無寺）、甲區嘉措魯杠（海注寺）。阿彌•甲納欽波之子為覺色，覺色之子為甲•安達，安達有子三人為欽波格通哇（大比丘）、甲•仁清（大寶）、卻嘉伯桑（法王吉祥賢）等三人。稱為甲族怙主三尊。格通哇所出子嗣有：仁清伯（寶吉祥）、旺秋仁清（自在寶）、仁清桑波（寶賢）、達波哇等人。他們掌管了彌色耶、達地、梁地、甲地、諾若等許多莊園。

甲•仁清集合他的耶、梁、甲、達、諾若等地的頭目擊退霍爾（無代藏青一帶蒙族）軍隊，以此他任那一切地區的長官。他是大成就者鄔金巴的施主，他的兒子即袞嘎仁清（普慶寶），此於復出有許多子嗣掌管了許多莊園。袞嘎仁清曾和薩迦本欽（薩迦大宰官）袞嘎桑波（普慶賢）相會面。

甲•卻嘉伯桑（法王吉祥賢）：與霍爾平息爭端後，他去到年届十二歲的卓貢帕巴座前親近；並求俠巴袞索哇（普慶福）為作教導師，在師座前聽受了三種密續教授等：又建築漾哲寺和金書一切佛經；他收集區域中一切財寶封藏於內庫中，並奠定王法的根本等。對於教政兩者來說，他確是建立了較他者更為卓越的善規。他所生子嗣為袞嘎絳稱伯桑波（普慶幢吉祥賢）、堪欽•季布哇、安達•卻生峨（法獅子光）、甲•姑巴伯（癡吉祥）等人。

袞嘎絳稱曾對派到蕩區的本欽峨熱生格（光明獅子）前來時，善為看待和厚賜。姑饒巴之姪法王伯桑哇（吉祥賢）也來到（袞嘎絳稱）座前頂禮，得鄔惹巴的計謀失誤也是在那時發生的。此後由伯貢多傑巴及其子洛卓巴二人治理民眾；繼後由袞嘎絳稱之子甲瑪哇•袞嘎索朗（普慶福）來管理一切僧俗民眾。此後卻嘉伯桑之子安達•卻生峨（法獅子光）曾生枳空女酋長之故，枳空方面遂委任卻生峨為甲、達區域的長官。卻生峨之子堪欽楚稱桑波哇（戒賢），他住在桑波伽寺的堪布職位中，受眾生一致地拜禱；而且他雖常住在關懷佛教和有情中，他仍然來登最高權位管理一切僧俗民眾。繼後堪欽委派其子袞卻桑波（寶賢）掌管政教兩種法權。

袞卻桑波之子扎喜伯桑波（吉祥賢）：童年時在哲塘求學；並遣送他到最賢的説法師座前去學法。法王扎巴絳稱（名稱幢）委他為甲區的首長。

扎喜伯桑有三子為嘉哇扎喜（勝吉祥）、釋迦伯貢（釋迦吉祥怙)、土巴絳稱（能仁幢）等。嘉哇扎喜前往勒湅；並作了主上扎巴迥勒（名稱生處）的侍僕。勒湅方面又委任他為甲區首長。其弟釋迦伯貢從堪欽雲旺哇座前出家後，勤奮聞思，任桑波帥寺堪布後，對佛教作出了饒益的淨善事業。

嘉哇扎喜之子為甲•扎喜達傑（吉祥宏）、廓吉巴前來受生的白瑪當卻嘉補（蓮花勝生王）、甲•澤旺嘉補（長壽灌頂王）、格桑卻吉嘉措索朗旺波德（賢卻法海福德王軍）、甲•羅布嘉措（珍寶海）等人。其中甲•扎喜達傑（吉祥宏）配妃多傑廓嘎瑪（金剛白衣母），他們如法修《興種儀軌》中，而得生子卻嘉羅布扎喜彌居旺波德（法王寶吉祥不變王軍），及扎巴絳稱伯桑波（名稱幢吉祥賢）兩昆仲。

甲•扎喜達傑（吉祥宏）又名為勒比嘉補卻湯切勒朗巴嘉尾旺波德（善王尊勝諸方王軍）；繼父之後接受從哲塘頒來首宰多傑仁清旺嘉（金剛寶自在王）的詔書任命他為妥居（南方一帶）的首長；復從勒湅方面賜穿彩服，掌管甲區政權。此一首長是由佛法和世法二者齊施之門而作出事業，以此有極大聲譽；即以每一甲區首長來說，都是有偉大的口頭傳說，形見如夏泉增湧竟潮般地施行教政兩者齊驅的人王將遍於此間。

此一史冊，是由對一切佛語抱有無偏私的至尊一切智，證見俱生智的自在能者具德大譯師索朗嘉措（福海）來示勸請而著作。並得他賜來如法的圓滿財物等順緣。最初關於貼板字樣等項，都是依照至尊大譯師的意見而作；並在前藏的垛區倫珠拉哲寺中大修不分派別的祈福禳災法事（惟恐著此巨大史冊出災障之故），是承伯多傑鄧瑪（金剛安樂）所賜物品來成辦。復蒙至尊（大譯師）的後學善知識伯卻季絳稱（吉祥法幢）和瑪哈薩塔毗惹格勒伯貢（善妙吉祥怙）精明理智的兩師作了校正。尤其是仰仗對於一切因果教乘理智超脱，辯才無礙的格哇金寺東達波巴·伯卻勒朗嘉拉（尊勝諸方王）針對此一事務給以適合機緣而使完成此一著作。書寫文字者為學術生源的垛區人尼俠扎喜（日出吉祥）；刻板者為扎巴絳稱（名稱幢）及其學徒等人之手作出此事業，都歸於善業中。

此一史著在辛丑年（元順帝至正二十一年，1361 年），在美滿的財源豐盛聚集的基因上，撰作於精華要地涅區的法王山宮中，圓滿完成。

願以此善業回向佛教長久住世，
凡住持佛教的一切大德都獲得長壽，
一切僧眾日以繼夜純依正法而行動，
諸施主及其眷屬等掌管王政都能如教法而治理；
願疆域全境太平不生亂事；
尤其願以後諸人士任誰會見善知識大德後，
對佛教能作出廣大事業。

以上係著作圓滿製板的階段。

觀音加持雪域（即西藏）境，
地如鋪金山如鬘，
離過戒律法正興，
法流聚匯常降臨。
智者遍傳説修法，
廣大傳播教法音，
萬善生源此藏土，

善巧如晦堪頌稱。
無垢佛教寶，
大德親手傳，
於此書傳事，
為使慧眼觀。
此善回向諸有情，
得飲佛教甘露水，
成為德庫遍智師，
賢善事業不斷生。
此（指此史冊）同泥木造佛身，
雖是泥木亦應供，
教運雖僅存像教[19]，
仍是士夫所供境。

此一史著，述說西藏境域中，正法和說法者如何而來的次第，是從法王松贊干布[20]起到現在（著者著《青史》的當時）已經八百五十年，歲次戊戌（元順帝至正十八年，1358年。譯者按：這裏的戊戌年是著成《青史》初稿之年，上文的辛丑年才是經校正、刻板後成書之年。如以戊戌為著成之年則時間先後矛盾），在普賢林苑自生甘露法流悦意法城（即寺廟）中，由說法僧迅魯伯[21]著作。這一著作的善業，仍回向佛教從諸法門中，於一切方隅發揚光大，長久住世。

南無惹那扎雅雅，耶達瑪，嘿都巴壩哇，嘿都勒達喀那達塔嘎多哈雅白達，得喀扎約尼，若達唉邦壩底，瑪哈俠瑪納，須壩瑪堵薩壩乍嘎底（譯者按：上文是大悲觀音咒，或許著者是以大悲觀音加持為重，所以用此大悲咒來鎮此巨著之尾）。

廓諾 • 迅魯伯（童吉祥）所著《青史》十五輯藏文版，譯成漢語，至此全部圓滿完成。譯者格業 • 絳巴妥默漢名郭和卿 1983 年 10 月於北京。

## 【註释】

[1] 根本說一切有部：是佛教小乘十八家之一。

[2] 堪欽細哇措：譯意力争護，亦作靜命。古印度佛學論師，8 世紀中葉，應藏王赤松德贊邀請到西藏，宣說律學和中觀。

[3] 夏令安居：佛教律制比丘須於夏季雨期三月，安居一地，足不出户。

[4] 木籌碼：佛教僧侶舉辦法會或安居時，計算人數的木籌碼。

[5] 夏令安居：詳 [3]。

[6] 兩尊覺窩：指拉薩大昭寺和小昭寺內的兩尊釋迦牟尼像。

[7] 慈氏五論：傳為彌勒為無著所說《現觀莊嚴論》《莊嚴經論》《寶性論》《辯法法性論》和《辯中邊論》。

[8] 中觀六論：龍樹所著《中論》《破邪論》《七十空性論》《六十理論》《細研磨論》和《寶鬘論》。

[9] 比丘戒：佛教男子出家受具足戒二百五十三條者。

[10] 一座禁行：即一食（每日衹日中吃一次），一坐食（起座不再食）。

[11] 松贊干布：吐蕃王朝第三十三王，貞觀八年，遣使至長安朝貢，十五年唐太宗以文成公主妻之。他派人赴印度留學，歸創藏文，始譯佛經。

[12] 洛桑扎巴：譯意善慧名稱，元順帝十七年丁酉（1357）誕生在宗喀地方（故名宗喀巴，即今青海湟中縣塔爾寺所在地），創建格敦寺，形式

格魯派（意為善律派，以帽尚黃色，漢族稱為黃教）。著有許多顯密論著，見、行、修學極為純潔，為近數百年來藏傳佛教主流。

[13] 甘丹派：標榜以全部佛語為修行要訣的教眾，阿底俠弟子仲敦巴所創，是 11 世紀中葉藏傳佛教中興時期的主流。

[14] 大願法會：俗稱傳大召，於 1409 年藏曆正月，宗喀巴大師為了紀念釋迦牟尼在拉薩大昭寺倡建宣揚佛教和發願祈禱的大法會。直到現時仍沿例每年正月舉行。

[15] 魯麥：名楚稱協饒（戒慧），北宋西藏佛學大師，從貢巴饒色（思明）受近元戒後，回藏宏律的衛藏十人之一。

[16] 布頓：名仁清珠（宅成），係元世祖二十七年（1290）生人。後居夏魯寺，從他傳出者名夏魯派亦名布敦派，著有《佛教史》等著作。

[17] 大譯師仁清桑波：譯意空賢，係五代時周世宗顯德五年（958）生人。為藏傳佛教後宏期中最初翻譯新續（密）者。

[18] 薩迦派：昆・袞卻嘉補（寶王）所首創，袞噶領波（普慶藏）等五祖所宏揚的藏傳佛教一派名。

[19] 像教：亦稱像法，佛囚寂後，五百年為正法，正法後一千年為像法時期。

[20] 松贊干布：詳 [11]。

[21] 迅魯伯：譯意童吉祥，元代藏族譯師名，於元順帝至正二十一年（1361）著成《青史》巨著。

# 譯者後記

1962年全國佛協副會長周叔迦先生來我舍商談說："佛協理事會決定要翻譯西藏史學名著。一致認為應精選中外共許的名著，而且必須是第一手資料為原則。經藏族學術權威喜饒嘉措等人，和漢族吕澄先生等許多有名學者一致認為衹有五世達賴所著《西藏王臣記》、布頓所著《佛教史》、廓諾•迅魯伯所著《青史》等三部名著方合精選原則。譯本決定後，我今來代表佛協請廓先生譯此三部名著。"

我說："所選三部譯本，確是中外共許的名著，有此三部史料，即可總攝藏史精華。但是此三部名著行文古奥，詞義艱深，尤以前二部為最難。"我學力淺薄，不堪此任，再三辭謝，結果未允。於是在當年譯竣五世達賴所著《西藏王臣記》和布頓所著《佛教史》後，因未覓得比較清晰的《青史》藏文原版，佛協命我改譯《隆睹喇嘛全集》中部分歷史資料。

特別是三部名著中廓諾•迅魯伯所著的《青史》，猶付闕如。經諸友的敦促；和唯一的鼓舞力是：我將三部難譯的史學名著，圓滿譯出，對國家和民族將是一大貢獻。我依此鼓舞力將《青史》巨帙譯竣，略作譯後簡言如下：

《青史》的著者為廓諾•迅魯伯。廓是其族姓，廓諾意為廓譯師，迅魯伯是其名，意為童德。他是元代藏族著名譯師，生於後藏達納普地方。曾前往尼泊爾和印度，在許多班底達座前，聽受許多教法，成為最善巧通達者。五世達賴喇嘛在他所著《西藏王臣記》中，也稱讚他是一般史學家奉為頂上莊嚴大寶般的人物。

他曾譯有許多密宗教法。於元順帝至元十八年戊戌公元 1358 年著成《青史》初稿，是其著名的代表作。全書分十五輯，其中有教法來源、西藏歷代王朝、西藏前宏和後宏期佛教、新舊密乘、教派傳承、法門來源等第一手珍貴史料。後來達惹那他所著《印度佛教史》，及吐觀 • 羅桑卻季尼瑪所著《一切宗義源流》、貢波交所著《教法史》等，無不依據《青史》而撰出。

總的說來，《青史》不僅是第一手資料；而且大都確實可靠。特別以紀年來說，西藏一般史學家大都馬虎，而《青史》中的紀年，確是經過考據而寫出，大都可靠。但是此種古籍，費解之處不少；特別是本著藏文原版字跡大都模糊不清，給翻譯以許多困難！而我學識淺薄，錯誤難免，尚希賢達，有所指正。

譯者郭和卿於北京